高等职业教育"十四五"规划旅游大类精品教材专家指导委员会、编委会

专家指导委员会

总顾问　王昆欣
顾　问　文广轩　梅继开　魏　凯　李　欢

编委会

编　委（排名不分先后）

李　俊	陈佳平	李　淼	程杰晟	舒伯阳	王　楠	白　露
杨　琼	许昌斌	陈　怡	朱　晔	李亚男	许　萍	贾玉芳
温　燕	胡扬帆	李玉华	王新平	韩国华	刘正华	赖素贞
曾　咪	焦云宏	庞　馨	聂晓茜	黄　昕	张俊刚	王　虹
刘雁琪	宋斐红	陈　瑶	李智贤	谢　璐	郭　峻	边喜英
丁　洁	李建民	李德美	李海英	张　晶	程　彬	林　东
崔筱力	李晓雯	张清影	黄宇方	李　心	周富广	

高等职业教育"十四五"规划旅游大类精品教材

总顾问 ◎ 王昆欣

研学旅行课程开发与管理

YANXUE LÜXING KECHENG KAIFA YU GUANLI

主　编 ◎ 梅继开　　张丽利
副主编 ◎ 杨德芹　　李京宁　　邹柏松
参　编 ◎ 陈华科　　曹建强　　郑晓燕　　杨　洋
　　　　　刘　伟　　黄姣姣　　李志英　　张长晖
　　　　　蔡　铭　　吴　倩　　艾维维

华中科技大学出版社
http://press.hust.edu.cn
中国·武汉

内 容 提 要

全书共分基础篇、实践篇、拓展篇和案例篇:基础篇回答的问题是"是什么",阐述了什么是研学旅行,什么是课程,什么是研学旅行课程等基础问题;实践篇解决的问题是"怎么做",关注的是研学旅行课程开发、实施和评价三项核心任务;拓展篇是对研学旅行课程领域任务的拓展,回答"怎么做到更好"的问题,纵向提升到课程管理层次,横向延伸到线路设计领域;最后的案例篇,分精品课程和经典线路两部分,引入"1+X"职业技能等级证书实操考试的实际案例和研学旅行课程及线路的真实案例,为读者呈现实实在在的研学旅行。全书循序渐进、课证融通、任务驱动、知行合一。

本书既可作为高校旅游管理与教育服务、研学旅行管理与服务、旅游管理、社会体育等专业教学用书,也可作为中小学教师、研学旅行从业人员的培训用书,同时可作为研学旅行课程开发、实施人员的工作指导用书。

图书在版编目(CIP)数据

研学旅行课程开发与管理/梅继开,张丽利主编. —武汉:华中科技大学出版社,2021.7(2025.6重印)
ISBN 978-7-5680-7187-1

Ⅰ.①研… Ⅱ.①梅… ②张… Ⅲ.①教育旅游-教材 Ⅳ.①F590.75

中国版本图书馆 CIP 数据核字(2021)第 117781 号

研学旅行课程开发与管理 梅继开 张丽利 主编
Yanxue Lüxing Kecheng Kaifa yu Guanli

策划编辑:汪　杭　王　乾
责任编辑:胡弘扬　汪　杭
封面设计:原色设计
责任校对:李　琴
责任监印:周治超
出版发行:华中科技大学出版社(中国·武汉)　　电话:(027)81321913
　　　　　武汉市东湖新技术开发区华工科技园　　邮编:430223
录　　排:华中科技大学惠友文印中心
印　　刷:武汉市籍缘印刷厂
开　　本:787mm×1092mm　1/16
印　　张:15
字　　数:313千字
版　　次:2025年6月第1版第6次印刷
定　　价:50.00元

本书若有印装质量问题,请向出版社营销中心调换
全国免费服务热线:400-6679-118　竭诚为您服务
版权所有　侵权必究

网络增值服务

使用说明

欢迎使用华中科技大学出版社旅游资源网lvyou.hustp.com

（1）登录网址：http://lvyou.hustp.com （注册时请选择教师用户）

注册 > 登录 > 完善个人信息 > 等待审核

（2）审核通过后，您可以在网站使用以下功能：

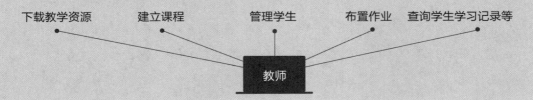

下载教学资源　建立课程　管理学生　布置作业　查询学生学习记录等 —— 教师

（建议学员在PC端完成注册、登录、完善个人信息的操作。）

（1）PC端学员操作步骤

① 登录网址：http://lvyou.hustp.com （注册时请选择普通用户）

注册 > 完善个人信息 > 登录

② 查看课程资源：（如有学习码，请在个人中心-学习码验证中先验证，再进行操作。）

首页课程 > 课程详情页（选择课程）> 查看课程资源

③ 答题测试

课程资源 > 习题（选择章节）> 习题页（提交）> 查看结果及分数统计

（2）手机端扫码操作步骤

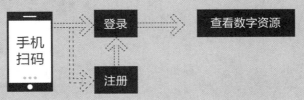

手机扫码 → 登录 / 注册 → 查看数字资源

总序 Introduction

习近平总书记在党的二十大报告中深刻指出,要"统筹职业教育、高等教育、继续教育协同创新,推进职普融通、产教融合、科教融汇、优化职业教育类型定位""要实施科教兴国战略,强化现代化建设人才支撑""要坚持教育优先发展、科技自立自强、人才引领驱动""开辟发展新领域新赛道,不断塑造发展新动能新优势""坚持以文塑旅、以旅彰文,推进文化和旅游深度融合发展",这为职业教育发展提供了根本指引,也有力地提振了旅游职业教育发展的信念。

2021 年,教育部立足增强职业教育适应性,体现职业教育人才培养定位,发布了新版《职业教育专业目录(2021 年)》,2022 年,又颁布了新版《职业教育专业简介》,全面更新了职业面向、拓展了能力要求、优化了课程体系。因此,出版一套以旅游职业教育立德树人为导向、融入党的二十大精神、匹配核心课程和职业能力进阶要求的高水准教材成为我国旅游职业教育和人才培养的迫切需要。

基于此,在全国有关旅游职业院校的大力支持和指导下,教育部直属的全国重点大学出版社——华中科技大学出版社,在党的二十大精神的指引下,主动创新出版理念、改进方式方法,汇聚一大批国内高水平旅游院校的国家教学名师、全国旅游职业教育教学指导委员会委员、全国餐饮职业教育教学指导委员会委员、资深教授及中青年旅游学科带头人,编撰出版"高等职业教育'十四五'规划旅游大类精品教材"。本套教材具有以下特点:

一、全面融入党的二十大精神,落实立德树人根本任务

党的二十大报告中强调:"坚持和加强党的全面领导。"党的领导是我国职业教育最鲜明的特征,是新时代中国特色社会主义教育事业高质量发展的根本保证。因此,本套教材在编写过程中注重提高政治站位,全面贯彻党的教育方针,"润物细无声"地融入中华优秀传统文化和现代化发展新成就,将正确的政治方向和价值导向作为本套教材的顶层设计并贯彻到具体项目任务和教学资源中,不仅仅培养学生的专业素养,更注重引导学生坚定理想信念、厚植爱国情怀、加强品德修养,以期落实"立德树人"这一教育的根本

任务。

二、基于新版专业简介和专业标准编写,权威性与时代适应性兼具

教育部2022年颁布新版《职业教育专业简介》后,华中科技大学出版社特邀我担任总顾问,同时邀请了全国近百所职业院校知名教授、学科带头人和一线骨干教师,以及旅游行业专家成立编委会,对标新版专业简介,面向专业数字化转型要求,对教材书目进行科学全面地梳理。例如,邀请职业教育国家级专业教学资源库建设单位课程负责人担任主编,编写《景区服务与管理》《中国传统建筑文化》及《旅游商品创意》(活页式);《旅游概论》《旅游规划实务》等教材为教育部授予的职业教育国家在线精品课程的配套教材;《旅游大数据分析与应用》等教材则获批省级规划教材。经过各位编委的努力,最终形成"高等职业教育'十四五'规划旅游大类精品教材"。

三、完整的配套教学资源,打造立体化互动教材

华中科技大学出版社为本套教材建设了内容全面的线上教材课程资源服务平台:在横向资源配套上,提供全系列教学计划书、教学课件、习题库、案例库、参考答案、教学视频等配套教学资源;在纵向资源开发上,构建了覆盖课程开发、习题管理、学生评论、班级管理等集开发、使用、管理、评价于一体的教学生态链,打造了线上线下、课内课外的新形态立体化互动教材。

本套教材既可以作为职业教育旅游大类相关专业教学用书,也可以作为职业本科旅游类专业教育的参考用书,同时,可以作为工具书供从事旅游类相关工作的企事业单位人员借鉴与参考。

在旅游职业教育发展的新时代,主编出版一套高质量的规划教材是一项重要的教学质量工程,更是一份重要的责任。本套教材在组织策划及编写出版过程中,得到了全国广大院校旅游教育教学专家教授、企业精英,以及华中科技大学出版社的大力支持,在此一并致谢!

衷心希望本套教材能够为全国职业院校的旅游学界、业界和对旅游知识充满渴望的社会大众带来真正的精神和知识营养,为我国旅游教育教材建设贡献力量。也希望并诚挚邀请更多旅游院校的学者加入我们的编者和读者队伍,为进一步促进旅游职业教育发展贡献力量。

王昆欣
世界旅游联盟(WTA)研究院首席研究员
教育部全国旅游职业教育教学指导委员会副主任委员
高等职业教育"十四五"规划旅游大类精品教材总顾问

前言
Preface

　　立德树人，以人为本，学生是中心。党的十八大以来，以习近平同志为核心的党中央高度重视教育工作，围绕"培养什么人、怎样培养人、为谁培养人"这一根本问题提出一系列富有创见的新理念、新思想、新观点。习近平总书记指出，要重视和加强第二课堂建设，重视实践育人，坚持教育同生产劳动、社会实践相结合，广泛开展各类社会实践，让学生在参与中认识国情、了解社会，受教育、长才干。为深入学习贯彻习近平总书记系列重要讲话精神，落实立德树人根本任务，教育部等11部门联合印发的《关于推进中小学生研学旅行的意见》（以下简称"《意见》"），明确了中小学生研学旅行是由教育部门和学校有计划地组织安排，通过集体旅行、集中食宿方式开展的研究性学习和旅行体验相结合的校外教育活动，是学校教育和校外教育衔接的创新形式，是教育教学的重要内容，是综合实践育人的有效途径。《意见》着眼于全面建成小康社会和实现教育现代化的战略布局，以大力推行中小学生研学旅行活动为突破口，全面深化基础教育课程改革、加强综合实践教育、落实学校立德树人的根本任务。文件一出，大有"忽如一夜春风来，千树万树梨花开"之势，各级教育行政部门、中小学校采取有力措施，以学生为中心，充分发挥研学旅行在立德树人中的重大作用。

　　研学旅行，以课程为核心，研学旅行导师是关键。研学旅行不是单纯的"旅游"+"教育"形式结合体，其形式是旅行，本质是教育。研学旅行作为中小学基础教育课程体系中综合实践活动课程的重要组成部分，是学校教育和校外教育衔接的创新形式，承载着基础教育阶段素质教育的重任，承载着中小学生道德素养的养成、创新精神的培育、实践能力的培养等多个方面的教育。只有树立研学旅行课程在研学旅行中的核心地位，才能彰显其教育本质，更好地发挥综合实践教育的育人功能。推进研学旅行工作的核心任务之一，就是各中小学要结合当地实际，把研学旅行纳入学校教育教学计划，与综合实践活动课程统筹考虑，促进研学旅行和学校课程有机融合，要精心设计研学旅行活动课程，做到立意高远、目的明确、活动生动、学习有效，避免"只旅不学"或"只学不旅"现象。研学旅行导师是研学旅行活动的组织者，是整个研学旅行活动是否能有效实施、研学旅行实践育人的根本任务能否得到落实的关键。研学基地的打造、研学线路的设计、研学课程的开发、研学活动的组织、研学效果的评价、研学保障的落实，这些推进研学旅行内涵建设的抓手，离开了研学旅行导师，都无从谈起。

研学课程，知行合一。无论是研学旅行活动本身，还是研学旅行相关教材编写，都离不开"实践"二字，要做到知行合一。2016年至今，研学旅行已快速发展五年有余，2019年教育部也将研学旅行管理与服务专业列入高等职业院校专业目录，三峡旅游职业技术学院基于其在研学旅行人才培养、人员培训、课题研究方面的良好基础，成为全国32所首批设置研学旅行管理与服务专业的院校之一。以三峡旅游职业技术学院梅继开院长为首的研学旅行教材编委会，抓住研学旅行活动的核心和关键，着手《研学旅行课程开发与管理》《研学旅行导师实务》两本教材的编写。编委会成员包含了高职院校骨干教师、1+X职业技能等级证书培训评价组织人员、全国三大示范研学行营地骨干教师、全国知名研学旅行企业人员、教育行政部门教学研究人员，他们以强烈的责任感和严谨的治学态度，深入一线开展了大量的调研工作，反复切磋审议，精心打磨修改，凝聚成这两部弥补研学旅行课程开发与管理领域空白的教材。纵览两本教材，结构系统立体，内容知行合一，层次循序渐进，均具有重要的理论价值和实践意义。

伟大的人民教育家陶行知先生曾言："生活即教育，社会即学校，教学做合一"，我据此结合马克思实践哲学和人的全面发展思想，提出"生活·实践教育"的理念：倡导生活即学习、生命即成长、生存即共进、世界即课堂、实践即教学、创新即未来，培养学生的生活力、实践力、学习力、自主力、合作力、创新力，让教育通过生活与实践创造美好人生。近年来，我也在中小学组织实施"生活·实践教育"，研学旅行作为实践教育的重要组成部分，继承和发展了我国"读万卷书，行万里路""知行合一"的教育理念和人文精神，成为素质教育的新内容和新方式。对于三峡旅游职业技术学院在研学旅行领域的探索，我深表赞同和支持，乐意为此书作序。

周洪宇

（全国人大常委会委员、湖北省人大常委会副主任、
中国教育学会副会长）

2021年2月

目录

基础篇

项目一　研学旅行概述　　　　　　　　　　　　　　　　　3
任务一　辨析研学旅行相关概念　　　　　　　　　　　　　5
任务二　了解研学旅行发展历程　　　　　　　　　　　　　14
任务三　理解我国研学旅行现状　　　　　　　　　　　　　24

项目二　研学旅行课程概述　　　　　　　　　　　　　　　34
任务一　课程及课程论概述　　　　　　　　　　　　　　　36
任务二　研学旅行课程定位　　　　　　　　　　　　　　　44
任务三　研学旅行课程目标　　　　　　　　　　　　　　　50
任务四　研学旅行课程内容　　　　　　　　　　　　　　　58

实践篇

项目三　研学旅行课程开发　　　　　　　　　　　　　　　69
任务一　研学旅行课程开发的总体原则　　　　　　　　　　71
任务二　研学旅行课程开发方法　　　　　　　　　　　　　77
任务三　明确研学旅行课程开发基本体例　　　　　　　　　86

项目四　研学旅行课程实施　　　　　　　　　　　　　　　97
任务一　研学旅行行前课程实施　　　　　　　　　　　　　99
任务二　研学旅行行中课程实施　　　　　　　　　　　　　105
任务三　研学旅行行后课程实施　　　　　　　　　　　　　112

项目五　研学旅行课程评价　　117
任务一　把握研学旅行课程评价原则　　119
任务二　构建研学旅行课程评价体系　　123
任务三　掌握研学旅行课程评价方法　　130

拓展篇

项目六　研学旅行课程管理　　145
任务一　掌握研学旅行课程管理含义　　147
任务二　熟悉研学旅行课程开发项目管理　　152
任务三　掌握研学旅行课程实施过程管理　　156

项目七　研学旅行线路设计　　164
任务一　理解研学旅行线路的基本含义　　166
任务二　掌握研学旅行线路的设计原则　　170
任务三　熟悉研学旅行线路的设计程序　　177

案例篇

附录A　精品课程　　183
课程一　大熊猫粪便分析　　183
课程二　陀螺仪平衡探究分析　　186

附录B　经典线路　　192
线路一　相约北京为梦起航　　192
线路二　了不起的中国造　　206

参考文献　　222

基 础 篇

项目一　研学旅行概述

职业知识目标

1. 了解我国研学旅行产生的背景。
2. 了解国内外研学旅行发展历程。
3. 了解我国研学旅行发展中的问题与未来的展望。
4. 熟悉我国研学旅行整体发展状况。
5. 掌握"研究性学习""旅行""研学旅行"概念。
6. 对各术语和概念的掌握达到研学旅行策划与管理职业技能等级标准,实现课程融通。

职业能力目标

1. 能分析研学旅行的特征。
2. 能比较国内外研学旅行的发展以及具体模式。
3. 能分析我国研学旅行发展中的问题。
4. 能把握我国研学旅行未来发展方向。

职业素养目标

1. 形成关于研学旅行的正确认识,培养从事研学旅行的兴趣。
2. 了解我国研学旅行发展历程,感受其中的家国情怀。
3. 具备研学导师应有的基本素质和责任感。
4. 形成对研学旅行的职业认同感,热爱自己即将从事的研学旅行事业。

 知识框架

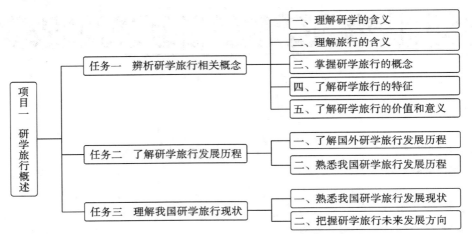

 教学重点

1. 研学旅行的概念与特点。
2. 我国研学旅行产生和发展的背景。
3. 国内外研学旅行的发展历程。
4. 我国研学旅行未来发展方向。

 教学难点

研学旅行概念的辨析;我国研学旅行发展历程。

 项目导入

2020研学实践教育研究与发展大会

据中国教育新闻网讯(记者 却咏梅)2020年1月,第二届全国出版发行业文旅联盟发布大会暨2020研学实践教育研究与发展大会在北京举行,来自教育、出版、研学、科技等多行业的专家和代表,从政策走势、课程研发、运营模式、基地发展、研学出版、跨界合作、主题研学七大板块,交流实践探索,研讨发展走势。

中国教育学会监事长、教育部中国教师发展基金会原秘书长杨春茂以"文化自信、素质教育与研学旅行"为题,从树立文化自信、培养创新思维、体制机制建设等方面展开演讲,探讨文化自信和创新理念对研学实践教育的影响。

教育部教育发展研究中心首席专家、研究员、实践教育研究所所长王晓燕从宏观、中观、微观三大层面对发展形势进行分析,并就现存问题提出发展建议。

北京教育科学研究院基础教育教学研究中心综合实践活动教研室主任梁烜以"研学旅行设计的难点与要点"为题,从安全性、教育性、自主性、实效性等方面分析了研学旅行课程设计的难点,并提出研学旅行应健全安全保障措施、体现研学旅行课程价值、精编课程方案、贯穿发展性评价理念、多方合作开发等设计要点。

"科学推进中国的研学旅行事业,既要解决普及化、常态化地实施'数量发展'的问题,又要关注'质量提升'、内涵式发展的问题,当务之急要以专业化引领、促进内涵式发展。"王晓燕说。

本新闻案例中,来自多行业的专家和代表认为研学旅行已处于一个十分重要的地位,进入了高速发展时期。那么,究竟什么是研学旅行呢?

任务一　辨析研学旅行相关概念

任务引入

"旅行"与"旅游",一字之差,常常混淆不清,汉字的博大精深就在于字面上很接近的两个词,可能解析下来,就会有截然不同的涵义。"旅行"与"旅游"这对"连体婴儿"在母胎里带有剪不断的血脉关系,一旦出世后,便会在不同的土壤、阳光、水分滋养下,吸收养分,逐步成长为不同的个体。当旅行前面再冠上"研学"一词,则区别就会被放大。研学旅行成为"新弄潮儿"后,社会在关于"研学旅行"概念的具体认知上,仍会有极大的偏差。

请结合所学知识和生活经验,列表展示"旅游""旅行"有哪些异同,并尝试用自己的语言解释什么是"研学旅行"。

任务剖析

以表格的形式区分较容易混淆的"旅游""旅行"两个概念,并尝试通过自己的理解来陈述研学旅行。

一、理解研学的含义

(一) 研究性学习的基本概念与特点

1 研究性学习基本概念

研究性学习是教育部 2000 年 1 月颁布的《全日制普通高级中学课程计划(试验修订

稿)》中综合实践活动板块的一项内容。它是指学生在教师指导下,从学习生活和社会生活中选择和确定研究专题,主动地获取知识、应用知识、解决问题的活动,即为学生创设一个情境让学生以自己的理解方式去认知世界。它秉持重在知识建构过程的学习观,在这样的学习过程中,教师不再是以自己的方式解读教科书,然后把知识传递给学生。研究性学习作为一种跨学科的综合实践活动,是一种重在解决问题和探究过程的开放式学习形式,也是一门实践的艺术。

2 研究性学习的特点

研究性学习是师生共同探索新知的学习过程,是师生围绕着解决问题,共同确定研究内容,选择研究方法,相互合作和交流的过程。研究性学习具有以下特征:

(1)灵活性。研究性学习的内容不是特定的知识体系,而是来源于学生的学习生活和社会生活,立足于研究、解决学生关注的一些社会问题或其他问题,涉及范围广泛。它可能是单一学科的,也可能是多学科综合交叉的;可能偏重于实践层面,也可能偏重于理论研究层面,具有很大的灵活性,为学习者、指导者发挥个性特长和才能提供了广阔的空间,从而形成一个开放的学习过程。

(2)自主性。在研究性学习过程中,学习的内容是在教师的指导下,学生自主确定研究主题;学习的方式不是被动地记忆、理解教师传授的知识,而是敏锐地发现问题,主动地提出问题,积极地寻求解决问题的方法,探求结论的自主学习。

(3)现实性。研究性学习强调理论与社会、科学和生活实际的联系,特别关注环境问题、现代科技对当代生活的影响等与社会发展密切相关的重大问题;强调要引导学生关注现实生活,亲身参与社会实践活动。同时,研究性学习的设计与实施应为学生参与社会实践活动提供条件。

(二)研究性学习的目标

研究性学习强调对所学知识、技能的实际运用,注重学习的过程和学生的实践与体验。研究性学习需要注重以下几项具体目标:

(1)获得亲身参与研究探索的体验;
(2)培养发现问题和解决问题的能力;
(3)培养收集、分析和利用信息的能力;
(4)学会分享与合作;
(5)培养科学态度和科学道德;
(6)培养社会责任心和使命感。

(三)研究性学习的实施

研究性学习不同于传统的教学。在开展研究性学习的过程中,教师和学生的角色都具有新的特点,学习的实施类型、教育内容的呈现方式、学生的学习方式、教师的教学方式以及师生互动的形式都要发生较大变化。

1 研究性学习的实施类型

依据研究内容的不同,研究性学习的实施主要分为两大类:课题研究类和项目(活动)设计类。课题研究以认识和解决某一问题为主要目的,具体包括调查研究、实验研究、文献研究等类型。项目(活动)设计以解决一个比较复杂的操作问题为主要目的,一般包括社会性活动的设计和科技类项目的设计两种类型。

2 研究性学习的组织形式

研究性学习的组织形式主要有三种类型:小组合作研究、个人独立研究、个人研究与集体讨论相结合。

3 研究性学习实施的一般程序

研究性学习的实施一般可分为三个阶段:进入问题情境阶段、实践体验阶段和表达交流阶段。在学习的过程中这三个阶段并不是截然分开的,而是相互交叉和交互推进的。

问题情境阶段要求师生共同创设一定的问题情境,可以开设讲座、组织参观访问等,做好背景知识的铺垫,调动学生原有的知识和经验,然后经过讨论,提出核心问题,诱发学生探究的动机。

实践体验阶段指的是在确定需要研究解决的问题之后,学生要进入具体解决问题的过程,通过实践、体验,形成一定的观念、态度,掌握一定的方法。该阶段实践体验的内容包括:①搜集和分析信息资料;②调查研究;③初步的交流。

在表达和交流阶段,学生要将取得的收获进行归纳整理、总结提炼,形成研究成果。成果的表达方式提倡多样化。

4 研究性学习实施中的教师指导

研究性学习强调学生的主体作用,同时也重视教师的指导作用。在研究性学习实施过程中,教师应将学生作为学习探究和解决问题的主体,并注意转变自己的指导方式。

在研究性学习实施过程中,教师要及时了解学生开展研究活动时遇到的困难以及他们需要的帮助,有针对性地进行指导。教师应成为学生研究信息交汇的枢纽,成为交流的组织者和建议者。在这一过程中要注意观察每一个学生在品德、能力、个性方面的发展,适时给予鼓励和指导,帮助他们建立自信并进一步提高学习积极性。教师须通过多种方式争取家长和社会等方面的关心、理解和参与,与学生一起开发对实施研究性学习有价值的校内外教育资源,为学生开展研究性学习提供良好的条件。教师要指导学生写好研究日记,及时记载研究情况,真实记录个人体验,为以后总结和评价提供依据。

教师可以根据学校和班级实施研究性学习的不同目标和主客观条件,在不同的学习阶段进行重点指导,如着重指导资料收集工作,或指导设计解决问题的方案,或指导学生形成结论等[1]。

---

[1] 资料来源:教育部关于印发《普通高中"研究性学习"实施指南(试行)》的通知。

二、理解旅行的含义

(一) 旅游的概念

什么是旅游?一提到这个问题,人们就会想到那些以观光、度假、娱乐等为目的离开惯常居住地的旅行活动。在《现代汉语词典》中"旅游"的释义为"旅行游览",在英国的《牛津字典》里"旅游"被称为"tourism"。在日常用语中,"旅游"通常是指因消遣性的目的而离家远行的活动。在我们的学科研究和旅游统计工作中,旅游不仅包括以消遣性为目的而离开惯常居住地的活动,而且包括那些以出席会议、洽谈商务、修学求知、科学考察等目的而离开惯常居住地的活动。可见,日常用语中的"旅游"并不等同于专业旅游研究和旅游统计工作中的"旅游"。旅游虽然在人类的历史长河中存在了数千年,但是直到20世纪,人们才开始将旅游作为一门学科进行较为系统、全面、科学的研究。由于各历史时期社会发展水平的不同,不同的旅游组织机构、专家学者对旅游的认知以及研究角度和方法存在差异,关于旅游的概念还没有形成统一的口径①。

目前较为统一的概念是埃斯特定义:旅游是非定居者的旅行和暂时逗留而引起的现象和关系的总和。这些人不会长期定居,并且不涉及任何赚钱的活动。

(二) 旅行的概念

考虑到人类旅行活动的各种情形,而又尽量避免概念的繁琐与空泛,我们认为,作为基本术语使用的"旅行"一词可以被简单地定义为:人及其意识在时空之中的非日常移动过程。

与别的概念不同,此概念明显包含着时空的双重意义。从空间上说,人必须有了位置转换,才可能称为旅行,即在地理坐标上可以明确标示出来。从时间上说,每一次旅行都是一次时间的延伸。因此,任何关于旅行的考虑,都离不开两个因素:一是目标选择,二是时间消耗。旅行的概念重在强调时空的移动②。

(三) 概念的辨析

人类的旅行活动虽然由来已久,而关于它的称谓却一直没有一个普遍认可的统一术语。虽然学者们对于各种类似于旅行的概念进行了陈述,但皆集中在"旅游"和"旅行"两个核心词汇上。总体而言,旅游部门倾向于把人类的旅行定义为一种旨在观光娱乐的活动,而学术界以旅游人类学为主,倾向于把它定义为一种文化交流活动。与此相应,旅游部门

---

① 张耀武.旅游概论[M].北京:中国旅游出版社,2018.
② 吴开婉.文化与旅行:基于概念的探讨[J].云南民族大学学报(哲学社会科学版),2007,24(05):11-16.

更习惯于以"旅游"一词作为基本术语,而学术界则更习惯于以"旅行"一词作为基本术语[①]。

根据字面意思,"旅行"的核心是离家出行,由此地到彼地。离家出行的目的有很多,不仅包括以消遣性、商务、探亲访友、游学探险等目的的离家远行活动,而且包括挣钱等以盈利为目的的离家远行活动。从时间维度来看,旅行是没有时间限制的,可以是暂时性的活动,也可以是永久性的活动。而旅游是指暂时性的离家旅行,游览观光。从这个角度来看,旅游和旅行是一种包含与被包含的关系,旅行的范畴要大于旅游的范畴。旅游的目的只能是消遣、商务、探亲访友、游学探险等非就业性的目的,不能是挣钱谋生性质的外出活动。暂时性是旅游的显著特点,换言之,旅游的时间性要求较强,旅游活动要求旅游者在一定时间范围内必须回到原来的居住地。由此可以看出旅游活动的发生需要旅行,但是旅行活动不一定属于旅游活动,有些旅行活动属于旅游活动,有些旅行活动不属于旅游活动[②]。

三、掌握研学旅行的概念

(一) 研学旅行概念误区

"旅行"非"旅游"。"旅行"与"旅游"仅一字之差,但内涵大不一样。研学旅行也一样,2013年国家出台关于研学旅行的相关政策,但很少有人琢磨其中的差异,也很难有企业理解此意。目前,各研学旅行试点城市较多按"研学旅游"的思路在进行,概念的模糊,是我们亟待解决的问题。对于研学旅行,要求以旅行为载体和过程,以影响、引导和帮助为方法,助力青少年成长。

"研学旅行"是以教育部为指导,属于教育制度设计,旨在推动基础教育育人模式的新探索,通过"研学旅行"帮助中小学生身心健康成长。这个制度设计给教育部门与旅游部门的发展、转型都带来重大历史机遇。

(二) 研学旅行概念的提出

2013年2月2日,国务院办公厅印发了《国民旅游休闲纲要(2013—2020年)》,提出"逐步推行中小学生研学旅行"的设想。2014年4月19日,教育部基础教育一司司长王定华在第十二届全国基础教育学校论坛上发表了题为《我国基础教育新形势与蒲公英行动计划》的主题演讲,首先提出了研学旅行的概念:学生集体参加的有组织、有计划、有目的的校外参观体验实践活动。

研学旅行由"研学"加"旅行"组合而成,可以从两个方面去理解其含义,一是重心在旅行,表现为夏令营式的旅行;二是重心在研学,实为旅行式的教育。我国推行中小学生研学

---

① 吴开婉. 文化与旅行:基于概念的探讨[J]. 云南民族大学学报(哲学社会科学版),2007,24(05):11-16.
② 张耀武. 旅游概论[M]. 北京:中国旅游出版社,2018.

旅行的初心是推动课程改革，提升学生的综合素质，因此社会上更多的是从第二种角度来理解研学旅行。

关于研学旅行目前学者们给出的定义主要有广义和狭义之分，广义的研学旅行是指以研究性、探究性学习为目的的专项旅行；狭义的研学旅行是指一门以学生为主体，以发展学生能力为目标，在内容上超越了教材、课堂和学校的局限并具有探究性、实践性的综合实践活动课程。

综上所述，研学旅行是以中小学生为主体对象，由教育部门和学校有计划地组织安排，以集体旅行生活、集中食宿方式为载体，以提升学生综合素质为教学目的，依托旅游吸引物等社会资源，进行体验式教育和研究性学习相结合的一种教育旅行活动。研学旅行是学校教育和校外教育衔接的创新形式，是教育教学的重要内容，是综合实践育人的有效途径。

四、了解研学旅行的特征

（一）教育为本质

研学旅行履行的是教育功能。其根本宗旨在于提高中小学生的身心素质，培养中小学生的核心素养。因此，研学旅行要基于中小学的教育教学要求，进行科学、系统性地设计，纳入中小学教育教学计划。研学旅行的主要目的是通过探究式学习使参加者受到教育，这决定了其本质属性是教育，任何不以此为根本目的或者教育属性被弱化、形式化的行为都不是真正意义上的研学旅行。研学旅行要遵循教育内在规律，既要注重旅行形式的趣味性、旅行过程的知识性、旅行内容科学性，还要注重学生良好人文素养的培育，特别是要重视旅行过程中的良好习惯的养成教育，培养学生成为一个文明游客。

（二）旅行为平台

研学旅行是一种通过外出旅行的方式进行学习的活动。因此研学旅行中有旅游的元素，但不能完全以旅游为主要目的。"春游""秋游""夏令营"活动将"游玩"作为主要目的，因而不属于研学旅行的范畴。研学旅行具有体验性。带领大批学生走出校园进行研学旅行，需要由教育部门主导和组织，但同时也需要交通、食品药品监管、文化和旅游、财政、公安等相关部门的配合。以旅游为载体，促进各方共同制定安全预案，实现无缝对接。

（三）研学为纽带

研学旅行是将"学"与"游"融合一体，借助自然事物，激发学生强烈的好奇心，激发学生内在的求知欲，让学生自主地运用已知去探求未知的过程。研学旅行的两大基本要素是"研学"和"旅行"，二者在研学旅行的开展过程中缺一不可，如果缺失"研学"，则沦为单纯的观光游；如果缺失"旅行"，则沦为另类的课堂教育。研学作为重要的纽带将教育和旅游两个要素紧密联系起来。《关于推进中小学生研学旅行的意见》指出,为确保研学旅行的正常实施,要紧抓研学这一纽带。所以,研学旅行线路的设计、研学旅行课程的开发、研学旅行效果的评价、研学旅行导师队伍的建设、研学旅行保障的落实,都是推进研学旅行的重要抓手,缺一不可。

(四)研学旅行是一种综合实践活动课程

1 研学旅行具有自主性

学生是研学旅行的主体,在研学旅行活动中表现出较强的自主性。在研学旅行过程中,学生会自发地生成兴趣,确定活动主题,预设研学内容,成为研学旅行活动的策划者。其次,学生会通过充分磋商来制定研学旅行路线、经费预算、规则与纪律、分工与协作,通过合作解决出现的问题。学生是研学旅行组织过程中的管理者与承担者,也是研学旅行过程的亲历者和体验者。

2 研学旅行具有开放性

研学旅行超越了教材、课堂和学校的局限,向自然、生活和社会领域延伸与扩大,加深了学生与自然、社会的联系,呈现出更加丰富多彩的表现形式,广度拓宽、深度延伸。为学生的个性发展提供了开放的空间。研学旅行使学生身处自然与社会之中,不断与自然和社会"沟通",使他们开阔心胸,增长见识。

3 研学旅行具有探究性

研学旅行为学生提供了许多探究、解决问题的机会。要求学生善于思考,积极捕捉来自身边的问题并进行界定、甄别、筛选和整合。研学旅行过程中随机生成的许多问题,可能是学生不曾预料的,所以需要学生通过探索甚至试错加以解决。同时,无论是通过"温故"还是通过探索或试错发现的新知,都需要在研学旅行过程中再次验证。最后,学生将验证了的新知,再用于解决类似问题,会形成举一反三的体验。

4 研学旅行具有体验性

陶行知坚持"教学做合一",研学旅行重在强调学生广泛参加各项社会实践活动,倡导学生亲近自然,倡导学生走进社会,强调青少年在客观环境中自我体验、自我感悟、自我成长。在研学旅行教育活动中,学校的学生走出校园,走进名胜风景、科技馆、博物馆、现代农业示范园、制造车间……走进与学校生活截然不同的环境,既是一种参与过程的体验,也是一种情感意志的体验,更是一种分享合作的体验。同时,研学旅行活动的体验性不仅仅是学生单向的个体体验,研学旅行导师会引导每个学生一起活动,让全体学生共同体验、相互研讨,在参与和体验中去拓宽视野、了解社会、亲近自然,培养团队合作能力和社会实践能力。[1]

---

[1] 陈光春.论研学旅行[J].河北师范大学学报,2017,19(3):37-40.

5 研学旅行具有实践性

研学旅行本质上是实践的。相对于课堂教学,研学旅行则更注重培养学生解决实际问题的综合实践能力,在一定程度上可以起到匡正当前学校课程过于偏重书本知识、偏重课堂讲授、偏重让学生被动接受学习的弊端,弥补学生经验狭隘、理论脱离实际的缺陷[①]。

五、了解研学旅行的价值和意义

顺应了教育改革的新形势。在当前这个瞬息万变的时代中,以往应试教育所培养出来的人才不再能完全满足社会的需求,社会更多的是需要综合性素质人才。而研学旅行有助于学生走出教室,实施体验式、探究式学习,培养综合性能力,从而更好地适应社会的发展。

符合青少年成长的特性。青少年成长的过程主要是从自然人变成社会人的社会化过程。首先成长的过程具有体验性,只有当青少年真真切切地体验了每一次成长带来的变化,并从中学会反思,才能变得更加成熟、自信;其次成长的过程具有实践性,只有当青少年将所学的知识运用于实践,做到知行合一,人生才能算真正得到成长;最后成长的过程具有融合性,一个人的成长要与同龄人、长辈等一起相互交流、融合学习进而成长。

有助于提高中小学生知识、能力、情感、品格等多方面素养。在知识获取上,学生可以通过研学旅行直接获取超越课堂、教材和学校以外的更真实、更广阔的知识;在能力培养上,学生通过研学旅行可以培养探究发现、自主创新、沟通合作等各方面的综合能力;在情感体验上,通过研学旅行,师生之间相互交流,增进学生与学生、教师与学生、教师与教师之间的感情;在品格培养上,研学旅行有助于培养学生责任意识、集体意识、关爱他人、爱国情怀等健全的人格。

体现了真实性的教育形式。研学旅行是研究性学习与旅行相结合的方式,真真正正让学生与自然接触、与社会接触、与他人接触、与自我接触。

 任务实施

景德镇研学之旅:认识 China,从"瓷"开始!讲好景德镇故事

陶艺融科学性、艺术性、创造性、趣味性、体验性于一体,既能让学生了解历史悠久、博大精深的中国陶瓷文化,同时又能培养学生的动手能力、工匠精神和创新创造意识。开展陶艺研学旅行,有利于促进学生培育和践行社会主义核心价值观,激发学生对党、对国家、对人民的热爱之情;有利于推动全面实施素质教育,创新人才培养模式,引导学生主动适应社会,促进书本知识和生活经验的深度融合;有利于加快提高人民生活质量,满足学生日益增长的旅游需求,从小培养学生文明旅游意识,养成文明旅游行为习惯。

---

① 丁运超.研学旅行:一门新的综合实践活动课程[J].中国德育,2014(09)12-14.

景德镇有着深厚的陶瓷文化研学资源。景德镇至今仍保留着国内外最丰富、最独特的陶瓷文化遗存和独树一帜的手工制瓷工艺生产体系。无论是御窑厂国家考古遗址公园、古窑民俗博览区、景德镇中国陶瓷博物馆还是陶溪川文化创意街区,都能够为研学旅行活动的开展提供丰富资源。景德镇还有丰富的陶艺师资源。在景德镇,有景德镇陶瓷大学、景德镇学院、江西陶瓷工艺美术职业技术学院、景德镇陶瓷职业技术学院等教学研究单位,以及景德镇陶瓷大学中国非物质文化遗产传承人群研修研习培训基地、全国中小学生陶瓷培训基地、皇窑研学旅行基地、市第一中专陶艺实习实训基地、市实验学校陶乐园等一大批涵盖了大、中、小学各个阶段的陶艺培训、实习基地。

研学课程:

1. 邂逅古老的手工技艺,体验民间制瓷艺术(见图1—1);开启飞行梦想之旅,尽享"飞天"乐趣!

图 1-1　体验民间制瓷艺术

2. 一梦走千年、延续千年故事;认识China,从"瓷"开始;官窑品质,皇家气派精品三日游。图 1-2 所示为中国陶瓷博物馆内景。

3. 程朱理学、文公阙里、瓷都景德镇,感受中国传统文化,讲好中国故事深度体验四日游。图 1-3 所示为"理学渊源"——书乡理坑。

(1)请结合景德镇研学旅行的案例与本节内容分析研学旅行有哪些特点?

(2)研学旅行与传统的教育形式相比有哪些好处?

表 1-1 所示为任务实施方案表。

表 1-1　任务实施方案表

活动目的	通过案例分析与讨论得出研学旅行的基本特征,以及研学旅行的意义
活动要求	以小组为单位通过头脑风暴的形式展开讨论

续表

活动步骤	（1）划分小组； （2）分组查找资料，复习教学内容，分析案例； （3）小组讨论，头脑风暴； （4）成果展示
活动评价	（1）评价依据：结合教学内容与景德镇案例分析研学旅行的特点，具有针对性； （2）评价形式：小组互相打分评价加上教师评价

图1-2　中国陶瓷博物馆内景

图1-3　"理学渊源"——书乡理坑

任务二　了解研学旅行发展历程

任务引入

案例分析：文化为发展素质教育注入新元素

陕西省潼关县因邻近潼水而得名，素有"天下第一关"的美誉。基于深厚悠久的历史文化,潼关县立足县情,传承优秀文化,丰富素质教育内容,在德育、课程建设、体育、艺术、社会实践等素质教育板块中融入乡土特色,拓宽教育途径,优化教育方法,有效继承和发扬了优秀文化,发展了中小学生素质教育体系。

潼关县积极创建中小学生研学实践基地,开展研学旅行活动。一是利用潼关资源,开展社会实践活动。全县中小学生参观杨震廉政教育基地、酱菜博物馆,游览岳渎阁公园和东山景区,考察潼关小秦岭地道中药材资源利用情况,让学生全方位立体式认识潼关,宣传潼关;二是积极创建市级研学基地,经过多方努力,潼关县酱菜博物馆、杨震廉政教育基地、古渡坊景区被命名为渭南市首届研学实践基地;三是挖掘潼关人文历史,制定研学旅行路线。以杨震祠、湿地公园、东山景区、岳渎阁景区为主要研学点,挖掘出战争文化、关隘文化、生态文化、饮食文化、农耕文化等文化元素,让广大学生走进景区,感受潼关、认识潼关、热爱潼关,激发学生报效故乡的豪情①。

任务剖析

任务引入中的案例讲述的是陕西省潼关县利用其丰富的资源发展综合素质教育。当文化和素质教育相结合,一种新的教育形式——研学旅行应运而生。请结合以上案例分析潼关县利用了哪些因素发展研学旅行?并说明研学旅行是在怎样的环境下产生的?

一、了解国外研学旅行发展历程

研学旅行,在国外又称为修学旅游、教育旅游。国外的研学旅行实践较早,在16—17世纪的欧洲地区兴起的"大旅行(Grand Tour)"运动是教育旅行的前身,不少国家开始崇尚"漫游式修学旅行"。第二次世界大战后,欧美国家发展营地教育,日本于1946年发展修学旅行,1960年修学旅行已成为日本中小学校的常规教育活动。国外研学旅行,例如欧洲大陆游学和日本修学旅行,都是将研学旅行强制性作为教学要求,让学生直接体验社会,学习自然文化知识,提高跨文化理解能力。日本有近4000家各种类型的自然学校,提供给孩子甚至成年人一个更为广阔的学习场所,而已有30多年经验的日本自然学校也成为中国自然学校参考借鉴的主要对象。美国有大约1.2万个营地,其中有7000个住宿营地,5000个非住宿营地。迄今为止,已有许多国家将研学旅行作为学校系统内拓宽学生视野、提高跨文化理解能力的一种教育方式,并且积累了有益经验。现在进入信息高度发达、教育方式不断革新的现代社会,研学旅行已成为一种风靡全球的教育方式。

---

① 刘向荣.文化为发展素质教育注入新元素[N/OL].中国教育新闻网——中国教师报,2020-02-24[2021-03-01].http://www.jyb.cn/rmtzgjsb/202002/t20200224_300539.html.

(一)欧洲大陆游学

大陆游学是指近代早期英国人到欧洲大陆游历学习,它一般被说成是英国贵族教育的一个组成部分。这一历史现象发轫于16世纪后半期,在18世纪最为鼎盛。作为欧洲知识分子成长的一种重要方式,教育旅行、游学的传统源远流长。卢梭在《爱弥儿》中多次引用蒙田的论著为游历进行价值论证。培根明确地提出:"对青年人来说,旅行是教育的一部分。"大教育家洛克在《教育漫话》中也特别谈到,旅行应该"成为绅士教育的一个重要组成部分",因为它可以让学生在实际生活中"学习外国语言""学会知人"[①]。

大陆游学是近代英国贵族史和教育史的重要内容,既反映了近代早期英国社会各方面的深层次变革,也对英国的发展产生了多重影响。大陆游学在英国人的记忆中留下了非常深刻的印记。"Grand tour"在英文中是一个专门的词条,具有非常确切的含义,如《牛津高阶英汉双解词典》把它解释为旧时英国富家子弟教育中到欧洲大陆观光的大旅行,为学业的必经阶段。实际上,英国上层子弟前往欧洲并非进入大学或学校接受正规系统的教育,而是在游历的过程中开阔眼界、增加知识。

大陆游学给英国的历史发展产生了深刻而广泛的影响:

(1)加强了英国与大陆的文化联系,推动文化和学术的发展。

(2)改变了英国贵族乃至英国的形象,使他们由佩剑而喜文墨,由野蛮而文明。

(3)加强了与大陆的政治经济联系,为英国在欧洲事务中发挥更重要的作用奠定了基础。

总之,大陆游学,加快了英国的近代化进程,使英国摆脱封闭,进一步融入欧洲;走出愚昧,进一步文明化,为其崛起于西方,成长为世界头号工业强国打下了基础[②]。

(二)日本修学旅行

20世纪60年代以来,修学旅行开始在日本盛行,修学旅行是基础教育阶段各级各类学校均需要开展的一项重要教育活动,是学生在教师带领下集体出动并伴有住宿的以参观、学习和研修为目的的旅行。作为日本学校特别活动中的一项重要环节,修学旅行承担着基础教育阶段课堂教学无法实现的教育功能,即通过在与平常生活不同的环境中,让学生拓宽视野,亲近大自然与传统文化,形成良好的集体生活行为习惯以及公共道德能力。

1 日本修学旅行目的

培养小学生的公共精神。日本强调从小学阶段加强公民教育,小学修学旅行是对校内公民教育的补充,使小学生切实地理解社会,培养积极的公民素质。日本修学旅行通过体验性学习增加小学生的社会文化经验,使其能够综合地理解传统历史文化、社会现实,促进

---

① 于书娟,毋慧君,王媛.卢梭教育旅行思想及其当代价值[J].贵州大学学报(社会科学版),2017,35(06):129-133.

② 陶军.18世纪英国"大陆游学"初探[J].郧阳师范高等专科学校学报,2005(01)119-121.

认知理解与生活实践两方面整合及协调发展,培养其关心社会、关心文化、关心生活、关心他人、关心世界的品德,为公民素质培养奠定基础。

促进小学生认识生活。日本小学修学旅行可以弥补学校课堂教学短板,引导小学生走出校园,主动认识社会、了解社会、感悟社会,促进课堂书本知识和真实社会生活经验深度融合。生活是一切知识的源头,教育须面向生活,生活本身对于小学生而言是最广阔的教育场所。小学生正处于人生成长奠基期、关键期,日本小学通过修学旅行组织学生进入自然及社会中开阔视野、增闻强识,促进学生热爱自然、了解历史传统文化、热爱社会生活①。

2 日本修学旅行特点

日本学校修学旅行重点落在"修学",突出修身养性、学以致用,强调教育性、集体性和体验性三个要素,旅行只是形式和手段。通过修学旅行,学生获得直观而丰富的体验,将所闻所见及时记录到随身携带的小册子中,与其他同学一起探讨问题,遇到不明白的事物、现象也能随时得到老师的解答。整个修学过程是对书本知识的深化理解,学生将已经掌握的知识和技能运用到真实情景中,甚至还能通过亲身实践的修学旅行生发出新的疑问、新的构想、新的思考、新的学习,整个过程环环相扣、螺旋上升,充分体现了教育性。日本政府规定学校在组织开展修学旅行过程中,学生必须集体行动,包括集体乘坐交通工具、集体食宿、集体观光游览甚至在修学旅行结束后还要集体反思总结。学生在这些集体活动中彼此交流、相互照顾,形成集体意识、规范意识、交往意识并提升沟通能力,整个过程彰显集体性。此外,深入且深刻的体验是提升学生感性认知、激发学生活跃思考的重要路径②。

(三) 21世纪国外研学旅行的发展

21世纪以来,除了英国、日本,很多国家和地区也都意识到了研学旅行的重要作用,采取各种方式试图让学生走出传统的课堂,进入大自然,通过研学旅行来让学生获取知识,认识世界。

在韩国,几乎每个学生都参加过各种类型的研学旅行,其中较有特色的形式是毕业旅行。韩国教育部门将毕业旅行作为学生的一项必修课目,纳入学分管理,学生只有参加并修够相应学分,才可以毕业。研学旅行的范围也不囿于本国内,如2014年,韩国大学生"东北亚大长征"活动就选择高句丽的开国王城——位于我国辽宁省的五女山山城,以及高句丽时代遗址——我国吉林省集安市等地进行考察。

美国家长更加关注孩子的全面发展,孩子参加假期活动主要还是凭借兴趣爱好,所以研学旅行和夏令营、冬令营一样,为满足或培养孩子的兴趣爱好提供了多种多样的选择,是非常受学生欢迎的假期活动。美国霍奇基斯高中甚至曾组织10—12年级的学生开展为期3周的南极探险之旅,学生在考察南极半岛和周边岛屿,观察鲸鱼、磷虾群,拍摄帝王企鹅、

---

① 张义民.日本小学修学旅行的目的、特点及其启示[J].教学与管理,2018(17)57-58.
② 李冬梅.日本的修学旅行:举社会之力打造安全行走中的"必修课"[J].人民教育,2017(23)32-35.

海豹、冰山的同时,在随行的南极科考专家的指导下,学习生态学和当地历史。此外,不少美国高中生会在假期里参加国内名校游,了解高校特色,为将来升学选择做准备。

二、熟悉我国研学旅行发展历程

(一) 古代中国研学旅行的发展(公元前 770 年—1840 年)

中国古代研学旅行被称为"游学",游学是最为传统的学习、教育方式。尽管游学一词较早见于《史记·春申君列传》,但学者对其尚未形成统一认识。通过查阅相关文献,我们可以把游学定义为一种文化人通过异地旅行获得知识、通过遍游各地亲自进行文化体验、远游异地拜师求学,以及文人之间为扩大学术视野进行学术交流的活动。简单说来,游学就是通过异地求知的文化活动。

❶ 游学起源期——春秋战国时期

春秋战国时期文化中心极其分散,诸子百家,学术争鸣,形成一幅文化繁荣的景象。有才能、有抱负的学士通过周游列国,游说自己的主张和观点,并通过与他人辩论来得到各国诸侯的赏识,达到"布衣取卿相"的目的,从而实现自己的理想抱负。最为典型的代表就是孔子,他率领众弟子离开鲁国,游历辗转于卫、曹、宋、郑、陈、蔡、楚七个国家,四处游说讲学,一方面向各国频繁地游说和展示自己的治国理念、政治主张,另一方面率众弟子游学、读书和悟道,体验山水,感悟人生,进行了连续十四年的列国游学生涯,史称"孔子周游列国"。

该时期之所以兴起游学这种现象,主要有以下三点原因:一是私学的兴起。当时贵族统治力量衰落,无暇顾及教育,官学教育因此衰弱,造成社会对人才的需求强烈,也导致掌握文化的人沦落到社会下层,私学由此兴起。二是养士之风的盛行。诸侯争霸,各国诸侯开始招贤纳士,引进人才,扩张自己的势力,于是尊士、养士、争士成为各诸侯国上层社会的一种风尚。三是稷下学宫的辉煌。由于稷下学宫实行的是学无常师的灵活教学制度,为四方有志游士提供了一个良好的学习氛围,备受游士们的青睐,吸引了士人来此地游学。概言之,春秋战国时期游学的基本特点包括:大多数学士的游学目的带有极强的功利性;游学者们大多数是社会下层的人民,出身寒门,没有一定的经济基础,需要通过游学得到各诸侯的赏识,从而改变自己贫苦的家室;游学之风打破了学在官府的局面,提高了游学的受教范围和文化广度。

❷ 游学的发展期——隋唐时期

隋唐时期,中国古代政治、经济、文化等方面出现了空前繁荣的景象,游学也在这变化过程中逐步发展着。其主要原因有以下三点:

一是物质繁荣与精神文明。隋唐时期在政治上实现国家大一统,政治局面相对稳定;

在经济上是以小农经济为主,呈现繁荣景象;在思想文化上佛、道、儒三教合一,全面繁荣。

二是民间私学的兴盛。隋唐时期的私学很受重视,政府不仅提倡私学,还鼓励民间人士自己筹办并加以勉励,私学的形式和内容变得多样化。

三是科举制的兴起。隋唐时期确立了以文取士的科举考试制度,打破了门第的限制,为一般的知识分子提供了参政的机会。

在上述背景下,游学备受学者们的青睐,由此产生了求学之游、求仕之游、体验之游三种游学类型。

这一时期的游学特点包括:

游学目的的复杂化。一是功利性。从春秋到隋唐,游学的目的变得越来越功利化,求学者不是单纯地为了获取知识而是为了结交更多的知名学士,以此来巩固自己的势力。二是隐居性。这一时期,许多士大夫在晚期看淡了官场的名利,他们不谈国事、不言民生,隐居乡村,游历于田园山水之间。他们的游学目的不再是为了追求功名利禄,而是为了追求自然田园风光,探索生命的真谛,实现天人合一的境界。

游学内容的丰富化。隋唐儒学、佛学、道学多种思想竞相发展,许多学者根据自己的喜好不远万里求学于多种思想兼容的私学。

游学主体的多元化。游学主体的年龄不再局限于青年、中年,童子也可以进行游学,进入老少皆游的时期。此外,相关文人和儒士的参与也使游学的主体变得多元化。

❸ 游学的兴盛期——元代时期

元朝由蒙古族建立,是中国历史上首次由少数民族建立的大一统王朝。一方面元朝统治者废除科举制,断绝了元朝儒士通过科举做官的路径,此外,元朝统治者想大力开拓疆域使各个民族之间相互融合,这就促使了许多文化水平较低的少数民族文人游历四方学习汉学;另一方面民间开办的书院、义塾等也公开接受远道而来的游者学习,并且一些隐居的儒士也接纳游学者作为自己学生,传授相关知识。元朝社会的繁荣安定、开放的教育政策以及南北统一局面等客观条件都促使了游学在元代兴盛起来。

元代时期的游学主要有三种类型:

一是儒学之游,元代继承和传播了北宋形成的新儒学思想,形成了各级儒学,不仅教学规模宏大,而且教学设备和水平都很完善;二是从师之游,许多游者为了学习广阔的知识,跋山涉水拜访名师,并成为其门下的一员,与其他弟子相互学习、取长补短,来增长自己知识的广度和深度;三是书院、义塾之游,书院在元朝得到进一步发展,书院数量和教学规模都明显扩大,使得元代的书院、义塾之游也极其盛行。

元代少数民族众多,学官之选混乱,教学发展极其不平衡,各地方的教学水平差异甚大。游学在一定程度上促使各方有志游士自由选择学习的场所和资源,对元代的教育进一步补充,提高了元代教育的整体水平。

元代游学在形式上新增了书院、义塾之游,更多学士有了选择游学的机会,游学获得进一步的发展。元代少数民族志士到各地游学,促使各民族文化相互交流,游学的内容在一定程度上带有民族文化性。

(二) 近代中国研学旅行的发展(1840年—1949年)

1 陶行知与新安旅行团

新安小学是人民教育家陶行知先生创办的一所实验性学校,成立于1929年6月6日,实践陶行知先生的"生活即教育,社会即学校"的教育理论。1933年10月,时任校长的汪达之将七名学生组成新安儿童旅行团,由学生自己管理自己,用卖报纸的办法自筹经费到上海参观访问。这次旅行共54天,效果很好,为后来建立新安旅行团做了思想上、组织上的准备。1935年,在中国共产党"停止内战,一致抗日"的伟大号召下,全国的抗日救亡运动正在兴起。汪达之提出:以新安小学14名学生组成新安旅行团(简称"新旅"),到全国各地修学旅行,宣传孙中山思想,唤醒民众,共赴国难,抗日救亡。就在这年10月份,他们一面宣传抗日救亡,一面学习,从华东到华北,又到西北,辗转到达华中的武汉,1938年11月来到桂林,此时新旅达到极盛时期,此后又几经波折,不断发展壮大,新旅的光辉业绩,在中国少年儿童革命史上写下了不朽的篇章。

对今天的青少年们而言,以新旅为典范,发扬新旅的光荣传统,仍然有着现实的教育意义。新旅教导学生树立爱国主义思想,践行陶行知的"生活教育"理论,以社会为学校,将学校教育与社会教育、书本学习与社会实践、学与做密切结合,注重综合素质的全面提高,成为如今研学旅行团的雏形①。

2 海外修学旅游期

在近代中国人较多使用"海外修学旅游"一词,即"留学"。自鸦片战争以来,清政府奉行闭关锁国的政策,中国的领土开始被割裂,逐步丧失独立自主的地位。对此,清王朝被迫做出对外开放政策,海外修学旅游政策的出台使得一大波爱国知识分子和开明绅士开始放眼世界,学习西方科技文化,寻求救国之道。

近代的留学热潮主要经历了四个阶段:赴美留学、赴日留学、庚款留学、赴法留学。

一是赴美留学。由于洋务运动时期清政府需要大批的外交、工业技术人才,刚从美国留学回来的容闳便向朝廷上奏关于派遣中国学生到国外学习先进技术的事情,于是1872年8月容闳率领中国30名幼童乘船赴美学习,近代首批中国学生留学之旅由此开始。

二是赴日留学。1894年甲午战争清政府失败以后,大力鼓励青年学子以及知识分子出国留学寻求民族振兴、国家富强的道路。一股赴日留学的热潮便由此涌现,其中李大钊等人为典型代表。

三是庚款留学。中国"庚子赔款"后,美、英、法等国出于长远考虑,为了扩大其在华的

---

① 魏华龄.新安旅行团教育实践的启示[J].桂林市教育学院学报(综合版),2001(01):1-6.

影响,相继与中国签立协定,要求中国输送相应留学生。这一时期的留学形势形成了新的多元化局面,造就了一大批出色的科学家,这些人成为中国现代科技事业的奠基人和开拓者。

四是赴法留学。这一留学热潮主要发生在五四运动前后,并且是一种全新的留学模式。巴黎华法教育会与广安勤工俭学会的大力倡导,以及五四运动爆发后的各种新思潮涌入,促使赴法勤工俭学成为新的留学潮流。留学生在法国各地的学校和大工厂中边工作边学习,研究各种社会主义思潮。

海外修学旅游期的特点为:

(1) 出台了相关留学政策,体系越来越完善,国家的重视度也逐渐提高;

(2) 引进了西方各种先进思潮,诸如科学社会主义思潮、社会民主主义思潮等;

(3) 出国留学的经费来源有官费和自费两种形式;

(4) 留学的学习内容多样化。一方面可以学习欧洲的经济建设、人文思想等;另一方面还可以学习军事技术、制造业等专业;

(5) 从出游的范围来看,已从国内扩展到国外;

(6) 出国留学的时间偏长,一般至少需要几年的时间在异国进行学习深造;

(7) 广大留学生的留学目的主要是为了学习西方先进的教育理念、教育制度、教育方法等思想与文化,贯穿"探求真理、学习科学、爱国救亡、振兴中华"主线,寻求一条救国之道。

(三) 新中国成立以来研学旅行的发展(1949 年至今)

1 发展停滞期(1949 年—1978 年)

中华人民共和国成立初期,中国政府实行"一边倒"的外交政策,提出向以苏联为主的社会主义国家学习的口号,1951 年我国向苏联派出 375 名留学生,后因中苏关系恶化,留学教育停滞不前。从 1972 年年始,我国先后向英、法、意等 32 个国家派遣了大约 1548 名留学人员,留学教育表现出复苏和发展之势。

2 发展起步期(1978 年—2013 年)

1978 年党的十一届三中全会召开,提出对外开放的政策。在教育领域,单一的知识性教育已经不能满足广大人民的需求,人民更多地追求体验式、开放式的教育,这时出现修学旅游的教育形式,以弥补传统知识性教育的不足。通过修学旅游,学生们不仅能获得愉悦的旅游体验,还能学到许多课堂外的知识,帮助学生开阔视野、提高能力。

我国修学旅游起步较晚,1989 年推出的山东曲阜孔子家乡修学旅游,每期十余人到几十人不等,修学期限在 3 天至 15 天,学习的主要内容为孔子生平及其哲学思想、中国历史书法、民俗、中医、烹饪等。2001 年,江泽民同志提出"以德治国"方略,全社会重视素质教育,修学旅游出现了新景象,由传统的观光型向学习型、知识型、文化型的转变。修学旅游是以一个专题为目标,或考察某地风俗文化,或了解一门学科,或学习一门语言,或参观高等院校、科研机构等旅游行为,它有助于旅游者开阔视野、增长知识、丰富阅历等。

这一时期修学旅游的特点主要为:

(1) 以"学"为主,要求参与者在旅游的过程中学到更系统以及更易于接收的知识,并且要有所收获,有所体验,从而增加自己的阅历达到精神境界上的修养,这与传统纯属游玩的旅游是有极大的区别的;

(2) 教育行业与旅行社首次紧密结合,把学习活动与旅游产品开发相联系的一种新型旅游行为;

(3) 突出综合性,主要是以某个专题为主,例如人文旅游类以及自然资源旅游类等,突出知识性与文化性相结合。

❸ 黄金发展期(2013年至今)

2013年,国务院办公厅印发《国民旅游休闲纲要2013—2020年》,提出了要"逐步推行中小学生研学旅行"的想法。2014年7月,教育部开始进行研学旅行试点的实施,公布了首批中国研学旅游示范基地与目的地,为开展中小学研学旅行做好典范。2016年底,教育部等11部门联合印发《关于推进中小学生研学旅行的意见》(以下简称"《意见》"),首次将研学旅行纳入国家教育政策,进一步推动国内中小学开展研学旅行的热潮。我国研学旅行最新发展历程如图1-4所示。

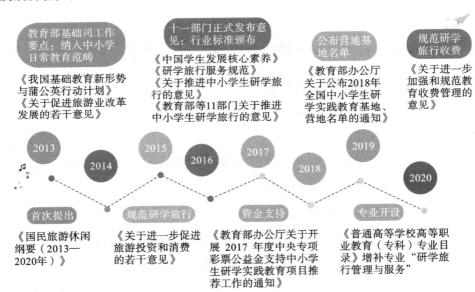

图1-4 我国研学旅行最新发展历程

2013年后,安徽省、河北省、西安市、武汉市等地的研学旅行基地建设积累了宝贵的经验,例如上海科技馆,占地6.8万平方米,是上海市政府为提高市民科学文化素养建设的重大社会教育机构。上海科技馆长期以来充分利用自身特色展示科技,开展研学旅行,并取得了良好的社会效益。例如南京大屠杀纪念馆,是中国首批国家一级博物馆、全国爱国主义教育示范基地和全国重点文物保护单位,具有极强的历史教育意义。

通过一系列的试点和探索,逐步明确了研学旅行的内在规律、运作机制、教育功能,并总结了宝贵的经验教训,为后续研学旅行在全国的展开提供示范,打下基础[①]。

当代研学旅行的特点主要有:

(1)以青少年学生为中心。研学旅行的主体对象是青少年,并根据学生的身心特点、兴趣爱好等进行内容、时间、地点等方面的安排,让学生能从研学旅行中更容易获取相关知识与能力;

(2)以学校为主要单位。学校通过组织旅行活动让学生从中获取知识以及情感体验,与学生自主旅行的性质有很大的不同;

(3)有良好的社会支持为动力。首先是国家政策在宏观层面的支持,其次是各行业企业的中观支持,最后是家长微观层面的支持,这三个方面的支持有效地确保研学旅行全面开展;

(4)有着明确的主题和学习目的。利用人文历史、自然景观、科学技术等不同的资源来开展不同的研学专题,让学生从中获取不同的知识;

(5)有着明确的时间限定。为了更加明确研学旅行的内涵以及学生出行的安全,《意见》中明确规定了研学旅行的时间最长不能超过15天;

(6)具有探究性与开放性。从确定主题到实施方案到评估结果,学生全程自主参与进来,对遇到的问题进行相关探究,与他人合作,从而达到解决问题的目的,这与传统的直接告诉学生结果的教学方法有着本质的区别,它更能激发学生的求知欲并提高学生学习的兴趣[②]。

我国拥有悠久的历史、辽阔的疆域,这为研学旅行提供了丰富的资源。无论是自然风光,还是人文历史;无论是民族风情,还是现代文明,都有丰富多彩、引人入胜的内容。诸多不同类型的旅游资源,为研学提供了广阔的天地。

任务实施

用思维导图的形式展示英国、美国、日本、新加坡、中国研学旅行发展在基本政策、师资培养、社会响应程度方面的现状。表1-2所示为任务实施方案表。

表1-2 任务实施方案表

活动目的	通过思维导图较为明晰地展示研学旅行发展较好的国家研学旅行发展状况,可以对我国研学旅行的发展带来一些参考

[①] 中国青年网.2018年十大研学旅游项目基地[EB/OL].[2018-11-07]. http://finance.youth.cn/finance_cyxfgsxw/201811/t20181107_11777619.htm.

[②] 陈林,卢德生.我国研学旅行历史演变及启示[J].江西广播电视大学学报,2019,21(01):26-31.

续表

活动要求	（1）小组形式展开讨论与查询资料； （2）成果展示形式为思维导图； （3）每组负责一个国家，以组长讲解形式汇报
活动步骤	（1）划分小组； （2）分组查询资料； （3）制作思维导图； （4）成果展示
活动评价	小组互评与教师评价相结合，评价依据为每个国家研学旅行基本政策、研学旅行导师培养、研学旅行在该国家认可度各个维度的内容是否包含在内，学生思维导图清晰度与美观程度，课堂展示情况，小组配合度

任务三 理解我国研学旅行现状

山东荣成：探索国际化海洋特色研学旅行模式

山东省荣成市近年来以"自由呼吸·自在荣成"为引领，全面贯彻"绿水青山就是金山银山"的发展理念，重点发展海洋旅游、乡村旅游、文化旅游等多元业态。依托这些资源，荣成市将研学旅行纳入全域旅游体系，申报了3个省级、12个市级和20个县市级研学基地，以"魅力荣成"为核心主题，开发了海洋生态类、海洋文化类、海洋科技类基地及红色教育类基地，编写了《荣成市研学基地指南》，为全市中小学校开展研学旅行提供了教学现场和专业指导。

为了避免以往研学旅行盲目性、形式化的问题，荣成市还选拔了95名骨干教师，以35个研学基地为依托，依据相关流程对研学资源进行系统开发，开发了自然生态、国情教育、传统文化、红色文化和拓展训练等五大主题的十类课程。针对不同学段学生的特点，荣成市分序列设计了小学版、中学版课程，纳入整体课程计划，实行"学分制管理"，记入《学生综合素质评价档案》。同时，不断健全完善研学旅行管理制度、操作流程和安全内保机制，让研学实践逐步走向规范化、特色化，保障市内外研学旅行活动中学生的合法权益不受侵害。

在此基础上，荣成市借助独特的区位优势，将研学旅行视野从国内拓展到国际，瞄准国际游学平台,加强海洋特色基地项目建设,在吸引更多国外研学学子的同时,全方位、多角度、立体式促进当地研学旅行服务水平的提升。目前,荣成市已与日、韩等国建立双向对接机制,举行了校际研学旅行研讨会,签订合作意向书,促进研学旅行的国际交流。目前已接待韩国、日本国际游学团队7批次600多人次。

荣成市教育和体育局局长张永波表示:"下一步,我们还将利用即将建成投用的荣成青少年活动中心,打造成国际游学接待中心、活动中心和研究中心,增设更多的拓展体验式研学项目,进一步提升承接市内外学子研学旅行的服务能力。"

(案例来源:魏海政,张文静,张春芳. 山东荣成:探索国际化海洋特色研学旅行模式[N]. 中国教育报,2020-2-11(3).)

山东省荣成市采取了一系列措施促进当地研学旅行的发展,请联系山东省荣成市的案例,结合当下研学旅行的发展分析荣成市具体采取了哪些措施发展研学旅行?取得了哪些成效?请展望我国研学旅行未来的发展。

一、熟悉我国研学旅行发展现状

(一)我国研学旅行发展整体概况

国家支持,政策保障充分

我国研学旅行是政策先行,在全面落实立德树人根本任务,推进素质教育的今天,研学旅行作为"旅游+"的一种重要新兴业态,近年来得到了国家和政府诸多的政策支持。2013年《国民旅游休闲纲要(2013—2020年)》中提出"逐步推行中小学生研学旅行"的设想。2014年7月14日,教育部发布《中小学学生赴境外研学旅行活动指南(试行)》。还有教育部等11部门印发的《关于推进中小学生研学旅行的意见》、教育部印发的《普通高中"研究性学习"实施指南(试行)》等文件,一批批研学试点有序进行,不断取得良好成果。我国研学旅行试点如表1-3所示。

表1-3 我国各省市关于研学旅行政策出台的情况

省市	发布时间	政策文件
陕西省	2016.11	《西安市人民政府办公厅关于推进中小学研学旅行工作的实施意见》
上海市	2017.5	上海市教育委员会转发《教育部等11部门关于推进中小学生研学旅行的意见》的通知

续表

省市	发布时间	政策文件
甘肃省	2018.6	《甘肃省教育厅等11部门关于开展中小学生研学旅行工作的实施意见》
湖北省	2017.8	武汉市教育局等14部门关于印发《武汉市推进全国中小学研学旅行实验区工作实施方案的通知》
	2018.1	《湖北省中小学生研学旅行服务单位基本条件》
山东省	2017.8	烟台市教育局等13部门关于印发《烟台市推进中小学生研学旅行工作实施方案的通知》
	2020.1	关于印发《青岛市中小学研学旅行工作管理办法》的通知
	2018.1	山东省教育厅《关于公布第一批全省中小学生研学实践教育基地名单的通知》
河南省	2017.9	《河南省教育厅关于组织实施2017年度中央专项彩票公益金支持校外活动保障和能力提升项目工作的通知》
四川省	2017.11	《四川省教育厅等11部门关于推进中小学生研学旅行的实施意见》
	2019.7	《成都市教育局关于进一步规范中小学生研学旅行工作的通知》
天津市	2017.11	《市教委关于认真做好研学旅行工作的通知》
黑龙江省	2017.11	《黑龙江省教育厅关于推进中小学生研学旅行的实施意见》
海南省	2017.12	《海南省教育厅等12部门关于推进中小学生研学旅行的实施意见》
北京市	2018.1	《北京市教育委员会关于初中综合社会实践活动、开放性科学实践活动计入中考成绩有关事项的通知》
江西省	2017.7	《关于推进全省中小学生研学旅行的实施意见》
浙江省	2018.9	《浙江省教育厅浙江省旅游局等10部门关于推进中小学生研学旅行的实施意见》
湖南省	2020.5	《关于在全省中小学生春游秋游中开展"走进红色课堂、传承红色基因"主题活动的通知》
	2020.7	《DB43/T1793—2020研学旅游基地评价规范》

为全面实施素质教育,培养学生创新精神和实践能力,转变学生的学习方式和教师的教学方式,国务院和教育部成为走在研学旅行前列的先行者。各种研学旅行政策都为研学旅行的发展起到了推动作用。

2 规模发展,市场潜力巨大

教育部规定,每个中小学每年必须开展一次研学旅行活动。目前,国内中小学在校生人数超过两亿,各中小学都在全力推进研学旅行市场,在"旅游+"全面推进的发展机遇期,以研学旅行为代表的体验式教学活动,其需求日益增长。加上近年来社会对学生研学旅行越来越重视,研学旅行产品不断增多,从传统的亲子游、观光夏令营、冬令营逐步向主题游学、名校行、国学之旅、革命之旅等方向转变,一时吸引了许多学生和家长,打开了研学旅行的国内市场。我国幅员辽阔,文化底蕴丰富,再加上社会稳定,经济繁荣,综合国力不断增强,国际地位不断提高,与世界各国的教育文化交流日益频繁,越来越多的海外学生选择来到中国进行研学旅行。目前,来我国的旅游团体中研学团所占的比重也逐渐上升。由此看来,研学旅行市场潜力不可估量。

3 逐步走向专门化

在各种政策以及市场的驱动下,越来越多的旅游企业加入研学旅行队伍,设立了专门的研学旅行部门,并且出现了研学旅行导师等新兴职业,研学旅行部门越来越重视与旅游景区的合作;中小学也根据本校的实际情况,安排学生参与,满足教学和学生的需要。研学旅行在景点选择、线路设计、导师培养、课程设计等方面都逐步地走向专门化,形成与其他部门紧密联系却又独立的一个部门。

(二) 我国研学旅行发展中的问题

1 认识存在片面性,重游轻学

研学旅行活动的核心应该是研学旅行课程的设计和开展,旅行仅仅只是课程开展的形式与载体。我国在教育学意义和课程化意义上的研学旅行研究亟待加强。研学旅行活动的实施主体应该是学校,而目前研学旅行活动的实施主体是旅行公司和研学基地,这些主体普遍缺乏研学旅行课程,学校也很少会为某次研学旅行项目而专门设计和开发课程。因此造成了研学旅行课程缺乏的局面,无法实现研学旅行的课程化。

各大旅行社推出的研学旅行产品多是从商业角度设计的,在内容选择、线路、时间安排上并未全面地考虑研学旅行的目的与初衷。例如一些旅行社的线路设计大部分偏重"游",所推出的研学旅行产品仍然没有摆脱传统旅游的束缚,只是在一般的旅游产品上进行一些增删,再挂上"研学旅行"的美名,而产品依旧没有突出研学旅行的特色。除了旅行社之外,各类教育培训学校、出国中介机构纷纷介入研学旅行市场。他们因为缺乏旅游运营经验以及经营资格方面的限制,推出的研学旅行产品缺乏质量保证,研学效果也难有保障。

② 政策先行，责任主体不明确

我国的研学旅行是由政策鼓励和支持，在各地中小学积极开展的。政策先行带来的弊端就是研学旅行领域在初期缺教学大纲、缺专门教材以及专门师资。目前，中小学的研学旅行活动，较多是与春游和秋游等活动结合在一起的。虽然所选择景点也多为爱国主义教育基地或历史文化古迹，但大多数学生基本是以游玩的心态和目的参与研学旅行活动，难以达到预期的研学效果。

研学旅行由教育部门主导，但又涉及旅游行业。因为研学旅行活动需要走出校园，所以大多数学校选择与旅行社或培训公司合作，选择旅行线路和培训基地，然后由旅行社委派研学旅行导师或教练负责研学活动的组织和安排。但旅行社并非教育机构，通常不具备课程安排和研学教育的能力，所以，也导致了研学旅行活动更加注重的是旅行而非研学，学校和教师的主导作用无法体现。研学旅行行业亟待在责任主体、具体实施、安全保障等方面进行更加明确地划分。

③ 研学旅行中的评价体系不完善

目前我国的研学旅行评价存在以下一些问题：

（1）评价主体不明确；

（2）评价维度不清晰；

（3）评价可实施性不强。

跨部门合作导致研学旅行缺乏清晰的评价主体，又因为研学旅行课程的缺乏，研学旅行在组织过程中，通常无法确定具体学习目标，指导教师无法实施有目标的指导，而学生也无法做充足的学习准备，对于学生的研学效果，也无法开展有效的评价和反馈。在研学旅行实际操作过程中，如何建立综合性的评价体系，既能够考虑学生的过程性表现，也兼顾学生的最终收获，是学校应重视的一个方面。从目前研学旅行发展状况看，大多数学校在实施研学旅行活动的过程中，并没有建立对学生参与此项活动的综合性评价体系。这一评价体系的不完善直接导致无法通过对学生的表现来综合评估学生是否达到既定的教学目标，以及学生综合实践能力是否得到提升。

④ 安全问题突出，亟待解决

学生在进行研学旅行活动时，多以集体形式进行，虽然会有部分家长或老师陪同，全程也有研学旅行导师的带领，但因研学旅行的场地不再受限于教室，进行室外活动时人数较多、停留时较长以及青少年活泼好动的个性，容易导致学生脱离团队和意外受伤现象发生，研学旅行中安全问题尤为突出。研学旅行在我国兴起不久，缺乏专门的部门进行统一管理，实施过程中监管难度大，因此安全问题成为目前研学领域最亟待解决的问题，很大一部分研究者关注的点在于：研学旅行究竟是体验至上，还是安全第一，以及在研学旅行过程中怎样在保障安全的情况下带给学生最好的研学体验。

5　标准未统一，准入门槛低

研学旅行被认为是一项具有教育性、公益性的综合实践活动，由教育部门来主导，该活动不应以盈利为目的。然而，从事研学旅行的旅行社资质各不相同，相应的保障机制也并不完善，所推出的研学旅行产品质量参差不齐。旅行社工作人员还存在流动性大、受教育水平低等特点。同时，社会对研学旅行导师缺乏相应的从业准则和硬性的行业标准，监管力度不强，研学旅行导师没有专业的知识背景支撑，专业性也不高，课程设计未能真正体现青少年需求，导致目前研学旅行浮于表面，出现了"游而不学，学而不研"的局面，难以达到预期目标，还无法实现较好的教学目标。

二、把握研学旅行未来发展方向

（一）明确人才培养目标

研学旅行在未来应该坚持以学生为主体的研学方法，强调学生在研学中的自主性，教师指导为辅助作用，鼓励学生主动参与研学，自主确定学习目标，自主选择学习方式，自主组建学习团队等。培养学生主动建构知识的学习观，在教师的指导下，让学生主动学习研学项目知识，主动查阅学习资料并做出选择，主动选择研学旅行课程，主动参与研学团队交流、协作环节，主动完成研学写作和反馈环节，形成知识建构。

研学旅行课程和研学旅行流程设计要注重学生交流和协作，设计学生之间互相交流和团队协作的环节，让学生在相互沟通和协作中共享研学信息资源，达成意见共识，挖掘隐性知识，实现"顿悟"。最后还要注重研学效果的反馈和意义建构，设计合理的研学反馈机制，采用写作的方式让学生研学思维清晰化、系统化，同时促成学生隐性知识的显化，使研学过程所学到的知识，与已有的知识形成系统性联系，实现意义建构。

（二）严控研学产品设计

我国幅员辽阔，旅游资源丰富多样，但是选择研学旅行产品时应该注重产品质量，考察其能否达成人才培养的目标，以及能否妥善解决安全问题。研学旅行课程设计也应该更加科学合理，不再局限于课堂教学固有的模式，也不同于简单的旅游线路规划。

据数据调查显示，一线城市家长更看重研学旅行课程的教育意义，喜欢沉浸式的文化生活和体验，这也意味着在不久的将来，研学旅行课程的设计也要更加精细化、科学化。2017年5月，经原国家旅游局（现国家文化和旅游部）批准的《研学旅行服务规范》行业标准正式实施，其中提到在研学旅行产品设计过程中，要针对不同学段特点和教育目标开发系统性、知识性、科学性、趣味性的研学产品。这指明了未来研学旅行课程发展的方向，在内容上会更加倾向于课题的开发和研究，不局限于中小学生，还会延伸到全年龄段，实现市场的进一步细分;研学旅行产品的质量更高,也会吸引更多高质量研学旅行导师的参与和介入,促进传统教育形式的革新,最终实现教育和旅游的双赢。

(三) 彰显教育的价值

中小学校开展的研学旅行应立足于学生身心的全面发展,始终秉持教育性原则,依据其培养目标、办学特色、办学宗旨等确立研学旅行总体的发展道路,切不可因为市场上层出不穷的研学旅行产品而迷失方向。同时,应善于利用所处的地理位置、旅游资源、文化特征等开发不同的研学路线,在扎根本土中发展。此外,教师须根据学情、学生的需求、课程目标、教学目标等确立不同主题的研学旅行,做到有的放矢。

在《关于推进中小学生研学旅行的意见》一文中,教育部明确要求:"各中小学要结合当地实际,把研学旅行纳入学校教育教学计划,与综合实践活动课程统筹考虑,促进研学旅行和学校课程有机融合。"这就要求教师结合学生身心发展状况、各学段特点和地域等因素确定研学旅行的开展内容。同时,学校应针对性地开发、整合多类活动课程,与当下的课程改革密切联系。除了将其与语文、数学、英语、历史、地理等学科嫁接以外,充分利用地域特色、文化资源,把研学旅行当作校本课程去开发。将研学旅行融入课程体系中,彰显其中的教育价值[①]。

(四) 提倡跨界协作

未来市场规模将进一步扩大,学校、培训机构、旅行社、基地、营地、研学旅行服务机构将会逐步实现跨界融合,研学市场的分散度会再次降低,行业集中性会不断加强。只有将各行各业彻底整合起来,各行各业结合自身特点进行研学旅行的规划,才能真正地解决问题。研学旅行的管理目前是由教育部门负责,但又涉及旅游企业,如研学基地、营地、旅行社等,导致研学旅行产品的顺利实施需要多方面的配合与互动。因此,研学旅行在管理中容易出现漏洞,需要多方跨界协作才能不断完善和发展,达到尽善尽美。

在研学旅行过程中,学生的安全问题至关重要。因此,学校应加强与旅行社、保险公司的合作力度,分散旅游风险,通过多方的有力互动,保障研学旅行产品的顺利实施。

在研学旅行产品的设计方面,应加大学校的参与力度,发挥学校及老师的主观能动性,充分听取教师及学生的意见,针对学校参与研学旅行的不同动机,开发设计出目标明确、活动合理、符合学校要求的双向性研学旅行产品。研学旅行产品实施的过程中也需要旅行社的研学旅行导师参与,需要学校教师或教育部门其他负责人开展活动或监督。研学旅行本质是教育行为,涉及评价环节,需要学校、旅行社等合作进行评价。因此,研学旅行诸多方面的发展都离不开跨界协作。

---

① 于书娟,毋慧君,王媛.卢梭教育旅行思想及其当代价值[J].贵州大学学报(社会科学版),2017,35(06):129-133.

（五）明确责任主体

研学旅行工作的组织主体主要包括学校、研学公司、研学旅行基地等单位。针对各单位的建议如下：

1 发挥学校在研学旅行组织中的核心作用

学校应做好研学旅行系统性规划，安排专业的职能部门和指导教师负责统筹学校的研学旅行工作。

在研学旅行活动开展之前，指导教师应学习和掌握研学旅行课程情况，并指导学生搜索学习研学旅行基地和研学项目的背景资料，以探究性问题的方式向学生布置研学任务。让学生带着问题和目标，参与研学旅行活动。

研学旅行活动结束之后，指导学生开展写作，以探究性问题为支架，针对研学培养目标进行写作，使隐性知识外化，促成学生对研学旅行内容的意义建构。

2 合作单位的教学辅助作用

研学旅行公司应区别于一般的旅游公司，应完善自身的教育职能，提升员工的教育能力，积极配合学校和教师开展研学指导工作，辅助学生完成研学任务，同时保证安全有效地完成研学旅行组织工作。

研学旅行基地在建设研学体验项目时，应该更加注重课程体系的建设。研学旅行基地应与学校开展长期合作，并接受地方教育部门的监管，接受教育部门定期标准化的指标考查，以保障研学旅行基地的安全性和教育性。同时，作为研学旅行公司和研学旅行基地，应提升教育属性和教学意识，建立完善的研学旅行课程体系，实现研学旅行课程化[①]。

（六）培养高质量研学旅行导师

研学旅行导师的质量一定程度上决定了课程实施的质量。研学旅行导师的"导"代表着双层含义，第一是指导学生的思想、学习和生活，第二是指导游，研学旅行导师是教育和旅游行业融合所形成的产物。研学旅行政策出台以来，整个社会对研学旅行导师的需求大大增长。研学旅行行业对人才的综合素质要求十分严格，在未来几年，研学旅行行业发展日益蓬勃，研学旅行导师将成为紧缺的新兴职业。2019年10月18日，国家教育部发布公告，将"研学旅行管理与服务"列入《普通高等学校高等职业教育（专科）专业目录》2019年增补专业，要求自2020年起执行招生计划。据悉，该专业毕业生，主要就业渠道面向旅行社、旅游景区等机构。例如，湖北省宜昌市的三峡旅游职业技术学院于2020年获批开设研学旅行管理与服务专业，率先走上了湖北省研学旅行人才培养之路。

各大研学旅行机构应加强各类研学旅行导师的培养，将研学旅行导师进行细分，使研学旅行导师能够各司其职、互相配合。在研学旅行这一特殊旅行方式实施推进过程中，逐

---

① 郝杰.基于建构主义视角的研学旅行研究[J].中国现代教育装备,2018(20)1-3.

渐形成"教师把控、导游引导以及专职研学旅行导师指引"的管理体系,通过多维度的管理模式,提供高质量、高标准的研学旅行服务,激发学生自主学习、主动参与的积极性,引导学生高质量地完成"旅行＋研学"活动。

同时,应加强对研学旅行导师的知识、素养、医疗技能等方面的培训力度,注重对研学旅行导师的组织协调能力以及研究性教学能力的培养,政府以及教育管理部门要加强对研学旅行工作人员的监管力度,提升研学旅行工作人员的从业能力,规范研学旅行市场的人员行为。

学生分组收集资料,选择上海科技馆研学旅行基地进行资料查找,通过对环境、选址、运营模式、研学旅行课程等相关资料的收集,生成调研报告,总结上海科技馆在研学旅行过程中是如何体现优势与规避不足的。表1-4所示为任务实施方案表。

表1-4 任务实施方案表

活动目的	通过对上海科技馆的调研,学会分析总结研学旅行基地的优势劣势,会初步分析研学旅行基地的运营模式
活动要求	分组进行资料收集;形成调查报告
活动步骤	(1) 划分小组,进行任务分工; (2) 分组收集资料; (3) 撰写调查报告; (4) 提交调查报告
活动评价	小组长评价组员,教师评价各小组整体情况,评价依据为调查报告

表1-5所示为调查报告评价表。

表1-5 调查报告评价表

评价维度	组长评价(50分)	教师评价(50分)
调研数据真实		
优势、劣势分析具有针对性		
报告格式规范		
提出具有建设性的意见		

项目小结

本项目为教材第一章，所包含内容主要是研学旅行相关的一些基本概念。任务一是关于研学旅行相关概念的解析，对研究性学习、旅游、旅行、研学旅行这些基本概念进行辨析，结合教育部最新政策文件规定，总结出研学旅行概念是以中小学生为主体对象，由教育部门和学校有计划地组织安排，以集体旅行生活、集中食宿方式为载体，以提升学生综合素质为教学目的，依托旅游吸引物等社会资源，进行体验式教育和研究性学习相结合的一种教育旅行活动。研学旅行是学校教育和校外教育衔接的创新形式，是教育教学的重要内容，是综合实践育人的有效途径。本项目还对研学旅行的基本特征进行了分析，研学旅行是以教育为本质、旅行为平台、研学为纽带的一种综合实践活动课程，它具有自主性、开放性、探究性、体验性和实践性。

我国研学旅行产生的背景包括素质教育发展的要求、国家政策的支持、国内外研学旅行的经验的借鉴以及我国悠久的历史，深厚的文化底蕴，丰富的人文旅游资源等得天独厚的优势。我国研学旅行经历了古代的"游学"阶段、以陶行知为代表的近代中国研学旅行的发展期和海外修学旅游期、中华人民共和国成立以来波折往复的发展，到今天进入了黄金发展阶段。相比于国内，国外研学旅行的发展比较著名的有欧洲教育旅行活动、欧洲大陆游学活动、日本修学旅行活动。

整体看来，我国研学旅行得到国家政策的充分保障、拥有巨大的市场潜力、且专业化程度逐渐加深，有着持续向好的发展态势，但不可忽视的是，部分研究学者和社会各界对研学旅行认识存在片面性，重游轻学，且我国研学旅行首先是由政策率先推动的，施行过程中存在诸多弊端，评价体系、研学旅行导师的培养、安全问题、评价标准等都还未落实。所以还需要进一步完善与发展，我国研学旅行在未来的发展中还应该从明确人才培养目标、把控研学产品设计、彰显教育价值、实现跨界协作、明确责任主体、培养高质量研学旅行导师这些方面去努力。

项目训练

紧贴行业实务岗位训练　融通 1+X 职业技能等级证书考题

项目二 研学旅行课程概述

职业知识目标

1. 了解课程的概念和不同划分标准下的课程类型。
2. 了解研学旅行课程的含义。
3. 理解研学旅行课程的性质及特点。
4. 掌握研学旅行课程目标的制定依据。
5. 掌握研学旅行课程内容的含义及类型。

职业能力目标

1. 能够从不同的维度去界定课程。
2. 能够根据研学旅行课程的特点分析实际案例。
3. 能够掌握研学旅行课程中不同类型目标的表述技巧,并能够结合学生个体发展、社会发展和学科发展需求制定研学旅行课程目标。
4. 能够根据研学旅行课程内容的选择原则筛选课程内容。
5. 对接研学旅行策划与管理职业技能等级要求,提升研学旅行课程学情分析、资源挖掘和开发设计的能力。

职业素养目标

1. 初步形成正确的课程观和教学观。
2. 认识研学旅行课程对推动中小学课程改革、深化素质教育的重要意义。
3. 初步形成科学的教育理念,提升研学旅行导师的综合育人素养。
4. 形成课程搭建的目标意识,提升研学旅行策划与管理的能力素养。

知识框架

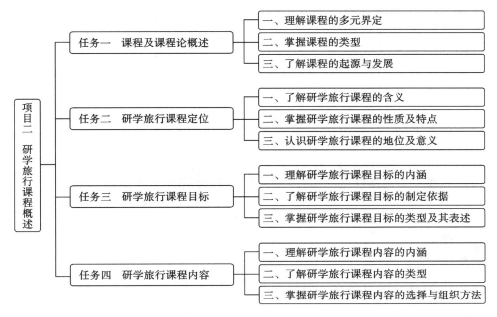

教学重点

1. 理解课程的多维界定及不同划分标准下的课程类型。
2. 理解研学旅行课程的含义、性质及特点。
3. 认识研学旅行课程在中小学课程体系中的重要地位及意义。
4. 掌握研学旅行课程目标的制定依据及不同类型目标的表述技巧。
5. 掌握研学旅行课程内容的选择与组织。

教学难点

研学旅行课程；研学旅行课程目标；研学旅行课程内容的选择与组织。

项目导入

国内大多数地区中小学生研学旅行刚刚起步，学校、旅行社、研学旅行基地以及第三方研学机构纷纷开展研学旅行，各方对研学旅行课程都有不同的理解和方案。其中，学校普遍认为研学旅行课程的重点应该将课内知识与课外知识相结合，让学生在课外实践中加深对课内知识的理解，研学旅行课程实质上是将学校课程迁移到某个实际场景中开展教学，即实景教学；旅行社和第三方研学机构普遍认为，研学旅行课程是在传统旅游的基础上针对中小学生增加相应的教育功能,导游要向研学旅行导师的身份转变,少一些说辞,多一些提问,就能将"传统旅游"转变为"研学旅行",从而实现"游"变成"学"的转变;研学旅行基地普遍认为,组织中小学生到基地上课,就是安排好2—3个活动项目,让学生玩得开心,不出安全问题,在玩的过程中学到一些知识。

究竟什么是研学旅行课程?如何界定研学旅行课程?研学旅行课程与学校课程、传统旅游以及综合实践活动之间究竟有什么区别?通过本项目学习,我们将解决这些问题。

任务一　课程及课程论概述

 任务引入

在组织实施"植被与土壤"研学旅行课程时,不同的研学旅行导师围绕这一主题采取了不同的方法。请分析 A、B、C 三名研学旅行导师对课程的理解有何不同?

A 导师:在课程实施前详细制定了课程计划,包括地点、路线、餐食安排等。

B 导师:反复研究高中地理课本,从课本中选取有关这一主题的课程内容。

C 导师:组织不同的活动让学生进行体验,如带领学生采集并分析观察土壤等。

A、B、C 三名研学旅行导师的做法反映了他们对于课程的理解有差异。A 导师将课程看作学习计划;B 导师将课程看作教材、学科;C 导师将课程看作学生所进行的各种活动。这表明,导师对课程的理解是不同的,由于出发点和角度的差异,课程的界定是多元化的。通过本节任务的学习,我们将更全面、深入地理解课程的概念。

 任务剖析

该任务涉及的知识点有:课程的多元界定、课程概念界定的维度。

一、理解课程的多元界定

课程是一个使用广泛且有多重含义的术语,不同学者试图从不同视角、立场阐释课程,由于课程本身的复杂性,以及界定者研究的出发点和角度的差异,课程的界定众说纷纭。由于"每一种课程的定义都隐含着某种哲学假设和价值取向,隐含着某种意识形态以及对

教育的某种信念,从而标明了这种课程最关注哪些方面。"[1]因此,我们将介绍几种经典的课程概念的界定维度。

(一) 学科维度——课程即学习的科目

这种课程界定维度,将课程看作教学的科目,其课程本质观倾向于将课程看成是学校或其他教育机构的教育者为实现教育教学目标而设立的,供学生学习的各门具体的学科,其教育目的是将经过选择并形成系统的知识传递给学生,学生的任务是掌握系统的学科知识,发展自身的认识能力。这是一种较早、影响较为深远的观点,也是比较传统的观点。我国古代的礼、乐、射、御、书、数"六艺",就是六门课程。西方中世纪学校的文法、修辞、辩证法、算术、几何、音乐、天文学"七艺",就是七门课程。西方现代学校就是在此学科基础上增加其他学科,形成了完整的课程体系。

这种将课程视作学习科目的界定维度,虽然也考虑了学习者的发展特征和认识水平,但更多的是将视线聚焦在课程标准、教学计划、大纲和教材上,容易导致教师只关注教学科目,只关注学科知识体系,只关注学生的认知发展,忽视学生情感与个性发展,忽略学生学习需要、动机与兴趣等问题。

(二) 经验维度——课程即学习者的经验

经验维度的课程界定,与学科维度依据科学与学问的逻辑编制课程不同,它是在对"课程科目说"进行批评和反思的基础上形成和发展的。经验维度将课程界定为"以学生主体性活动的经验为中心组织的活动,也叫作生活课程、活动课程、学生中心课程"。杜威是这种观点的集大成者。他认为:"教育是在经验中、由于经验、为着经验的一种发展过程。"他主张:"将各门学科的教材中各个部分的知识恢复到原来的经验。"

经验课程注重学习者的经验,其课程本质观认为课程是学生在学校获得的各种形式的个人经验。这种课程定义维度,将课程的本质和学生的经验联系在一起,将课程重心由"学科"和"教师"转移到学习者身上,强调学生在活动中获得的真实体验,凸显了学习活动对学习的意义,实现了课程由"物"到"人"的转变,使教师从关注"教什么"到"为何教"和"怎样教"。正如钟启泉在《现代课程论》中所说:"以开发与培养主体内在的、内发的价值为目标,突出地将生活现实和社会课题,或者说是以社区、经验、活动、劳动等内容编成,旨在培养丰富的具有个性的主体,经验课程的基本着眼点是学生的兴趣和动机,以动机为教学组织的中心。"

由于学习经验是学习者在与环境相互作用的过程中形成的,因而,具有一定的主观性、模糊性和不易把握性,不利于学生形成完整的文化知识结构,这就使经验课程的定义"理论

---

[1] 施良方.课程理论:课程的基础、原理问题[M].北京:教育科学出版社,1996.

上很吸引人,实践上却很难实行"①。

(三) 活动维度——课程即学校组织的学习活动

由于学科维度易导致"见物不见人",经验维度易因为经验的"主观性、模糊性和不易把握性"导致教师难以把握,于是,人们开始尝试从活动的维度来审视课程。如王策三认为:"课程自然不等于学科……课程不仅包括学科,还有其他内容如劳动和其他各种活动。"《中国大百科全书》(教育)中对课程的定义,不仅从学科维度界定,也从活动维度作了阐述:"课程广义指所有学科(教学科目)的总和。或指学生在教师指导下各种活动的总和。"

这种课程维度,强调学习者通过自身的活动获得发展。确实,学校活动的组织与开展,不仅可以体现课程计划,也可以根据学习者的兴趣、动机和需要生成新的活动,还可以通过活动判断和评价学习者经验的形成。研学旅行课程又被称为行走的课堂,属于综合实践活动课程。因此,这种课程定义维度更符合研学旅行课程的特点。

将课程界定为活动,确实较好地把握了教育中主体与客体,过程与结果的关系,强调了学习者与环境的相互作用,强调了学习者在活动中直接经验的获得,但也容易出现只关注活动形式,忽略教育目标的问题,或出现为了活动而活动的"活动主义"倾向。

(四) 目标维度——课程即预期的学习结果或目标

这种课程定义将课程视为预期的学习结果,强调目标、结果在课程设计中的重要性,将课程重心从手段转移到目标,强调并体现了课程所具有的预期性与可控性特征,不仅有利于课程的科学化与标准化,也有利于提高教育活动的质量。

但这种课程定义也有明显的不足。一是预期目标与实际教育活动之间是一个动态的可以调整的过程,如果将课程视为教学过程之前或教育情境之外的东西,实质是将事先确定的目标与教育过程中实际展开的目标割裂开来,容易忽略非预期的学习结果;二是在预期目标达成的过程中,不仅存在着显性目标等因素,还存在着教师人格特征、师生互动质量等隐性因素,这些潜在的课程因素对学习者的成长影响很大,但容易在目标课程定义中被忽视;三是容易造成教师重结果、轻过程的倾向。

(五) 计划维度——课程即教学计划

"课程是教学计划"的观点倾向于从计划的维度来定义课程。这一课程定义,区别于学科、经验、活动及目标维度的单一规定性或描述性定义方式,试图以综合性特征来界定课程,将课程视为"预先设计的一种学习计划",是"学习者在学校指导下,所面临的一切经验的计划和方案"。课程的计划维度,强调教育的目的性与计划性,使课程定义中不仅包含了课程的一些基本要素,如课程目标、课程内容和组织以及课程评价等,也有利于课程目标的达成,以及课程的组织与评价。

---

① 靳玉乐. 现代课程论[M]. 重庆:西南师范大学出版社,1995.

但这种课程观忽视了课程要素中极其重要的部分——课程实施,是一种静态的课程观。这种静态的课程观,容易重视计划对课程实践的指导作用而忽视学习者的实际体验;容易强调课程的"计划性",导致课程实施缺乏灵活性与随机性。

上述五种典型的课程定义,是人们在不同时期,从不同方面和不同角度,对课程研究成果的呈现,可见,对课程概念的理解或界定会受到教育思想、课程观以及课程研究的角度与层面等多方面的影响,每种课程定义都有其独特的价值和关注点,也有其明显的局限性。正如有研究者指出:"既然课程存在于不同层次,如若我们只注意某一层次而完全忽略其他,不但见不到课程的全貌,更有扭曲课程的危险。甚至可以说,只有通过不同层次和角度的研究,才有可能比较全面和正确地认识课程。"因此,"对教育工作者来说,重要的不是选择这种或那种课程定义,而是要意识到各种课程定义所要解决的问题以及伴随的新问题,以便根据课程实践的要求,做出明智的决策"①。

二、掌握课程的类型

(一) 学科课程与经验课程

1 学科课程

学科课程是一种主张以学科为中心来编定的课程。在课程组织中,强调知识的基础性与逻辑性,强调知识对学生发展的作用,主张按学科分设课程,按学科知识的逻辑体系进行组织,是最古老、使用范围最广的课程类型。

学科课程的优点:以浓缩的形式集纳人类在各个基本学科领域探索的成果,有利于系统地传承人类文化遗产;按知识逻辑顺序组织教材,使知识系统化,有利于向学生传授系统的科学文化知识;按学科知识的逻辑顺序组织教学,有助于教学的组织与评价,可提高教学效率。

学科课程的不足:学科课程以知识的逻辑为课程组织的核心,容易导致轻视学生需要、经验和生活的倾向;课程的"分科"是人为的,易忽视知识内在的整合性与联系性,导致割裂学习者理解力的现象出现;课程组织强调各学科知识的体系,易忽视当代社会生活的现实需要。

2 经验课程

经验课程亦称活动课程、学生中心课程。是以学习者的主体性活动的经验为中心组织的课程。经验课程的思想可追溯到法国思想家、教育家卢梭的"自然教育思想",他主张教育应使学生从社会的束缚与压抑下解放出来,回归人的自然状态,倡导自然教育,认为教育

---

① 施良方.课程理论[M].北京:教育科学出版社,1996.

必须要适应学生自然发展的过程,教育的作用不是告诉学生某个真理,而在于教他怎样去发现真理。杜威是活动课程的积极倡导者,他认为传统的学科分得过细,同实际生活的距离较远,更是忽视了学生的兴趣和需要。他主张"教育即生活""学校即社会""教育即生长""学生中心""做中学"等理念。

经验课程的优点:重视学生的需要与兴趣,尊重学生的主体性,在课程组织中,以学生的直接经验为课程开发的基础,学生不仅参与活动,还能构想、计划、实行、评价,学生是主动的、积极的、可创造的、能动的学习者;强调教材的心理组织,考虑学生的需要、动机、情感和态度,有利于学生在与文化和科学知识的交互作用中,获得存在感和对知识完整的认识,以促进学生人格的发展;强调实践活动,重视学生通过亲身体验获得直接经验,有利于提升学生解决问题的能力。

经验课程的不足:过分地夸大了学生个人经验的重要性,容易忽视对系统的学科知识的学习,忽视学生思维力和其他智力品质的发展,使学生可能学到的是一些支离破碎的知识,降低学生的系统知识水平。经验课程的组织要求教师具有较高的教育艺术,对于习惯了学科课程讲授方式的教师而言,经验课程的组织是比较困难的。

(二) 分科课程与综合课程

1 分科课程

分科课程即学科课程,它们的核心都是单一学科的课程组织模式,强调不同学科门类之间的相对独立性,强调一门学科逻辑体系的完整性。因而,分科课程一方面具有逻辑性、系统性和简约性的特点,有利于知识的学习与巩固,便于教学的设计与管理;另一方面又割裂知识的内在联系,易造成知识学习的片面、孤立、呆板,又因学科过多,加重学生学业负担。

2 综合课程

综合课程是一种多学科的课程组织模式,主张整合若干相关联的学科形成一门更广泛的具有共同领域的课程,强调的是课程之间的关联性、统一性和内在联系。如综合实践活动课程综合了不同的学科领域,属于综合课程的范畴。

根据课程的综合程度及其发展轨迹,综合课程通常有以下几种形式:

①相关课程。在分科的基础上,寻找两个或多个学科之间的共同点,在保留原来学科独立性的基础上,使这些学科的教学顺序能够相互照应、相互联系、穿插进行。

②融合课程。也称合科课程,是将相邻学科合并在一起,统合兼并于范围较广的科目,构成新的学科。如将中国历史和世界历史合并为历史,或将历史、地理、政治科目融合为"社会研究"等。

③广域课程。突破原有学科界限,合并数门相邻学科,形成范围更广的综合性课程。如将学校课程合并为文科、理科、技能等。

④核心课程。又称问题中心课程,它以个人或社会生活现实问题为核心,组织课程内容形成新的课程,如环境保护、人口控制、资源利用等。核心课程常围绕一些重大社会问题组织教学,而这些社会问题就像包裹在教学内容里的"果核"一样,随着问题的展开,学校课程同社会生活有机联系,有利于调动学生解决问题的积极性,但核心课程教学对教师的要求高,课程内容难以整合。

(三)显性课程与隐性课程

1 显性课程

显性课程也叫显在课程、正规课程,指的是为实现一定的教育目标而正式列入学校教学计划的各门学科以及有目的、有组织的课外活动。我国有学者认为,它是以教学计划、课程标准和教材的形式存在的知识技能、价值观念和行为规范,是一种以直接的、明显的方式呈现的课程。

2 隐性课程

"隐性课程"在《教育大辞典》中的定义是:学校政策及课程计划中未明确规定的、非正式和无意识的学校学习经验。又叫隐蔽课程、潜在课程。这类课程是学生在学校情景中无意识地获得的经验、价值观、理想等意识形态内容和文化影响,是学校情境中以间接的、隐性的方式呈现的课程。

隐性课程发挥作用的形式与渠道为:①物质与空间,如校园建筑、活动场地、绿化美化、设施设备等;②组织与制度,如学校管理体制与组织机构、班级管理方式与运行方式,以及管理制度、生活制度、评价制度、奖惩制度等;③文化与心理,如学校的文化价值观、教师的期望与态度、师生关系与心理行为等。

三、了解课程的起源与发展

(一)课程的原始形态及其诞生

1 原始形态课程的萌芽

随着生产力的发展和剩余产品的出现,社会上出现了脑力劳动和体力劳动的分工,促进了科学、艺术的萌芽和发展。教育的内容和进程也逐渐从生产劳动和社会生活中分化出来,向专门化方向发展,导致了原始形态的课程出现。原始社会为满足社会生活和劳动生产的需要,教育内容一般包括社会、劳动、文化和军事等多方面内容。其教育方法主要是游戏,学生在游戏中模仿成人的生活和劳动。通过游戏,学生掌握了这些知识,锻炼了社会适应能力。随着他们年龄的增长,学习的内容也不断增多,劳动的技能逐渐成为教育的主要内容。此外,由于宗教和其他原因而产生的音乐、舞蹈、体育竞技等都成为年轻一代学习的内容。

由此可见，到了原始社会后期，教育的内容已经从与生产劳动和社会生活紧密结合的混合状态中相对分化出来了，并且随着学习内容的不断增多，逐渐形成了若干个相对固定的知识和技能领域，成年人还会根据学生年龄的长幼把这些知识和技能传授给年轻一代，这就构成了课程的原始形态。

❷ 古代学校课程的诞生

对于人类历史的分期，历史科学一般把原始社会、奴隶社会和封建社会称为古代史。课程演进的分期和历史科学对历史阶段的分期是一致的。原始社会出现了课程的萌芽，我国奴隶社会的课程有"六艺"，封建社会的课程有"四书五经"；西方奴隶社会和中世纪课程则有"七艺"和"骑士七艺"。我国古代学校的课程设置在先秦时期主要包括礼、乐、射、御、书、数六个科目，称为"六艺"，汉代以后逐渐演变为"四书五经"，以及民间私塾的《三字经》《百家姓》《千字文》等。

（二）近代课程的发展

❶ 学科课程逐渐形成

近代工业革命后，由于生产的发展、科技的进步，以及资本主义自由竞争和对外扩张的需要，西方国家初步建立了纵向分科化的中小学学科课程体系。到17世纪、18世纪，英、德等国的课堂大多开设了物理学、化学、动物学、植物学等课程。

❷ 经验课程已经出现

19世纪末，西欧和美国的少数教育学家针对学科课程的弊端，在小学开展了以学生为中心的课程改革，增设了手工、游戏等活动课程。杜威吸取前人课程改革的经验，创办了芝加哥大学附属实验学校，进行了经验课程的实验。这种课程以一系列活动作业为主要内容，既能满足学生的心理需要，也能满足社会的需要。

❸ 核心课程开始萌芽

核心课程是以问题或某门学科为核心，将几门学科组合起来的课程，最初出现在20世纪的美国。实质上，核心课程是活动课程的发展。核心课程的编制和实施主要是以问题为核心，将必修课和选修课结合起来，由教师或教学小组在活动中进行教学。核心课程注重社会需要，课程内容以社会生活问题为核心。

（三）现代课程体系的建立

❶ 现代课程体系的初步建立

20世纪以后，经历了从古代到近代的课程理论和实践的演变、发展过程后，现代课程体系首先在西方国家得以确立。具体表现为：

（1）现代课程目标逐渐明确。

现代课程目标体系包括了三个不同层面：广义的课程目标、狭义的课程目标和描述意义的课程目标。其中广义的课程目标指的是教育意图，是一个比较大的视角，函括比较全面。它定位于教育与社会的关系,具体分为课程宗旨、课程目的、课程目标、教学目的和教学目标。狭义的课程目标主要指教育目标,是一个具体化的视角。它定位于教育内部要素与学生的关系,具体划分为教育目的、培养目标、教学目的和教学目标。描述意义的课程目标即课程计划和课程标准。我国现行的课程目标体系一般包括广义的课程目标和狭义的课程目标。

(2) 现代课程结构趋向完善。

现代课程结构是针对整个课程体系而言的,它包括课程计划、课程标准和教科书三部分。课程的知识构成是课程结构的核心问题,课程的形态结构是课程结构的骨架。我国的现代课程结构体系同样也在实践中不断趋于完善。其中,纵向结构由课程计划、课程标准和教科书组成。横向结构强调在小学实行综合课程,初中将分科课程与综合课程相结合,高中以分科课程为主;小学至高中设置综合实践活动;从初中开始,有条件的学校开设选修课程。

(3) 现代课程内容日益丰富。

课程内容是一系列比较系统的直接经验和间接经验的总和,是根据课程目标从人类的经验体系中选择出来的,并按照一定的逻辑顺序编排而成的知识和经验体系。其中直接经验与学生的现实生活直接相关,是与学生现实生活以及需要直接关联的社会知识、自然知识和相应技能的总和,包括社会生活经验、学生处理与自然事物关系的知识、经验和技能技巧等;而间接经验包含在各种形式的科学中,是人类认识的基本成果,是理论化、系统化的书本知识。

2 现代课程理论的成熟与发展

20世纪90年代开始,我国的课程理论研究步入了繁荣发展的新时期。这一阶段,随着国内课程改革的不断深化,人们对课程在教育发展中的地位和意义有了更加清楚、深刻的认识。课程研究者不断更新课程与教学的研究观念,注重以学生发展为本,大胆改革现行的课程结构和内容,加大了对课程研究的投入。课程理论研究全方位展开。与此同时,一批有影响力的课程专著相继问世。这一时期的理论研究成果无论从数量还是质量上看,都表明我国的课程研究在蓬勃发展。

另外,课程实践也得到了很大的发展,课程形态的逐步完善,满足了学生的不同需要。课程设计、课程评价和课程管理体制研究都取得了新的突破和长足的发展。

任务实施

表 2-1 所示为任务实施方案表。

表 2-1 任务实施方案表

活动目的	了解当地小学五(六)年级的课程结构

	续表
活动要求	（1）6—8人为一个小组，选定小组长，明确任务分工； （2）调研往返途中注意人身安全，听从老师指挥，不私自到有危险性的场地活动； （3）认真落实活动要求，注意文明礼仪，自觉遵守纪律规范
活动步骤	（1）选择一所小学作为研究目标； （2）搜集该小学五（六）年级的课程表； （3）可按基础型课程、拓展型课程、探究型课程对课程进行分类（也可按其他维度分类）； （4）绘制课程体系结构图； （5）在班级内开辟展示墙，集中展示绘制成果
活动评价	根据课程体系结构图的绘制情况进行评分

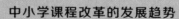

中小学课程改革的发展趋势

 任务二　研学旅行课程定位

有学者将学生特点、学科内容与区域特色进行综合考虑，认为研学旅行是基于学生的年龄特点与学科内容，并结合学生所在的区域特点，通过集体旅行的方式走出校园，学习知识、开拓视野的一种新的教学模式。

也有学者将研学旅行视为一门新的综合实践活动课程，是由学校组织、计划实施，学生集体参与，通过旅行的方式进行研究学习的教育教学活动，可实现综合实践活动的教学目标与教育价值。

你是如何理解研学旅行与研学旅行课程的？通过本任务的学习,你将进一步理解研学旅行课程的含义。

 **任务剖析**

该任务涉及的知识点有:研学旅行的含义、研学旅行课程的含义。

一、了解研学旅行课程的含义

2017年,教育部联合11部门印发了《关于推进中小学生研学旅行的意见》,明确将研学旅行课程正式纳入中小学教学计划,使研学旅行具备了课程的基本属性,即有明确的教学目标、教学任务、教学内容、教学原则、教学方法、教学评价标准等,将研学旅行课程定义为"由教育部门和学校有计划地组织安排,通过集体旅行、集中食宿方式开展的研究性学习和旅行体验相结合的校外教育活动,是学校教育和校外教育衔接的创新形式,是教育教学的重要内容,是综合实践育人的有效途径"。由此可见,研学旅行课程是遵循学生自然成长需要而实施的校外教学活动,它基于学生天性和个性发展特点,通过构建丰富的课外教育资源平台,引导学生"做中学""学中做",增强学生自主学习、合作交往、发现问题和探究问题的能力。它强调实践育人、活动育人,这一课程的设置和有效实施,对于推进中小学校在新时代全面贯彻党的教育方针,落实立德树人、深化素质教育,具有重要的意义。

可以从两个层面理解研学旅行课程的内涵:

一方面,研学旅行课程是一种研究性学习活动。必须体现自主学习、合作学习、探究学习等特点,这是研学旅行课程的首要特征;

另一方面,研学旅行课程是一种旅行体验活动,是通过体验来达成教育目标的一种育人方式,没有旅行体验就不能称之为研学旅行课程。

二、掌握研学旅行课程的性质及特点

(一) 研学旅行课程的性质

研学旅行课程属于自然教育的性质。卢梭认为,"归于自然的教育"是服从自然法则,顺应学习者的天性,促进学生身心发展的教育①。研学旅行课程是学校以旅行活动为载体开展研究性学习的一种教学组织形式,它依托广泛的社会资源平台,通过设计各种主题鲜

---

① 卢梭.爱弥儿[M].北京:商务印书馆,2014.

明的实践活动,让学生在观察、感知、体验中认识自然、社会、历史、文化里所蕴含的真、善、美,理解人与自然、人与社会、人与人之间交往和互动的基本原则、人文精神和科学方法。研学旅行课程内涵丰富,一方面具有课程的性质,即有明确的教学目标、教学任务、教学内容、教学原则、教学方法、教学评价标准等;另一方面,又具有旅行活动的性质,即具有休闲、娱乐、放松身心的性质。

(二) 研学旅行课程的特点

❶ 计划性与教育性

研学旅行课程不是泛泛的游学,而是纳入教育部门和学校人才培养方案的,有计划、有组织的教育教学活动。

作为培养人才的手段,研学旅行最重要的价值是育人价值。具体体现为三个方面:一是坚持贯彻立德树人原则,自觉地用社会主义核心价值观教育、引导学生,帮助学生树立正确的世界观、人生观和价值观;二是培养学生的家国情怀、国家认同和社会责任感。如通过参观历史博物馆、科技馆、红色旅游基地等,向学生传授中华民族优秀传统文化,激发学生的民族自豪感;通过走近自然景观,激发学生对大自然壮美河山的热爱,培养学生热爱祖国,拥护中国共产党的情感,增强对中国特色社会主义的理论自信、道路自信、制度自信和文化自信;三是针对学生的个性差异因材施教。研学旅行课程通过设计丰富多彩的活动,如演讲类、竞赛类、研讨类、运动类等,让所有学生积极参与,从体验中发现自己的优势,进而找到适合自己的参与方式,激发潜能,增加自信。导师给予不同个性特点的学生充分的尊重和包容,实施个性化教育,使每一位学生通过参加研学旅行活动有所收获,有所成长。

❷ 实践性与体验性

实践性是研学旅行课程的重要特点。研学旅行导师设计一些具有操作性的实践活动,让学生在参与、体验中学习,培养动手、动脑的能力;让学生大胆尝试,引导学生在尝试中探寻知识的本质、规律,培养学生发现问题、探索问题、解决问题的能力,培养学生的综合素质和实践能力、创新能力,培养学生的沟通合作意识,培养学生在成功与失败的体验中应对复杂问题的能力,进而培养其顽强的意志力及不怕失败、敢于胜利的进取精神。

研学旅行课程还具有体验性的特征。学生走出校园,进行沉浸式学习,参加不同类型的研学旅行,包括职业体验、环境体验、文化体验、生活体验等,将会有不同的体验和收获。

❸ 真实性与开放性

研学旅行课程具有真实性,教师不再创设情境,而是带领学生在真实的情境中进行学习。教师指导学生主动探究,利用已有经验以及现场所学解决问题,充分发挥团队的智慧,实现合作共赢。学生在考察自然时没有严格的学习计划,所获取的多为美好自然中变幻的影像和宁静的心灵体验①。学生通过咨询工作人员、观察历史遗迹等多种方式去解决困惑，充分释放好奇心和观察力，提高交流、观察等多方面的能力。

研学旅行课程打破了学校课堂一言堂的课程格局。研学的情境是开放的，现实问题没有唯一的答案，有利于学生发散思维的培养。学生面向真实的世界，与开放的社会互动。

4 社会性与综合性

研学旅行课程是一种社会教育活动，这与我们平时在家庭中的教育活动、教室中的教育活动、校园内的教育活动是不一样的，学生必须到广阔的社会中去体验、去活动、去研究、去感悟。

同时，研学旅行课程也是跨学科的综合教育教学活动，尤其是以跨自然与社会学科两大学科领域的地理学科为纽带，整合教育教学内容和方式，鼓励学生综合运用各学科知识和方法，思考、认知、解决综合性问题。要求学生综合考虑与自然、与他人、与社会、与自我的关系。

5 生活性与趣味性

研学旅行课程的生活性指研学旅行过程中的集体住宿、集体活动、集体交往等，是非常重要的课程资源，因此，研学旅行课程既是体验教育方式、社会教育方式，也是生活教育方式。

研学旅行课程让学生离开自己的常住地，通过旅行经历、异地景观和研学实践引发学生的探究兴趣，提高学生的生活品位、审美情趣和创新意识。

6 公益性与普惠性

研学旅行是教育教学活动的重要组成部分，属于公益性活动，因此，研学旅行课程不能以营利为目的，应给予学生最大程度的优惠政策，确保所有学生都参与到研学旅行活动中。

社会各界应提供多种支持帮助学校顺利开展研学旅行课程。一般而言，学校除了收取必要的餐饮费、住宿费以外不得向学生家长收取费用，对家庭经济困难的学生要给予费用减免或部分减免；学校应积极与研学旅行基地（营地）负责人和其他机构沟通，让其提供必要支持，要确保研学旅行的质量，真正达到育人的效果，让学生玩得尽兴、学得开心。

三、认识研学旅行课程的地位及意义

（一）研学旅行课程的地位

2013年国务院办公厅印发的《国民旅游休闲纲要（2013—2020年）》首次提出要逐步推

---

① 刘璐,曾素林.国外中小学研学旅行课程实施的模式、特点及启示[J].课程·教材·教法,2018(04)12.

行中小学生研学旅行的想法。教育部从2013年开始开展研学旅行的试点工作,取得了较好成效。近年来,国务院发布了一系列促进旅游业发展的文件,明确要求积极开展研学旅行,把研学旅行纳入学生综合素质教育的范畴。2016年初,教育部发布《关于做好全国中小学研学旅行实验区工作的通知》,确定了10个全国中小学研学旅行实验区以及研学旅行的基本原则、实施时间等。2016年底,教育部联合国家发展改革委、公安部、财政部、交通运输部、文化部(现文化和旅游部)、食品药品监管总局、国家旅游局(现文化和旅游部)、保监会(现银保监会)、共青团中央、中国铁路总公司11个部门印发了《关于推进中小学生研学旅行的意见》,将研学旅行上升到落实立德树人根本任务的高度,并纳入学校教育教学计划。2017年,国家旅游局(现文化和旅游部)开始实施《研学旅行服务规范》。

2017年9月,教育部印发《中小学综合实践活动课程指导纲要》,明确了综合实践活动是必修课程,并将研学旅行纳入综合实践活动课程的范畴。2017年12月,教育部办公厅印发《关于公布第一批全国中小学生研学实践教育基地、营地名单的通知》,对于研学旅行基地、营地的性质、功能有明确的示范意义。

(二) 研学旅行课程的意义

研学旅行课程是中小学综合实践活动的重要方式,是各个学段课程方案中的必修课程。研学旅行课程与学科课程并列设置、相互补充,是中小学课程结构不可或缺的组成部分。它既是学科课程基础知识、基本原理的应用,也是对学生各学科核心素养养成的实践检验和各学科领域学习成果的拓展与加深。研学旅行课程有助于全面培育人文底蕴、科学精神、学习能力、健康生活方式、责任担当意识、实践创新精神等核心素养,落实立德树人根本任务,培养德、智、体、美、劳全面发展的社会主义建设者和接班人。

❶ 有助于锻炼学生的生存和发展能力,不断提升学生的生命品质

古人云"读万卷书,行万里路",是说人的发展除了学习书本知识之外,还必须在实践活动中得到锻炼。因为,在实践中不断丰富感性认识,是提升学生思想道德境界的基础,是形成正确的世界观、人生观、价值观的有效途径。在实践活动中学生更容易收获幸福感。教师要引导学生以自己的智慧、能力服务他人,造福社会,从中体悟到作为一个人的价值和意义,真切认识生命的本质不仅仅属于个人,还应属于国家、属于人民,应为国家、民族的进步事业努力奋斗。研学旅行课程通过开展丰富多彩的活动,帮助学生全面、客观地认识自己,发现自身优势和潜能,学会接纳自我、认同自我。

❷ 有助于培养学生沟通、交往合作、互助的意识和能力,增强学生的集体主义、爱国主义意识

研学旅行课程通过设计一系列团队活动的项目,让学生在团队活动中扮演一定角色,通过角色体验,认识个人、社会及他人之间关系及交往的规则,体会到个人力量的有限性和集体力量的无限性,掌握沟通、交往合作的一些基本技能技巧,理解沟通、交往合作的价值和意义，进而养成会合作、善合作的意识和能力，为将来进入社会，在合作中干事创业奠定良好的基础。

❸ 有助于丰富学生的直接经验，帮助学生树立远大的理想信念

获得知识主要依靠两种途径：一种是从书本上获得的知识，称为间接经验；另一种是从实践中获得的知识，称为直接经验。两种途径获得的知识对人的成长都具有非常重要的意义。直接经验具有更全面、具体和丰富的特点，它更有助于丰富学生的情感，积累人生经验，砥砺学生品行，使学生真切体验和理解生命之真、善、美，启迪学生思考人生的价值及意义，帮助学生树立远大的理想信念。

 任务实施

表 2-2 所示为任务实施方案表。

表 2-2　任务实施方案表

活动目的	认识研学旅行课程的重要地位
活动要求	(1) 以 6—8 人为单位划分小组，选定小组长，明确任务分工； (2) 搜集的文件资料应保证完整性和准确性； (3) 形成小组讨论成果，以图文结合的形式进行呈现
活动步骤	(1) 搜集《关于推进中小学生研学旅行的意见》文件资料； (2) 分析研学旅行课程在中小学课程体系中的重要地位； (3) 以小组为单位进行讨论
活动评价	小组自评与教师评价相结合，根据小组自评和实际讨论情况评分

 拓展阅读

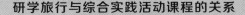
研学旅行与综合实践活动课程的关系

任务三 研学旅行课程目标

任务引入

T市在开发地方研学旅行课程时,制定了T市地方研学旅行课程目标(部分)(见表2-3)。请思考讨论从课程目标中能获得哪些信息?并尝试为研学旅行课程目标下一个定义。

表2-3 T市地方研学旅行课程目标(部分)

1. 通过参观T市博物馆、图书馆、阅读点、知名铜加工企业、垃圾处理厂、国家农业科技园和社会主义新农村等地,认识到T市改革开放以来在经济、文化、科技方面取得的巨大成果,增强"四个自信"
2. 通过游览黄山、皖南古村落、长江水岸沿线的景点等,感受T市及其周边地区的自然地理风光和人文民俗,增强学生对家乡风土人情的了解与认识,从而更加热爱自己的家乡和祖国
3. 通过游览徽州古城、茶文化博览园、状元博物馆、陶行知纪念馆等地,感受中华传统文化与传统美德,提高学生的文化传承意识与道德情操

表2-3中的课程目标包含学生应该学习的知识、技能,获得的情感体验及其应达成的程度等信息。能够看出,研学旅行课程目标就是教育工作者对学生在一定学习期限内学习结果的预期。通过本任务的学习,你将进一步了解研学旅行课程目标的含义及其在教育领域中的层次结构。

任务剖析

该任务涉及的知识点有:研学旅行课程目标的含义、课程目标。

一、理解研学旅行课程目标的内涵

研学旅行课程目标是教育工作者对学生在一定学习期限内学习结果的预期,它是研学旅行的特定价值在课程中的体现。研学旅行课程目标不仅明确了研学旅行课程的编制方向,还使课程内容的选择和组织以及课程的实施和评价等方面与课程目标成为一个有机的整体。

研学旅行课程目标的设计需要以国家规定的研学旅行教育目标为准则,即保证大方向与总目标基本一致,再针对不同类型不同资源的研学旅行课程的实际情况,综合考虑学生、社会和学科的发展需求来设定。例如，设计一个"五天四夜"的地方传统文化研学旅行课程，需要针对这个课程设计明确的课程目标，即通过"五天四夜"的地方传统文化研学旅行课程学习，明确学生应该获得的知识内容、技能、能力以及情感体验，对于不同知识、能力水平的学生，也应该设置弹性目标，不能要求所有学生都必须达到一样的标准。

二、了解研学旅行课程目标的制定依据

在课程开发领域始终牢牢占据重要地位的泰勒模式认为，目标的制定从来都不是由任何单一的信息来源决定的，在规划任何综合性的课程计划时，必须考虑到各种相关的信息。泰勒（Taylor）认为目标的制定主要有五个信息来源：对学习者本身的研究、对当代校外生活的研究、学科专家对目标的建议、利用哲学选择目标、利用学习心理选择目标。其中，学习者的需要、学科的发展与当代社会生活的需求是最主要的来源，这一点在教育目标研究领域已基本成为共识。研学旅行的目标设计也应该从这三个方面出发，尽可能全面的考虑到各方需求。

（一）学生个体发展的需求

就学生整体需求情况来看，有学生日益增长的旅游需求，有提高学生生活学习质量的需求，有了解国情、开阔眼界、增长知识的需求，还有培养文明旅游意识和习惯、增强社会责任感和爱国情怀等方面的需求。这些需求自然是研学旅行课程目标设定的重要依据，但是目标的设定不能仅仅停留在宏观层面，否则就会变得过于宽泛，难以操作，因而必须充分研究学生个体的发展需求，使目标能够最大化地促进每一个学生发展。

在我国基础教育课程体系中，从将课外活动纳入教育计划，到综合实践课程、地方课程、校本课程的不断涌现，再到近几年研学旅行课程的提出，就是基础教育领域在认识到学生的多元发展需求后所做出的一次次尝试与努力。学习者的需求并不应该是一个完全标准化的、人人统一的模版，目标的设定必须考虑学生的年龄段差异与个性特征差异。在设定研学旅行课程目标时，我们必须以学生的发展现状为起点，以不同学习者的个性发展需要为根本，认真研究学生的学习特点与当下状况，尽可能地发现不同学生的学习需求以作为目标设定的重要依据之一。

（二）社会发展的需求

学生所处的环境不仅包括了家庭、学校，还有社会大环境，未来走出校门后，更要长期在社会中生存。所以，教育目标的设定还必须把新时代对"培养什么人、怎样培养人"的要求作为一项基本依据，这是社会发展对教育提出的要求，既包含了社会生活在当下的现实需要，还囊括了随着社会生活变迁而不断发展的未来需要。当前，我们全面深入推进素质教育的根本目的，除了让青少年掌握更多的科学文化知识和基本技能外，更重要的是将他

们培养成能为社会主义现代化建设服务的德才兼备的栋梁之材①。

一方面,研学旅行必须以"立德树人"为根本任务,促进学生理解和践行社会主义核心价值观,激发学生对党、对国家、对人民的热爱之情,着力提高他们的社会责任感,培养他们成为德、智、体、美、劳全面发展的社会主义建设者和接班人;另一方面,研学旅行还要为培养具有核心素养的合格公民打下基础,作为一门新型综合实践活动课程,研学旅行也十分重视实践、探究、合作、反思等多样化的学习方式,以及知识与经验的整合,还有学生的创新精神、实践能力、社会责任感以及良好个性品质的发展,这些对学生核心素养的培育具有独特价值②。

(三) 学科发展的需求

学科知识是一个人在学生阶段的主要学习内容,也是走出社会后需要终身学习的重要内容。学科知识即学科的逻辑体系,包括学科的基本概念和基本原理、学科的探究方式、该学科与相关学科的关系等③。

一方面,学科知识是人类社会发展过程中长期积累下来的宝贵遗产,需要得到传承和发扬;另一方面,学科知识中蕴含了大量的在社会生活中必备的基本常识、基本技能,并且通过学习学科知识还能锻炼学生的各项能力。因而,学科知识及学科的发展通常被作为教育目标的基本来源之一,特别是学科课程的目标以及学科教师设计的教学目标基本是以此作为主要依据的。如今,虽然我们强调学术性知识的掌握情况不再是唯一的评价标准,培养学生的综合素质才是当今教育的核心使命,但知识在教育教学中的地位仍是不可撼动的。西方当代著名教育学家麦克·杨(Michael Yong)认为在二十一世纪应拯救教育知识社会学,让知识重返课程领域的基础地位,④利萨·惠勒汉(Leesa Wheelahan)专门论述了为什么知识在课程中如此重要⑤。可见,在当代社会背景下,知识仍然是学生在学校教育中应掌握的主要内容。研学旅行课程既然已经被纳入教育计划,那就必须发挥学校教育的作用,助力培育学生的科学文化知识,促进学科的发展。

三、掌握研学旅行课程目标的类型及其表述

(一) 按纵向层次划分的目标

根据前文对研学旅行课程目标在教育领域中的层次分析,研学旅行课程目标存在不同

---

① 柯政,等.从整齐划一到多样选择[M].上海:华东师范大学出版社,2018.
② 吴支奎,杨洁.研学旅行:培育学生核心素养的重要路径[J].课程·教材·教法,2018(4)128-132.
③ 张华.课程与教学论[M].上海:上海教育出版社,2000.
④ Michael F. D. Young. Bringing Knowledge Back in: From social constructivism to social realism in the sociology of education[M]. London: Taylor&Francis Inc,2008.
⑤ Leesa Wheelahan. Why Knowledge Matters in Curriculum[M]. London: Taylor&Francis,2012. Why Knowledge Matters in Curriculum[J]. Journal of Critical Realism,2012,12(2):272-278.

层次的目标结构,具体分为四个层次:研学旅行课程总目标、年龄阶段目标、单元主题目标、教育活动目标。这四个层次是按照逐级清晰具体的逻辑展开的。

❶ 研学旅行课程总目标

研学旅行课程总目标是指宏观层面针对研学旅行课程制订的概括性较高、相对抽象的总体目标,具有抽象性、概括性的特点。

如段玉山等学者制订的《研学旅行课程标准(一)》将研学旅行课程总目标确定为"通过亲近和探究自然,接触和融入社会,关注和反省自我,体验和感受集体生活,使中小学生养成价值认同、实践内化、身心健康、责任担当等意识和能力"[①]。

❷ 年龄阶段目标

在实际教学过程中,还需要根据研学旅行课程总目标设计各年龄阶段的分目标。研学旅行课程针对基础教育三个学段,主要覆盖小学四至六年级,初中一、二年级,高中一、二年级共七个年级。由于各年龄段学生的生理、心理发育有很大不同,学生通过研学旅行课程培养的价值认同、实践内化、身心健康、责任担当的意识和能力,也因年龄不同而有所差别,因此,还需要设计符合各年龄阶段学生的课程目标。

如《研学旅行课程标准(一)》针对价值认同领域制定了不同的学段目标。小学四至六年级是"感受乡土河山之美,感知乡土文化中的优良传统,了解当地的革命史迹,了解家乡历史和发展与祖国的关系,知道并初步践行社会主义核心价值观,初步形成国家意识、文化自信和拥护党的意识"。初中一、二年级是"了解旅行目的地生态环境优势,体会地方文化反映的中国传统美德,认知地方历史演变和现实发展中的革命传统和改革理念,接受并践行社会主义核心价值观,形成国家意识、文化自信和拥护党的意识"。高中一、二年级是"认知旅行目的地体现的祖国大好河山、中国传统美德,革命光荣历史,理解旅行目的地历史和现实所反映的在中国共产党正确领导下中华民族复兴的光辉业绩和宏伟前景,理解、接受并践行社会主义核心价值观,形成国家意识、文化自信和拥护党的意识,培养家国情怀和人文底蕴"。

❸ 主题单元目标

主题单元目标是指通过完成某一主题的研学旅行学习活动,学生普遍能达成的具体目标,它是年龄阶段目标的细化与延展。研学旅行课程的主题单元目标直接指明了学生通过本主题单元的学习能够学会的知识,通过相关活动可以掌握的技能,以及得到升华的情感态度。

如围绕"感受祖国大好河山"这一主题,研学旅行导师制定了如下主题单元目标:

(1)通过游览,了解黄山的主要特色和文化,促进书本知识与生活经验的深度融合,同

---

① 段玉山,袁书琪,郭锋涛,等.研学旅行课程标准(一)——前言、课程性质与定位、课程基本理念、课程目标[J].地理教学,2019(5)4-7.

时进一步提高实际探究能力。

（2）通过登山,锻炼意志力,强健体魄;培养团结友爱、互帮互助的精神;同时养成遵守相关规定、文明爬山、文明旅游的安全意识与行为习惯。

（3）通过黄山之旅,充分感受黄山景色之美,赞美祖国的大好河山,并能真实地阐述在登山过程中的心得领悟。

4 研学旅行活动目标

研学旅行活动目标是指某一具体的研学旅行活动所期望达到的效果,是主题单元目标的进一步细化,具有较强的指导性和操作性。

例如,为达成"明白气象观察对人类的影响,以增强自然灾害防范意识"这一主题单元目标,研学旅行导师制定了"通过游学气象公园,让学生运用气候变化、大气污染以及气象预警等知识,表达气象与民生之间的联系"这一研学旅行活动目标。

（二）按横向维度划分的目标

《中小学综合实践活动课程指导纲要》将研学旅行课程目标划分为价值体认、责任担当、问题解决、创意物化四个不同的维度。

1 价值体认维度目标

价值体认是指通过对价值的体验和认识引领学生进入正确的成长方向,对价值有正确的体验和判断,通过价值内化实现思想和行动的引领。

如《中小学综合实践活动课程指导纲要》中初中阶段的价值体认维度目标是：

积极参加团队活动、场馆体验、红色之旅等,亲历社会实践,加深有积极意义的价值体验。能主动分享体验和感受,与老师、同学交流思想认识,形成国家认同,热爱中国共产党。通过职业体验活动,发展兴趣专长,形成积极的劳动观念和态度,具有初步的生涯规划意识和能力。

2 责任担当维度目标

责任担当是指对社会中的一种职责和任务的承担,引导学生自觉遵守某项规则和条文,积极主动地承担某项社会任务。

如《中小学综合实践活动课程指导纲要》中初中阶段的责任担当维度目标是：

观察周围的生活环境,围绕家庭、学校、社区的需要开展服务活动,增强服务意识,养成独立的生活习惯;愿意参与学校服务活动,增强服务学校的行动能力;初步形成探究社区问题的意识,愿意参与社区服务,初步形成对自我、学校、社区负责任的态度和社会公德意识,初步具备法治观念。

3 问题解决维度目标

问题解决是指在问题空间中进行搜索,使问题的初始状态达到目标状态的思维过程。它往往由一定的情景引起,按照一定的方向,引导学生应用各种认知活动、技能等,经过一系列的思维操作,使问题得以解决。

如《中小学综合实践活动课程指导纲要》中初中阶段的问题解决维度目标是:

能关注自然、社会、生活中的现象,深入思考并提出有价值的问题,将问题转化为有价值的研究课题,学会运用科学方法开展研究。能主动运用所学知识理解与解决问题,并做出基于证据的解释,形成基本符合规范的研究报告或其他形式的研究成果。

④ 创意物化维度目标

创意物化是指通过动手操作实践,使学生掌握手工设计与制作的基本技能,学会运用信息技术,设计并制作有一定创意的数字作品。

如《中小学综合实践活动课程指导纲要》中初中阶段的创意物化维度目标是:

运用一定的操作技能解决生活中的问题,将一定的想法或创意付诸实践,通过设计、制作或装配等,制作和不断改进较为复杂的制品或用品,发展实践创新意识和审美意识,提高创意实现能力。通过信息技术的学习实践,提高利用信息技术进行分析和解决问题的能力以及数字化产品的设计与制作能力。

(三) 按功能结构划分的目标

美国当代著名教育家本杰明·布鲁姆等人编写的《教育目标分类学》以人的身心发展的整体结构为框架,为建立教育目标体系提供了一个比较规范化、清晰化的形式标准,被人们广泛接受和采用。这个框架中教育目标分为三大领域:

(1) 认知领域:包括知识的掌握和认知能力发展。

(2) 情感领域:包括兴趣、态度、习惯、价值观和社会适应能力的发展。

(3) 动作技能领域:包括感知动作、运动协调、动作技能的发展。

值得注意的是,研学旅行作为一门综合课程,目标也必然具有综合性,不能直接采用三维目标的方式将认知、情感、动作技能等价值内涵割裂开来,而应采用综合性的目标表述方式。

(四) 按表述取向划分的目标

按表述取向可将目标划分为结果性目标和过程性目标。

① 结果性目标

(1) 结果性目标的内涵

结果性目标是指以学生具体的、可被观察的行为结果表述的课程目标,它指向的是课程实施以后学生发生的行为变化。结果性目标具有具体、客观、可操作等特点。

1949 年,被称为"课程行为目标之父"的泰勒(R. W. Tyler)在《课程与教学的基本原理》一书中系统阐述了课程编制的程序、方法和步骤,将确定目标作为最关键的一步,他的这一理论被誉为"泰勒原理"。泰勒强调,课程目标确定后,要用一种有助于学习内容和指导教学过程的方式来陈述目标。而这种方式是"既指出要使学生养成的那种行为,又言明这种行为能在其中运用的生活领域或内容。"①

(2) 结果性目标的表述

梅杰认为,在表述结果性目标时,应包含四个方面的要素:

①行为主体,即教育活动的预期行为由谁去完成;

②行为动词,即用以表述行为主体具体行为的动词;

③行为条件,即行为主体达到预期目标时所面对的具体情境或限制条件;

④行为水平,即行为主体通过活动应达到的最低熟练水平。

在表述研学旅行课程的结果性目标时,行为主体可以是教师,常见的表述方式是"使学生……""让学生……";行为主体也可以是学生,表述方式常常是"做到……""能够……"。表述结果性目标的行为动词要清晰、具体,预期行为应该是可观察的、可测量的具体行为,比如"画出""说出""唱出""写出"等。明确达成目标的行为条件,便能依据学生的年龄特点对他们的学习提出合理的期望,行为条件的表述方式常常有"通过倾听歌曲,学生能够……""通过观察历史文物,学生会……"等。行为水平是学生通过活动应达到的最低要求,它常常被作为教育活动结束时进行教育评价的依据,如"说出身边的环境问题及其产生的原因""能够说出铜加工的历史演变"等。

2 过程性目标

(1) 过程性目标的内涵

过程性目标是描述学生自己的心理感受、体验或明确安排学生表现的机会,指向的是学生的过程性体验,不需要有明确的结果。它具有过程性、体验性、开放性的特点。

英国的课程论专家斯坦豪斯(L. Stenhouse)提出了过程模式,他认为学校教育中社会价值、规范的确立以及思想体系的形成过程是不能用预先设定好的行为来陈述的。课程必须建立在教师对课堂教学研究的基础之上,必须以过程为中心,根据具体情境和学生在课堂上的具体表现而展开。

(2) 过程性目标的表述

典型的过程性目标如"感受科技带给农业的巨大变化""认识传承和弘扬伟大革命精神的意义"等。可见,过程性目标的表述不同于结果性目标的封闭性,它重在过程和体验,没有统一的标准去衡量结果,指向的行为是开放的、多样化的。

由于过程性目标关注的是"过程"而非"结果",因此,过程性目标的表述要规避诸如"能够""做到""掌握""学会"等行为动词,而要经常使用"探索""体验""发现""尝试"等具有过程性取向的词语。

---

① [美]泰勒.课程与教学的基本原理[M].施良方,译.北京:人民教育出版社,1994.

 **任务实施**

表 2-4 所示为任务实施方案表。

表 2-4　任务实施方案表

活动目的	掌握主题单元目标及研学旅行活动目标的表述技巧
活动要求	（1）以 6—8 人为单位划分小组，选定小组长，明确任务分工； （2）按照主题单元目标和研学旅行活动目标的要求制定目标，目标表述科学合理，难度适宜； （3）形成小组讨论成果，以图文结合的形式进行呈现
活动步骤	（1）以"重温革命历程·传承红色精神"为主题，以初中二年级学生为对象，设计主题单元活动目标； （2）每人根据主题设计一个具体的研学旅行活动，写明研学旅行活动目标； （3）小组内讨论
活动评价	根据每组主题单元活动目标及研学旅行活动目标的设计情况进行评分

 **拓展阅读**

课程目标与教学目标的区别

任务四　研学旅行课程内容

表 2-5　核心素养的基本内容与研学旅行课程的目标比较

核心素养的基本内容			研学旅行课程的总目标	
核心素养		描述	描述	维度
文化基础	人文底蕴	主要是学生在学习、理解、运用人文领域知识和技能等方面所形成的基本能力、情感态度和价值取向。具体包括人文积淀、人文情怀和审美情趣等基本要点	感受祖国大好河山，感受中华传统美德，感受革命光荣历史，感受改革开放伟大成就，增强对坚定"四个自信"的理解与认同	热爱祖国
	科学精神	主要是学生在学习、理解、运用科学知识和技能等方面所形成的价值标准、思维方式和行为表现。具体包括理性思维、批判质疑、勇于探究等基本要点	学会动手动脑、学会生存生活，学会做人做事	践行所学
自主发展	学会学习	主要是学生在学习意识形成、学习方式方法选择、学习进程评估调控等方面的综合表现。具体包括乐学善学、与反思、信息意识等基本要点	学会动手动脑、学会生存生活，学会做人做事	践行所学
	健康生活	主要是学生在认识自我、发展身心、规划人生等方面的综合表现。具体包括珍爱生命、健全人格、自我管理等基本要点	促进身心健康、身体强健、意志力强，促进形成正确的世界观、人生观、价值观	强健身心

续表

核心素养的基本内容		研学旅行课程的总目标	
核心素养	描述	描述	维度
社会参与 / 责任担当	主要是学生在处理与社会、国家、国际等关系方面所形成的情感态度、价值取向和行为方式。具体包括社会责任、国家认同、国际理解等基本要点	培养他们成为德、智、体、美、劳全面发展的社会主义建设者和接班人	责任担当
社会参与 / 实践创新	主要是学生在日常活动、问题解决、适应挑战等方面所形成的实践能力、创新意识和行为表现。具体包括劳动意识、问题解决、技术应用等基本要点	学会动手动脑、学会生存生活,学会做人做事	践行所学

通过上表核心素养的基本内容与研学旅行课程的目标比较(见表 2-5),思考讨论可以根据中国学生的 6 大核心素养选择哪些研学旅行课程内容?这里主要涉及研学旅行课程内容的范围,在本任务的学习中我们将进一步明确。

该任务涉及的知识点有:研学旅行课程内容的范围。

一、理解研学旅行课程内容的内涵

(一) 研学旅行课程内容的含义

研学旅行课程内容是根据特定的教育价值观和相应的研学旅行课程目标为学生所提供的学习经验(文化基础、自主发展和社会参与)的总和。我们可以从以下两个方面来理解这一含义:

(1)研学旅行课程内容是实现课程目标的手段。课程内容必须为实现课程目标而服务,不同的课程目标直接影响着课程内容的选择。

(2)研学旅行课程内容应包含文化基础、自主发展和社会参与三方面的内容。它指向的是学生应当具备的人文底蕴、科学精神、学会学习、健康生活、责任担当和实践创新 6 大核心素养,是适应终身发展和社会发展需要的关键能力和必备品格,以促进对"全面发展的人"的培养。

（二）研学旅行课程内容的范围

研学旅行课程内容的范围是指研学旅行课程内容的基本要素或基本组成部分。2016年，教育部发布了《中国学生发展核心素养》，将核心素养界定为学生应该具备的、能够适应终身发展和社会发展需要的关键能力和必备品格，以培养"全面发展的人"为核心，分为3个方面（文化基础、自主发展和社会参与）和6大核心素养（人文底蕴、科学精神、学会学习、健康生活、责任担当和实践创新）[①]。已有学者研究证实，将该核心素养融入研学旅行课程标准具有天然的可能性[②]。因此，我们可将研学旅行课程内容的范围理解为促进学生发展的文化基础、自主发展和社会参与所构成的区域。

❶ 有助于奠定文化基础的内容

主要包括人文底蕴和科学精神两大核心素养。人文底蕴核心素养主要是指学生在学习、理解、运用人文领域知识和技能等方面所形成的基本能力、情感态度和价值取向，具体包括人文积淀、人文情怀和审美情趣等基本要点。科学精神核心素养主要是指学生在学习、理解、运用科学知识和技能等方面所形成的价值标准、思维方式和行为表现，具体包括理性思维、批判质疑、勇于探究等基本要点。

❷ 有助于学生自主发展的内容

主要包括学会学习和健康生活两大核心素养。学会学习核心素养主要是指学生在学习意识形成、学习方式方法选择、学习进程评估调控等方面的综合表现，具体包括乐学善学、勤于反思、信息意识等基本要点。健康生活核心素养主要是指学生在认识自我、发展身心、规划人生等方面的综合表现，具体包括珍爱生命、健全人格、自我管理等基本要点。

❸ 有助于增强社会参与的内容

主要包括责任担当和实践创新两大核心素养。责任担当主要是指学生在处理与社会、国家、国际等关系方面所形成的情感态度、价值取向和行为方式，具体包括社会责任、国家认同、国际理解等基本要点。实践创新核心素养主要是指学生在日常活动、问题解决、适应挑战等方面所形成的实践能力、创新意识和行为表现，具体包括劳动意识、问题解决、技术应用等基本要点。

二、了解研学旅行课程内容的类型

根据湖北省教育厅2018年11月印发的《湖北省中小学生研学旅行课程指南（试行）》

---

① 李锋，柳瑞雪，任友群.确立核心素养、培养关键能力——高中信息技术学科课程标准修订的再思考[J].全球教育展望，2018(1)46-55.

② 李艳，陈虹宇，陈新亚.核心素养融入的中国研学旅行课程标准探讨[J].教学研究，2020(5)76-85.

的规定,可以按照资源类型把研学旅行课程内容分为自然景观类、科技知识类、历史文化类、体验考察类、励志拓展类。

(一) 自然景观类

自然景观类是指依据地质地貌景观(主要包括山脉、河流、湖泊、海岸、溶洞、瀑布、冰川等)、自然现象(海浪潮汐、日食月食、天际星空、日出日落、冰雪雨雾、花开叶落等)、自然资源(森林、草原、沙漠、海洋、土地、矿产等)、自然遗产(地质公园、湿地公园等)、自然类博物馆等开发的研学旅行课程内容。

(二) 科技知识类

科技知识类是依托各种类型的科技博览会、科技馆、科技主题展览、大学校园、动物园、植物园、科研场所、自然保护区等开发的研学旅行课程内容。

(三) 历史文化类

历史文化类是指依托历史文化遗迹、人文景观、非物质文化遗产项目、历史博物馆、民族风情、美术馆、演艺影视城等开发的研学旅行课程内容。

(四) 体验考察类

体验考察类是指依托各种现代农业基地、生态农庄、健康馆、工业生产制作基地、传统艺术创作及工艺制作基地、综合实践基地、研学基地和营地、野外科学考察区、各类主题公园等开发的研学旅行课程内容。

(五) 励志拓展类

励志拓展类是依托红色革命遗迹、红色教育基地、大型现代建筑工程、工业园区、国防教育基地、素质拓展基地、军营等开发的研学旅行课程内容。

三、掌握研学旅行课程内容的选择与组织方法

(一) 研学旅行课程内容的选择

研学旅行课程要立足学生的终身发展和全面发展。研学旅行作为一种重要的教育手段,为实现校内和校外生活的统整、跨学科知识的统整,在课程内容的选择上,应遵循以下原则:

1 安全性原则

安全性原则是选择研学旅行课程内容时的首要原则。研学旅行是一项户外集体活动,其管理与组织存在一定难度,选择研学旅行课程内容时必须坚持安全第一的原则,首先要

排除那些存在较大安全隐患的内容,确保学生安全。在选择耗费体力的课程内容时,还必须考虑到不同学段学生的身体状况是否足以承受,是否适合开展。

❷ 目的性原则

目的性原则是指在选择课程内容时,必须符合并有助于课程目标的实现。课程内容是课程目标的具体落实,课程内容的选择必须要体现研学旅行课程目标的价值和理念。研学旅行活动在安排内容时一定要做到"咬定青山不放松","青山"即指课程目标。按照这一原则,选择课程内容时要注意以下几点:

第一,树立目标意识。教师要以目标为出发点,始终在目标的指引下去构建课程内容。在选择研学旅行课程内容时,首先要思考的是课程内容与课程目标的取向和内涵是否一致。

第二,正确理解目标与内容的关系。课程内容和课程目标并不总是一一对应的关系。同一个目标可以通过多项内容来完成,同一个内容也可以指向多个不同的目标。比如,在"关注万古长江生态"研学旅行活动中,"参观江豚喂食和宣教馆标本"这一内容对应"了解江豚生活习性、体态特征及其生活现状,增强维护生态责任意识"的课程目标,而在"感受祖国大好河山"研学旅行活动中,"游览黄山"这一内容,却对应了三条课程目标。

第三,考虑目标达成的"关键经验"。有些目标的实现是一个长期积累的过程,而不是通过特定的课程内容就能够实现的。比如促进学生体魄强健,是无法通过某一个内容来实现的,而是需要让学生多次参加研学旅行等综合实践活动,养成良好的生活习惯。

❸ 适宜性原则

研学旅行课程内容是为学生选择的,必定要考虑学生的身心发展特点。适宜的课程内容应在学生的"最近发展区"之内,既要符合学生现有的发展水平,又要能够促进其进一步的发展。因此,了解学生是遵循适宜性原则的关键。

一方面,课程内容要符合不同年龄阶段学生的一般特点。研学旅行课程需要在小学四至六年级、初中一至二年级、高中一至二年级三个学段七个年级实施,小学阶段的研学旅行课程内容以游览、观光、体验为主,以满足这一年龄段学生好玩、喜动的天性;初中阶段的研学旅行课程可适当增加理解性内容,如增加竞赛、参与、探索性内容等,以满足这一阶段学生强烈的求知欲、好奇心;高中阶段的研学旅行课程内容要以知识的拓展、理论的应用、综合性体验、研究性学习为主,以观光、考察、游历等活动为辅。

另一方面,课程内容要适应学生的个别差异。虽然学生基本遵循不同年龄阶段的一般发展规律,但不同地域、不同家庭、不同性别的学生在经验和发展水平上依然存在较大的差异性。因此,课程内容的选择应以了解每一名学生的发展需要为前提,精心选择适宜的课程内容。

❹ 地域性原则

研学旅行课程内容应突出地方自然、经济、文化等方面特色,增加学生对地方风土人情的认识,增强民族自信和文化自信,积极主动地承担文化传承的历史使命。特定区域内的学生选择研学旅行课程内容时,必须考虑到不同学段学生的活动范围。比如,小学阶段可以以乡土乡情为主要课程内容、初中阶段可以以县情市情为主要课程内容、高中阶段可以以省情国情为主要课程内容。

自然风貌是展现地方个性的基础,包括自然形成的地形地势、山川名胜、水系等,例如"天下第一奇山"——黄山。自然风貌也包括人为营造的各种自然生态环境,例如以水为中心进行规划建设的"小桥流水人家"的江南水乡——苏州古城,这些资源都是一个地方的独特自然景观。

历史文化是地区风貌的根本所在,在漫长的发展过程中,不同历史时期的人们创造了不同的历史文化故事,有物态的,如故居、遗迹等,也有非物态的,如历史事件、民俗、传说等,这些都是延续和展现地方风貌的标志性文化符号。

地方特色产业是基于地方的自然资源条件、社会历史背景或生产者供需等因素发展起来的,刻画了一个地区经济与人文社会的变迁,从而得以将城市的某种精神延续下去。例如,湖北大冶铁矿产业历史悠久,拥有1700多年的开采历史,并建有黄石国家矿山公园,充分展示了该地历史悠久的矿冶文明。

地方物质文化和精神文化都是应该得到传承和延续的宝贵遗产,都是优质的研学旅行课程内容。

虽然研学旅行课程内容的选择要遵循地域性原则,但也可以根据实际需求和资源的情况适当涵盖异地资源。

❺ 教育性原则

研学旅行课程并非普通的旅游,而是一项具有教育意义的学习活动,在选择研学旅行课程内容时,必须按照教育性原则综合考虑旅行文化资源,精选出适宜的研学旅行课程内容。研学旅行的课程内容不能只强调学生的实践体验,还应加强活动与学术性知识的融合,提高学习的效率,特别是要解决因学科教学带来的知识割裂问题,研学旅行的课程内容要连通校内的课程教学内容,使校内与校外的课程资源有机对接,共同构建起一个互相补充、内外交融的学校课程体系。

❻ 多样性原则

研学旅行课程的一大特征是将学生置于真实的自然和社会环境中,让学生能够从教室走进自然、走向社会,感受这个地大物博、包罗万象的世界。这是联系学校与生活实际的重要方式之一,使得学生既不脱离生活实践,又能学到丰富多样的课外知识,养成良好的生活习惯,培养正确的社会道德观念。

在选择研学旅行课程的内容时应广泛考虑自然景观、经济发展、科技建设、传统文化、生态环保、社会建设等方面内容,让学生充分体验各项社会文明的源远流长、博大精深,也让学生感受到祖国社会主义建设的快速发展。

7 趣味性原则

"兴趣是最好的老师",学生对学习内容的兴趣会直接影响学习效果。如果课程内容是学生感兴趣的,那么学生会处于一种"情绪唤醒状态",兴致勃勃地去观察、探索、发现,并为之不断付出努力;反之,若学生对课程内容不感兴趣,那么则表现为无精打采、无所事事、注意力不集中。因此,研学旅行课程内容的选择必须要关注兴趣性原则,从学生感兴趣的事物中挖掘富有教育价值的内容。

遵循趣味性原则就要关注学生的兴趣所在,特别是对于实践拓展类的研学旅行来说,应善于将物质条件作为必要的辅助手段。例如在××水电厂工业园开展研学旅行活动时,可以让学生参观大坝、发电设备和室内模拟发电实验室,让学生动手操作、亲身体验,这将大大增强研学旅行的趣味性和活动效果。

(二)研学旅行课程内容的组织

研学旅行的课程内容是从旅游文化、社会生活、学科课程等资源中挑选出来的,不同于学科知识有明确的学科逻辑和体系。不同类型的研学旅行课程之间有非常大的差别,并没有统一的、普适的内容组织模式,比较常见的组织方式有以下两种。

1 以关键问题为中心

以关键问题为中心组织的研学旅行课程内容是指围绕一个关键问题来编排研学旅行主题,各个内容之间有一定的相似性和关联性,按照彼此之间的内在联系整合成一个有机整体。例如,A省H市的"森林课堂",包括探访"南淝河、巢湖研学记""走进家门口的著名学府""新能源汽车就在我们身边""餐厨垃圾巧变身"等10个研学主题,这些主题都是围绕环保这一主题来设计的,让学生在不同地点的研学旅行中解决不同类型的环境污染问题,学习一些环保的知识和方法,并养成环保意识。这种组织形式的研学旅行课程虽然不像学科课程那样有明确的逻辑关系,但也是由某种"核心价值"串联起来的,在每个主题背后存在着同一方面的知识,并且是紧密联系的。以关键问题为中心的课程内容组织,就要找准这个知识的结合点,围绕这个结合点将内容整合起来。

2 以学习经验为中心

研学旅行课程内容还可以围绕学生的兴趣和发展来进行组织,其中各个主题内容之间可能并没有什么联系或共性,但都是学生感兴趣的话题或者是学生未来发展需要解决的问题。例如某一初中学段研学旅行课程内容包含"身边环境污染问题研究""家乡生物资源调查及多样性保护""社区(村镇)安全问题及防范""家乡的传统文化研究""中学生体质健康状况调查"等11个主题,这11个主题之间并没有直接的联系,只是基于中学生对社会、对自然甚至是对自身的兴趣与发展需求而组合起来的。这种组织形式的研学旅行课程内容,以学生的学习经验为中心,一般按照学龄或者年级来划分内容,抓住学生在不同时期的"生长点"。

 **任务实施**

表 2-6 所示为任务实施方案表。

表 2-6　任务实施方案表

活动目的	掌握研学旅行课程内容组织的实践应用
活动要求	（1）以 6—8 人为单位划分小组，选定小组长，明确任务分工； （2）实地调查过程中注意人身安全，不能私自到有危险性的场地活动； （3）按照研学旅行课程内容的组织要求列举课程内容； （4）形成小组讨论成果，以图文结合的方式进行呈现
活动步骤	（1）调查当地环境治理情况； （2）围绕"爱护环境，人人有责"的研学主题，分别列举以关键问题为中心的课程内容和以学习经验为中心的课程内容； （3）组内讨论
活动评价	以各组课程内容列举情况进行评分

 **项目小结**

通过本项目的学习，我们掌握了课程的概念及类型；了解了课程的起源与发展；学习了研学旅行课程的含义；掌握了研学旅行课程的性质及特点；认识到研学旅行课程在中小学课程中的重要地位；掌握了研学旅行课程目标及其表述技巧；还一起学习了研学旅行课程内容的类型、选择与组织。接下来，我们将进入研学旅行课程开发与管理的"实践篇"，学习如何开发、实施与评价研学旅行课程。

项目训练

紧贴行业实务岗位训练　融通 1+X 职业技能等级证书考题

实践篇

项目三　研学旅行课程开发

职业知识目标
1. 理解研学旅行课程开发的重要意义。
2. 厘清研学旅行课程开发的现实问题。
3. 掌握研学旅行课程开发的一般原则。
4. 明确研学旅行课程开发的基本要求。

职业能力目标
1. 能够清晰地梳理研学旅行资源,为课程开发做好各项准备。
2. 掌握研学旅行课程开发的一般过程,具备研学旅行课程设计的能力。
3. 对接研学旅行策划与管理职业技能等级要求,提升研学旅行导师学情分析、资源挖掘和开发设计的能力。

职业素养目标
1. 能够有效甄别和选择资源,根据学情进行有针对性的主题课程开发。
2. 明确研学旅行课程开发的重点,将资源优势转化为课程优势,增强课程的趣味性、实践性和教育性。

知识框架

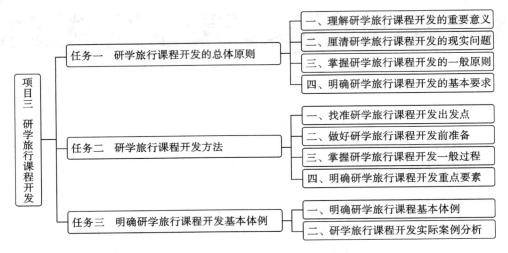

教学重点

1. 能够从众多旅游资源中有效进行甄别和选择,并根据学情进行有针对性的主题课程开发。
2. 通过课程活动设计,有效增强课程的趣味性、实践性和教育性。

教学难点

甄别选择资源;课程活动设计;课程特色挖掘;教育性和趣味性兼顾。

项目导入

旅游资源并不等同于研学旅行课程资源,有些研学旅行基地本身就是著名的旅游景区,但并没有被开发为优质的研学旅行基地。研学旅行是研究性学习和旅游体验相结合的校外教育活动,教育是研学旅行的本质,课程是保证研学旅行教育效果的核心。所以,如何充分利用景区的资源优势,打造优秀的研学旅行基地,需要依托研学旅行课程的开发。

任务一　研学旅行课程开发的总体原则

在某中学组织的一次研学旅行中,一至九年级学生同时参与了同主题研学旅行,由于学生年龄段相差很大,学生的知识储备、认知能力、生活技能等方面相差甚远,所以在本次研学旅行中,没有针对学情设置相应的研学旅行课程,只是以游览参观为主,研学旅行的效果不明显。

现阶段的研学旅行仍然存在只"旅"不"学"的现象,只是简单地从旅游景区变成研学基地,从导游变成导师;亦或者是研学的课程脱离学生实际,在研学过程中,学生只是拖着身体在旅行,没有学问可研究。究其原因,是组织者对研学旅行课程开发的认识不足,课程开发涣散随意。那么,研学旅行课程开发的原则和依据是什么？又有什么要求呢？

为了掌握研学旅行课程的开发原则,要充分认识研学旅行课程的开发意义,结合实际,梳理研学旅行课程开发存在的问题,从而掌握其基本要求。

一、理解研学旅行课程开发的重要意义

(一) 研学旅行的内涵发展需要强化课程的开发

研学旅行课程的开展不能囿于文本材料,必须借助丰富资源,开发出符合学生探究认知的综合性、多样性课程。研学旅行过程的开放性、动态性及其发展需要课程资源的开发。研学旅行课程强调面向每一个学生,尊重学生的个性发展需要;强调面向学生的生活世界,随生活的变化而变化;强调学生多层次、多角度、多方面的体验,提倡使学生在真实的生活世界中,通过身体力行的实践活动,发现问题和解决问题,体验和感受生活。这就使得研学旅行课程的实施在时间上、空间上有了更大的灵活性和开放性,这就要求研学旅行课程的实施必须突破课堂教学的时空局限,开发内容丰富、具有开放性和动态性的课程资源。

(二) 研学旅行目标达成需要依托课程的开发

研学旅行活动强调以学生感兴趣的体验性知识学习为对象,通过体验性学习,丰富学生的体验活动。体验存在于活动实践之中,包括生活体验、自然体验、社会体验、生产体验、

文化体验等,这也就决定了实施综合实践活动课程需要丰富的课程资源。丰富的课程资源,可以激发学生参与研学旅行的兴趣,调动学生多种感官参与课堂活动,使学生身临其境,在这个过程中增长知识、陶冶情操,形成正确的价值观和人生观。

(三) 提升研学旅行导师的课程意识需要借助课程资源的开发

课程意识是研学旅行导师对课程系统的基本认识,是对课程设计与实施的基本反映。研学旅行课程的开发对提升研学旅行导师的课程意识具有重要意义。课程开发的过程有利于确立研学旅行导师的课程观,有利于确立导师主导作用和学生主体地位。研学旅行导师在开发课程资源时,要充分考虑学生的生活经验、发展需要、兴趣爱好,让学生以自己喜欢的方式积极主动地参与活动。同时,研学旅行导师不能代替学生活动,而是为学生提供建议,解决疑难。因此,研学旅行导师作为活动的组织者、引导者、参与者,与学生一起在活动中发展①。

二、厘清研学旅行课程开发的现实问题

当前,研学旅行处于不断探索和推进阶段,中小学校和各级研学服务机构试图通过课程化的方式,促进研学旅行工作的科学、有序开展,并取得了一些成效。但是,由于课程主体的缺位、课程专业能力的缺失、价值内涵的模糊等,使得当前中小学研学旅行课程开发仍然存在一些现实的问题。

(一) 实施主体不清,课程责任不明

在研学旅行综合实践活动中,不少学校忽视对研学旅行组织的管理主导作用和对课程开发实施主体地位的认可,没有真正将研学旅行课程当作学校课程的有机组成部分。随着研学旅行活动的深入推进,校外综合实践基地开发系列实践活动课程,旅游景区开发具体的旅行线路体验课程,研学服务机构开发不同学段和不同课时的主题研学旅行课程,各类型课程的品牌竞争效应不断增强。但是,一些学校却出现了"全权交办"和"全程委托"的现象,甚至有放任自流的心态,淡化了学校选择、组合、再开发、再优化的课程主体责任意识;有的学校,一味规避安全责任,图省心省力,退而求其次,削弱了课程的主体地位,导致课程开发实施的主体责任不明,缺乏对校情、学情的针对性分析,影响了研学的实际效果。

(二) 开发零散随意,缺少专业理性

部分研学旅行组织者在课程开发及实施中忽略了课程的完整性和系统性,缺乏足够的专业理性,有时心血来潮,灵机一动,随意而为,缺乏计划,有时出现从众心理,"人家去哪,

---

① 黑岚.小学综合实践活动课程的设计、实施与评价[M].北京:清华大学出版社,2020.

咱去哪,别人咋走,咱咋走;想到了,做一做,想不到,就放下"。譬如有的组织者直接将景区讲解词当课程内容;有的将短期、零散的活动当课程;有的先确定线路,后预设目标;还有的忽视课程资源,不进行课程评价。这些做法,本末倒置,程序混乱,导致研学旅行课程出现了形式化、肤浅化、零碎化的倾向。

(三)价值内涵不足,形式内容脱节

有的研学旅行课程未经学校课程团队的审议沟通,课程设计者忽视安全风险评估等关键环节,未从学生成长需求、家长社会意愿角度考虑,学校擅用研学旅行课程选择的公权力,增加了研学旅行活动的不稳定性和不安全因素;有的学校"线路意识"大于"课程意识",重视研学旅行线路的选择,忽视课程的价值,淡化课程的设计,直接导致研学实践教育主题不够清晰,课程目标不够聚焦,课程设计缺乏深度和广度,曲解实践活动的内涵;有的研学旅行课程"形式意识"大于"育人意识",重视行走的表面形式,重视宣传的短期效应,缺乏课程的育人内涵。课程实施中,有的研学旅行课程缺乏现场教学的互动分享和经验生成,缺乏场域的体验和感悟,缺乏深入的知识与实践的融合升华,忽视对学生团队精神、规则意识、探究习惯的培养,出现"功利化倾向"。

(四)课程内容单一,相对固化狭隘

一些学校的研学旅行活动长期局限于区域内某个综合基地和服务单位提供的固定研学旅行线路。研学旅行课程开发缺乏创新性和开拓性,低、中、高学段学生的课程设置基本雷同,课程内容相对单一,课程实施形式固化。课程观念狭隘,缺乏亲近自然、走向企业、融入社会的开放性课程,研学旅行课程与学校学科课程缺乏有效衔接,研学的视野不够开阔,课程的内容有待丰富[①]。

三、掌握研学旅行课程开发一般原则

由于研学旅行活动具有开放的教育目标、综合性强的活动内容和生动活泼的实施方式,强调学生在主动实践的过程中,获得充分的体验并得到多方面的教育经验,这决定了研学旅行活动课程的设计不能简单地照搬目标模式,而应该结合自身的特点,寻求研学旅行活动课程设计的思路和办法。

(一)自主性原则

在研学旅行活动中,导师不是单一的知识传授者,而是学生活动的开发者、引导者、组织者、参与者、协调者、评价者,为学生开展研学旅行活动创设良好的自主学习情境,并且尊

---

① 杨保健.中小学研学旅行课程化的问题与对策[J].现代教育,2019(11)28-30.

重学生的个体差异,鼓励学生选择适合自己的方式开展活动。

在主题开发和活动内容的选择时,要重视学生自身的发展需求,尊重学生的自主选择。新时代学生的生活丰富多彩,接受知识、了解社会的途径很多,他们又有着不同的个性特长、兴趣爱好。在策划选题时,可由学生自发提出有价值、有创意的研究课题。导师还可以通过观察、调查问卷、热点讨论等多种形式走进学生,敏锐地发现他们的兴趣点,导师要善于引导学生围绕活动主题,从特定的角度切入,选择具体的活动内容,并自定活动目标和任务,提升自主规划和管理能力。

(二) 实践性原则

研学旅行活动是基于学生的直接经验,密切联系学生的自身生活和社会生活,体现对知识的综合运用的实践性课程。研学旅行活动课程设置的指导思想,就是学生要参与社会实践,它的课程价值就在于学生通过参与多种形式的社会实践活动,在"动手做""实验""探究""设计""创作""反思"的过程中进行"体验""体悟""体认",在全身心参与活动中,发现、分析和解决问题,体验和感受生活,发展实践创新能力。研学旅行以主题活动为主要开展形式,强调学生的亲身经历,要求学生参与到各项活动当中,让学生走出教育与生活的割裂和与课程对立的状态,切实做到让学生在实践中体验,在体验中领悟,在领悟中获得知识经验。

(三) 整合性原则

在《中小学综合实践活动课程指导纲要》中,"课程内容与活动方式"部分将"整合性"作为综合实践活动内容选择和组织的基本原则。遵循整合性原则要注意以下几个问题:第一,活动主题不能太单一、狭小,应尽量避免学科化,以保证活动主题具有一定的宽度和容量。当然,简单的主题也可以进行多方位的内容挖掘,从不同角度切入,凸显主题的多面性、复杂性。第二,活动内容的选择与组织应保持较大的开放度与时代性,突破单一的学科视界,进行多学科的交叉与融合,融合科学、历史、艺术、文化多个领域的内容,进行整合设计。第三,加强活动内容与当代社会生活、与学生经验实际的联系,促进课内与课外、学习与生活、学校与社会的有机联系,实现知识、社会、学生的融合。

(四) 生成性原则

研学旅行活动着重于学生在课程实施动态运行过程之中获得多方面的经验。由于教育情境复杂多变,学生在活动过程之中的学习行为和心理活动是独特的,所以在活动开始之前,很难预测学生的发展变化,而预设的目标也不一定能够准确无误地达成。因此,研学旅行活动课程的设计不能像学科课程一样明确具体,研学旅行活动课程设计也不是简单的知识再现、转换或聚合,而应该将重点放在有利于教育性经验生成的情境创设上,放在相关活动的呈现及操作方式的提示等方面。在实施过程中,随着活动的不断展开,在教师指导下,学生可根据实际需要,对活动的目标与内容、组织与方法、过程与步骤等做出动态调整,使活动不断深化。

(五) 开放性原则

研学旅行活动课程面向学生的整个生活世界,具体活动内容具有开放性。教师要基于学生已有经验和兴趣专长,打破学科界限,选择综合性活动内容,鼓励学生跨领域、跨学科学习,为学生自主活动留出余地。构建开放性的学习时间和空间,要引导学生把自己成长的环境作为学习场所,在与家庭、学校、社区的持续互动中,不断拓展活动时空和活动内容,使自己的个性特征、实践能力、服务精神和社会责任感不断获得发展。

导师对研学旅行活动的设计应该有开放的思路,坚持学生是实践活动的主体,摆正和学生在研学旅行活动中的地位与关系,导师的角色从单一的信息传递者,改变为"学习伙伴""合作者""问题咨询者""辅导者"等角色。教师要学会在开展活动的过程之中,创造性地利用各种教育因素捕捉恰当的教育时机,以凸显研学旅行活动的教育性,使更多的学生在活动中学有所获、学有所悟。

(六) 循序渐进原则

循序渐进原则是指研学旅行课程设计应该基于学生可持续发展的要求,以学生能力发展的序列为线索,设计长短期相结合的主题活动,体现由低到高、由易到难的顺序,将研学旅行活动设计为一个层次清楚、排列有序的系统。循序渐进原则促使活动内容由简单走向复杂,使活动主题向纵深发展,不断丰富活动内容、拓展活动范围,促进学生综合素养的持续发展。

四、明确研学旅行课程开发的基本要求

(一) 以课程目标为依据

课程目标是开发研学旅行课程资源的出发点和最终归宿。偏离了目标,课程资源的开发就会表现出盲目性、随意性和零散性的特征。因此,依据课程的目标,有针对性地开发研学旅行课程资源是十分重要的。面对同样的课程目标,有时可能会有许多资源可以利用,这时就需要进行筛选,以提高活动的针对性和增强内容的典型性。我们应该选择那些学生感兴趣、符合学生身心发展特点、课程成本低、可能对学生终身发展起具有重要作用的课程资源。另外,课程资源具有多质性,一种课程资源可能具有多方面的价值,这时也需要依据目标进行选择。

(二) 把握资源开发的深度和广度

研学旅行的课程资源是十分丰富的,教师可以根据需要开发出多种多样的教育内容和功

能，因此在开发研学旅行课程资源时，还存在着开发的广度与深度的问题，即需要考虑从研学旅行课程资源中选择什么样的对象、提取什么样的内容以及内容所涉及的范围和呈现方式等问题。一般而言，针对不同的目标，开发研学旅行课程资源的策略也应有所不同。

若要从研学旅行课程资源中提取尽可能多的同类事物，那么提取的内容要有较大范围的覆盖面。这样一来，学生可以开阔视野，启迪思维，了解更多的内容；同时，借助适当的呈现方式（如对比呈现、实地观察与录像呈现相结合等）或教师必要的提示，学生能够发现同类事物中的一般规律，理解和掌握带有规律性的知识，实现从具体到抽象的升华。

若要从研学旅行课程资源中挖掘与某一内容相关的更深刻的内涵，那么对有关资源的开发就应该从纵深方向发展，透过表层内容去揭示更深刻的内涵，实现由表及里的迁移，达到对知识的深入理解和领会。例如，通过"文化古迹"这一现象，我们可以在领略文化古迹风貌的同时，了解其中富有教育意义的历史故事、名人轶事、文化渊源等丰富内容，从而使学生受到历史文化、民俗传统等多方面的教育。

（三）因地制宜体现特色

在研学旅行课程资源的开发中，要注意体现地方课程资源的独特性和丰富性。当我们从本地课程资源中开发出更多的可利用的教育因素时，既要注意保持文化的独特性，又要引导学生学会理解和尊重多元文化。在组织研学实践活动时，要让学生走入现实的社会生活，亲自去感受和体验本土文化的丰富性和深刻性，学会不同文化之间的沟通和理解，并逐渐学会从不同文化中汲取营养。

在导师的精心策划下，班级召开"研学旅行高峰"论坛，分小组收集研学旅行相关政策文件、查阅理论书籍资料，对研学旅行的概念、学科性质、教育目标、课程开发原则和依据等进行交流汇报。表 3-1 所示为任务实施方案表。

表 3-1　任务实施方案表

活动目的	（1）增强对研学旅行的概念、学科性质和教育目标的认识； （2）理解掌握研学旅行课程开发原则和依据； （3）提升学生收集材料、梳理信息、总结归纳以及合作交流的能力
活动要求	（1）选定小组组长，明确小组任务； （2）合作学习、分工明确，资料来源有依据，真实可靠； （3）形成小组研究物化成果，并进行交流汇报

活动步骤	（1）6—8人一组、选定组长，明确小组任务分工； （2）各小组分组查阅资料，收集梳理； （3）组内讨论，归纳总结，初步形成研究成果； （4）教师指导，提出修改意见，完善研究成果； （5）召开"研学旅行高峰"论坛，各小组制作PPT，交流分享研究成果； （6）在教师的指导下，形成班级研究成果
活动评价	（1）通力合作，分工明确，团结互助； （2）资料收集全面，梳理有序，归纳完整； （3）有完整的书面汇报材料，结构合理，思路清晰； （4）PPT制作精美，生动形象，重点突出； （5）发言积极，仪态大方，乐于与同学分享成果

 拓展阅读

行走的力量——"活力知行"研学旅行课程的实践与探索

 任务二　研学旅行课程开发方法

 **任务引入**

某研学基地依托优秀的旅游资源吸引学生前来研学，由于资源特色突出，基地针对资源进行了主题课程开发，通用于小学学段至初中学段。初期，慕名前来研学的学生络绎不绝，但从教学评价来看，学生对研学旅行课程的评价并不高，课程逐渐失去学生的青睐。如何依托旅游资源进行深度的课程开发，让研学旅行的本质回归到课程教学呢？

 **任务剖析**

研学旅行课程教学的主体是学生,因此,课程开发一定要具有层次,针对性强。即使是同一课程主题,也要充分分析不同学段学生的学情,设计合理的活动方案,编写相对应的研学手册,进行系列课程开发。

一、找准研学旅行课程开发出发点

学习过程是一种"在场"的体验、反思与建构的过程。为此,在教育活动中,必须创造条件,让学生通过"在场"体验,产生"具身认知"。而研学旅行活动有利于改变学校教育的"圈养"模式,是中小学生发展核心素养的行动路径之一,并逐步成为中小学课程体系中的一个部分。

(一) 融通学校教育与现实生活,为学生全面发展奠基

研学旅行是通过研究性学习与旅行体验相结合的方式学习,是全面培养人的有效方式之一,它是一种全方位、立体式的学习方式,是学校教育重要环节,是校园内学习方式的有益补充。这一学习方式能够使学生达到物我相通、相融、相摄的境界,改变整个学习活动仅仅在学校内或课堂内完成的现象,将书本知识与现实生活联系起来,让学生在体验中感受,在实践中接受教育,锻炼各方面能力。研学旅行可以开启学生对书本知识的理解与运用,并在研学旅行中得以深化和提高,拓展书本知识的边界,促进学习内容综合化,让学生在综合化的学习活动中,习得社会生活知识。借助研学旅行的学习方式,通过体验学习,使学生学会与人相处,学会分享与合作,学会健康的生活方式,培养学生的创新精神和创新能力,促进发展核心素养形成。在研学旅行的过程中,将学校教育与现实生活融通,促进学生理解生活、感悟人生,提升学生社会生活文化综合素养,为学生全面发展奠基。

(二) 学会交流协作,提升社会参与能力

在研学旅行中,学生自主参与活动,形成学习共同体。通过自由合作关系,在旅行的活动中,体验相互交流、相互帮助过程中心灵的相通和相融。在研学旅行中,学生学会相互学习、合作与交流,团队协力共做,进而丰富自身的社会文化生活阅历,形成高效率学习团体,提高学习效率。在旅行活动中,学生通过群体的合作与交流,提高合作能力。同时,在研学旅行中,学生通过观察、了解与主动参与探究、体验,将课堂中学习的学科知识和鲜活的社会生活联系起来,学生的学习方式从被动的接受转变为主动的体验、探究与合作,获得生存体验,提高生存能力和社会参与能力。

(三) 自主探究与学会学习,培养自主发展能力

在研学旅行中,学习者可以根据自己的兴趣与爱好,选择适合自己的研学旅行处所,

自主选择与决定研学旅行方案：行动路线、行动时间以及行动伙伴等，指导教师只是担任引导者、研学旅行的伙伴、学生安全的护卫者的角色，在整个研学旅行活动中，学生始终处于主体地位。学生从多种新视角、多种途径，在具体的研学旅行的活动中感受与体验，在自然的状态下学习，了解自然、社会与自我，积极开放地思考问题，在群体的活动中解决问题，获得知识，形成技能。学生的学习活动应该以自由自觉的状态去寻求、体味、创造生活的意义和诗意，充分发挥想象力，发现并捕捉灵感，超越课堂预设，跨越学科边界，才能进行有效的学习。而研学旅行为学生的自主发展提供宽松的、自由的时空，学生在参与活动中，积极思考与探究，获得真情体验，具身认知，充分发挥个体的潜能，提升自我发展能力。

（四）体验社会文化生活，增强社会责任感

通过研学旅行，学生深入社会文化生活之中，有利于增强学生的社会责任感。因为学生的社会责任感需要在具体的社会文化生活中，通过体验，才能感悟，进而增强。通过研学旅行活动，让学生了解社会、了解自然、了解历史、了解国情，以及了解城乡的差异，增强民族自豪感和社会责任感；同时在研学旅行过程中思考人类与自然的和谐相处，从而形成积极的人生态度。在科技馆、少年宫等场所的研学旅行活动有助于学生认识科学的进步对于自然、社会与人的意义和价值，以增强科学意识、理性思维，崇尚真知，甚至理解和掌握一些基本的科学原理和方法，提升探究与实践能力。

（五）学科综合，夯实发展的基本素养

研学旅行是一种通过旅行和"在场"观察开展的体验式的学习活动。在研学旅行活动中，学生将所学的知识与社会实际文化生活联系起来，将各门学科知识融为一体，在综合的基础上进行分析与思考，以获得真情体验，习得知识与技能。在封闭的校园教育活动中，课堂教学在一定程度上，有利于学生掌握系统的学科知识，但会导致学生生存技能和生活能力不强。通过多样化的研学旅行活动，学生将学习的理论知识与现实的社会文化生活结合起来，将多学科的知识结合起来综合分析问题，从而加深对事物的认识与理解，夯实核心素养[①]。

二、做好研学旅行课程开发前准备

（一）了解学生学情

研学旅行课程是在研学旅行导师的引导下，学生自主进行的综合性学习活动，是基于

---

① 殷世东,汤碧枝.研学旅行与学生发展核心素养的提升[J].东北师范大学报(哲学社会科学版),2019(2)155-161.

学生的直接经验,密切联系学生自身生活和社会实际,体现对知识的综合应用的实践性课程。学生是课程的主体,他们的生活经验、知识基础、能力水平等因素决定了活动的水平和深度;他们的兴趣爱好、个性特点、学习风格等则会影响活动的方式。因此,研学旅行课程的设计应重视准备工作,其中了解学生是一项不可忽略的内容。研学旅行导师进行研学旅行课程设计前必须从以下几个方面做准备。

❶ 了解学生的知识基础和知识结构

查阅学生所使用的各学科的课本,分析各年级、各学科的知识点和知识结构,访谈部分学生,了解学生已经接触到哪些知识并实现了内化,学生已经可以运用或熟练运用哪些基础知识;和各学科教师沟通了解各学科的教学进度和学生的掌握程度。

❷ 了解学生已有的生活经验

学生的学习不是简单的知识迁移和传递,而是学生将知识与自己的直觉经验联系起来,主动构建新知识的过程。在设计研学旅行活动课程前,研学旅行导师要通过与其他学科教师的交谈、与学生家长的交谈、对学生在校行为的观察、指导学生主动回忆个人经验等方式了解学生已有的生活经验。

❸ 了解学生的学习方式

学习方式是指学生在教学活动中的参与方式,既包括学生的行为参与、情感参与,又包括认知参与,是学习、认知和情感参与的总和。研学旅行导师要了解学生学习方式的多样性、差异性和选择性,使学生在研学旅行活动中能灵活运用自己的学习方式并尽情地发挥。有研究表明,学生在听教师讲课时学习效率最低,而在自己积极参与到学习活动中时学习效率最高。研学旅行导师要真正从学生的学情出发,设计活动内容,实现学生的多向交互合作学习,让学生真正经历学习的具体过程,从而获得学习质量的提升。

❹ 了解学生的兴趣爱好和发展需要

研学旅行课程设计必须针对学生的兴趣爱好和发展需要。学生的发展是实施教育的直接目的,是课程设计的根本方向。只有了解学生最缺什么、最需要什么,研学旅行课程设计才能促进学生的发展。

❺ 了解学生的个性特点

个性是指在一定社会条件和教育影响下形成的一个人比较固定的特征。每个学生的个性都是不同的,研学旅行导师通过对学生个性的全面了解,就可以为分组探究、相互促进的设计打好基础。

❻ 了解学生已有的实践经验

如果学生已经参与过研学旅行活动或综合实践活动,还要了解他们以前活动的选题、开展情况、活动方式、学生状态以及经验教训等,为本次活动的设计提供参考和借鉴。

（二）梳理和评估研学资源

教育部等11部门联合印发的《关于推进中小学生研学旅行的意见》指出：让广大中小学生在研学旅行中感受祖国大好河山，感受中华传统美德，感受革命光荣历史，感受改革开放伟大成就，增强对坚定"四个自信"的理解与认同；同时学会动手动脑，学会生存生活，学会做人做事，促进身心健康、体魄强健、意志坚强，促进形成正确的世界观、人生观、价值观，培养他们成为德智体美全面发展的社会主义建设者和接班人。依托自然和文化遗产资源、红色教育资源和综合实践基地、大型公共设施、知名院校、工矿企业、科研机构等，遴选建设一批安全适宜的中小学生研学旅行基地。

意见指出各基地要突出祖国大好风光、民族悠久历史、优良革命传统和现代化建设成就等，有针对性地开发自然类、历史类、地理类、科技类、人文类、体验类等多种类型的活动课程。参照"六大核心素养"的总体培养目标，对目的地区域内一切可能用于研学旅行的各种资源、场景、条件进行充分考察，评估这些资源在素质教育中的特色性、可用性以及接待条件。

常见研学旅行课程主题包含以下六类：

优秀传统文化主题：引导学生传承中华优秀传统文化核心思想理念、中华传统美德、中华人文精神，坚定学生的文化自觉和文化自信。

革命传统教育主题：引导学生了解革命历史，增长革命斗争知识，激发奋斗意志，培育新的时代精神，树立国家安全意识和国防意识。

国情省情市情区（县）情教育主题：引导学生了解基本国情及中国特色社会主义建设成就，激发学生爱党、爱国、爱家乡之情，融入理想信念教育和乡土乡情教育。

科技知识主题：引导学生学习科学知识、培养科学兴趣、掌握科学方法、增强科学精神。

自然生态主题：引导学生感受祖国大好河山，树立爱护自然、保护生态的意识。

生命教育主题：引导学生了解自身成长特点，树立正确的生命安全和健康意识，掌握基本的生活和生存技能、自我保护和应对突发事件的基本技能、医疗卫生常识；学会感知生命、热爱生命、珍爱生命，通过劳动磨炼意志品质，铸就生命梦想，创造人生价值。

三、掌握研学旅行课程开发一般过程

（一）确定活动主题

研学旅行课程强调从学生的真实生活和发展需要出发，从生活情境中发现问题，转化为活动主题，以问题的发生、探索与解决为主线串起各个活动。学生在学习和生活中会遇到形形色色的问题，并不是所有的问题都值得探究，并不是所有的问题都需要转化为课程进行探索实施。那么，活动主题该如何确定呢？

1 选题的基本原则

立足学生综合素养培养的需要。研学旅行课程是培养学生综合素养的跨学科实践性课程，在选择主题时要从学生自身成长需要出发，精选生活中对学生综合素养发展有价值、有意义的内容，引导学生从日常学习生活、社会生活或与大自然的接触中提出具有教育意义的活动主题，通过探究、服务、制作、体验等方式，使学生形成价值体认、责任担当、问题解决、创意物化等方面的意识和能力。

2 选题的主要方向

从人与自然、社会、自我三个维度进行选择。研学旅行活动主题有很多，按组织线索，可以从"我与自己""我与社会""我与自然"三个维度确立课程主题。自然方面的选题主要引导学生走进自然、感受自然、探究自然，针对身边的自然资源、生态环境、能源利用、科技发展等问题开展研究，如策划"我与蔬菜交朋友""神奇的影子"等课程。社会方面的选题主要引导学生关注和探究社会热点问题，包含社会发展、社会保障、公共设施、传统文化等方面，如策划"生活垃圾的研究""我看家乡新变化"等。学生自身生活方面的选题主要引导学生反思自我、认识自我、发展自我，针对现实生活中的问题与烦恼开展研究，分析问题产生的原因，探索解决问题的方法，养成负责任的生活态度，实现积极、健康的发展，如策划"生活自理我能行""今天我当家"等。

（二）制定活动方案

1 活动方案要切实可行，操作性强

活动方案是否切实可行，主要取决于方案是否完整合理。如活动目标是否符合有关规定以及学生的身心发展特点；活动内容是否符合整合的理念，是否体现学生的生活学习经验、兴趣爱好；活动方式是否多种多样，学生是否有体验的安排等。学生是研学旅行活动的主体，所设计的活动步骤、活动方式要有操作性，如设计调查、观察、种养、制作、展示、反思等，这样中小学生才有操作性可言。

2 活动方案要保障到位，安全可靠

在活动实施中学校和教师首先必须对学生的人身安全负责。安全问题虽然不是研学旅行活动课程本身的问题，但却有可能成为该课程设计与实施的一个障碍，所以必须从积极的方面考虑活动各个环节的安全可靠。一是要加强安全教育，让学生学会对自己的行为负责。二是让家长参与到研学旅行活动当中，从而让家长认识研学旅行活动，了解活动的安全措施和规章制度，以赢得家长的支持。

3 活动方案特色鲜明，体现创新

内容特色。每一个设计无论是活动主题的提出，还是活动的开展都有独特的地方，因为设计研学旅行活动要充分考虑基地特有的资源优势，充分挖掘自然条件、社会经济、民俗

文化等方面的课程资源,形成具有地方特色的研学旅行课程。

目标特色。每个地方的资源都具有地域性、独特性和多样性的特点,这为研学旅行活动的特色开发提供了丰富、便捷的素材源泉,在充分理解本地地域优势的基础上,巧用本地资源,发挥其不可多得的教育功能,能够真正让研学旅行活动课程与学生的生活紧密相连,让实践活动的特色化开展事半功倍。

活动方式特色。研学旅行活动让学生大胆去实践、充分地发现以及发挥个性和能力,它不是针对个别学生,而是面向全体学生。在研学旅行活动中,每位学生的个性以及需求都应该得到尊重。所以在设计研学旅行活动时,研学旅行导师要更多地以研究性学习或项目式学习方式展开活动,让学生能够根据自身的特长和兴趣展开研究,在学习过程中培养综合运用各学科知识解决问题的能力。除此之外,还可以有更加开放自主的形式。

4 活动方案要突出参与、探究与体验

参与。研学旅行活动充分体现了对学生的全面教育功能,设计时要考虑学生有参与的机会。首先要做到"全员参与",研学旅行活动应面向全体学生,让每一位学生都有机会参与实践过程,从而得到发展。其次要做到"全程参与",学生要参与研学旅行活动的全部过程,在全过程中感受、体验、探究、发展。最后要"全身心主动参与"。

探究。"探究"是研学旅行活动的手段和途径,"问题"是进行探究的起点。在探究的过程中,学生一般会选用合适的方法进行独立思考和操作,会调动自己的情感和意志等因素维持探究活动的进行。

体验。研学旅行活动要求学生积极参与到各项实践活动中去,在"考察探究""社会服务""设计制作""职业体验"等一系列活动中应用知识,感悟人生,积累经验,认识事物之间的联系和关系,建构活动的意义,获得整体发展[①]。

(三) 编写研学手册

研学手册相当于研学旅行的"路线图""口袋书",其作用贯穿整个研学旅行过程,包括出行前、出行中和出行后。研学手册作为学生旅行过程中最重要的学习载体,不仅内容设计要科学,给学生提供学习的引领,还要让学习过程有趣味,激发学生研究探索的欲望。研学手册主体内容应遵循中小学课程设计原则,需包含课程目标、课程安排、课程内容、课程实施、课程评价等基本内容。

研学手册的主体是课程内容,是对研学旅行目的地和活动流程的完整呈现。手册中应呈现目的地简介与总体行程安排,也要有分日行程及学习目标。课程安排会将每日行程细化,每天的行程就是一个学习小节,让学生在每天的课程中明确自己的学习任务和要求。手册中还应有学习内容提示和学习方式引导。研学旅行通常以小组合作的形式,在探究和

---

① 黑岚.小学综合实践活动课程的设计、实施与评价[M].北京:清华大学出版社,2020.

体验中完成研学小课题。其学习过程包含观察、调研、假设、实验、搜集证据、论证、得出结论,要经历完整的科学研究的思维过程①。

四、明确研学旅行课程开发重点要素

研学旅行作为综合实践活动的重要部分,课程开发应在《中小学综合实践活动课程指导纲要》指导和要求下,使研学旅行产生良好的育人效果,进行科学的课程设计。研学旅行课程开发要按照实践育人的教育规律,通过体验、体悟、体认、践行的教育过程,在研学旅行活动中培养学生的关键能力和必备品格,真正落实立德树人根本任务。

(一)立足教育性

研学旅行是研究性学习和旅行体验相结合的校外教育活动,研学是目的,旅行是手段,通过旅行中开展的各种教育活动和学生的亲身体验来实现综合育人的目的。毫无疑问,教育性原则是研学旅行的第一原则。课程目标的制订,要与学校的综合实践活动课程统筹考虑。活动中的知识性目标,能力性目标,情感、态度、价值观领域的目标和核心素养目标等,都应该是落实的核心要点。

(二)突出实践性

作为一种人才培养模式的创新,研学旅行课程的设计要特别注重学生的实践性学习,要避免学生以被动接受为基本方式的学习活动。现代学习理论认为,从书本上学到的知识,其理解终归是浅层次的,要想真正掌握其中的深刻道理,必须亲自去做、去实践,要通过亲自实践来激活书本知识,完成从知识到能力和智慧的转化。突出实践性,正是研学旅行课程的特点。

研学旅行课程的优势就在于超越学校、课堂和教材的局限,在活动时空上向自然环境、学生的生活领域和社会活动领域延伸。以问题为中心,在实际情境中让学生认识与体验客观世界,亲近自然、了解社会、认识自我,并在学习过程中提高发现问题、分析和解决问题的实践能力。

(三)加强融合性

作为综合实践育人的有效途径,研学旅行要以统筹协调、整合资源为突破口。研学旅行基地(营地)功能的拓展、研学旅行线路的设计、活动课程资源的开发,都需要进行创造性地整合。从课程资源的整合看,既包括校内外教育资源的整合、跨界整合,也包括多学科整合、跨学科整合。

---

① 宋世云,刘晓宇,范文.系统构建中小学研学旅行课程内容[J].中小学信息技术教育,2019(9)84-87.

同时，研学旅行课程还要根据小学、初中、高中不同学段的教育目标进行系统整合，建立小学阶段以乡土乡情为主，初中阶段以县情市情为主，高中阶段以省情国情为主的内容体系，有针对性地开发自然类、历史类、地理类、科技类、人文类、体验类等多种类型的研学旅行课程。

(四) 提高专业性

研学旅行要实现高质量发展，关键还是靠研学旅行导师。当前研学旅行导师对研学旅行的课程研究、课程开发能力亟待提高。因此，建立健全研学旅行导师培训制度非常必要。开展对研学旅行专兼职教师和相关人员的全员培训，包括讲解员的培训，明确培训目标，努力提升研学旅行导师的知识整合能力，观察、研究学生的能力，课程资源开发和利用的能力等，使研学旅行导师在研学旅行的路途中，能及时捕捉活动中学生动态生成的问题，在整个研学旅行的教育实践活动中，真正使研学旅行导师能够成为整个教学活动的组织者、引导者和合作者。从学校层面来说，要建立专兼职相结合、相对稳定的研学旅行导师队伍，承担起课程开发、实施规划、组织协调与管理方面的责任。

(五) 确保安全性

由于研学旅行的课堂多是在路上，开放性非常强，所以安全性也是研学旅行课程开发的一个重要原则。以学生集体旅行、集中食宿方式开展的研学旅行，需要对研学线路、课程设计、组织方案、实施过程、实施效果等进行事前、事中、事后评估，切实做到活动有方案，行前有备案，应急有预案，确保活动过程中每个环节的安全性。为此，学校和相关组织方务必要做好行前安全教育工作，要制订安全手册，进行安全培训，对研学线路中可能发生的安全隐患、天气与交通、食品卫生、疾病预防、保险保障等都要做好详细说明。同时，教育、旅游、交通、公安、食品药品监管等职能部门也要做好相应的监督管理工作。特别建议在活动中一定要配备经过科学专业训练的安全指导人员①。

任务实施

全班分为12个小组，从小学一年级到高中三年级分12个任务，每小组领一个任务。任务内容：通过收集归纳，整理出本年级涉及的语文、地理(科学)、物理、化学、生物五门学科的知识框架图；并通过访谈，调研该学段学生感兴趣的研学主题，形成调研报告。各小组完成任务后，在班级中进行展示分享，最终形成班级调研成果。表3-2所示为任务实施方案表。

表 3-2　任务实施方案表

活动目的	(1) 了解各学段主要知识结构，为研学课程开发的学科融合设计打下基础； (2) 通过调研，充分了解各学段学生学情和兴趣爱好，为课程开发的活动设计做好铺垫

---

① 王晓燕.研学旅行：课程开发是关键[J].中小学信息技术教育，2018(10)9-11.

续表

活动要求	(1) 选定小组组长，明确小组任务，合作学习、分工明确； (2) 学科知识框架整理完整真实； (3) 学生调研范围广，不少于50名学生，不少于5所学校
活动步骤	(1) 全班分为12个小组、选定组长，明确小组任务分工； (2) 各小组领取本组任务，按照要求完成资料整理归纳和学生调研工作； (3) 组内讨论总结，形成研究成果； (4) 各小组交流分享研究成果； (5) 在教师的指导下，形成班级研究成果
活动评价	(1) 通力合作，分工明确，团结互助； (2) 知识结构归纳完整，科学合理； (3) 调研报告针对性强，真实有效； (4) 发言积极，仪态大方，乐于与同学分享成果

任务三　明确研学旅行课程开发基本体例

某学校师生研学旅行出行前选择研学旅行基地（营地），在查看基地的课程教学设计时，不同的基地（营地），课程教学设计呈现的板块和内容差异很大，甚至同一个基地（营地）的不同课程，呈现的板块和内容不一，师生看完后，仍然不清楚本节课的教学内容、教学方式和教学目标。如何做好课程教学设计，让读者一目了然，并对课程产生浓厚的兴趣呢？

一份优秀的教学设计首先应该是完整的，应包含课程基本要素，并且保证每个要素的设计科学合理，针对性强，符合研学旅行课程特征。其次，一份优秀的教学设计应该重点突出在活动设计环节，根据不同学生的学情，设计寓教于乐、实践教育效果明显的活动。

一、明确研学旅行课程基本体例

研学旅行课程开发设计是针对一个具体的主题进行的开发工作,它对整个主题活动进行了分阶段预设,明确了一个主题活动目标及各阶段学生活动的主要内容及方式、研学旅行导师的指导重点、实施的要点以及评价的建议等,也可以称作指导方案,它是研学旅行课程开发的基本呈现形式。

一个完整的研学旅行课程设计应主要包含以下要素:课程名称、课程介绍、课程目标、课程时长、适用对象、研学旅行导师、活动准备、活动实施过程、教学评价、安全保障。

(一)课程名称

课程名称是研学旅行某个主题活动的名字,要求高度概括活动的内容,既能传递某个活动或项目的主要信息,又能吸引读者。题目要醒目明确,要求准确反映活动主题的内容、范围以及研究的深度,切勿模糊。

(二)课程介绍

课程介绍要高度概括本节课的主要内容、预设的教学目标、为达成目标而设计的主要活动活项目、课程实施的主要形式以及设计者对本课程内容的理解和设计意图,并阐述本节课的课程目标对学生综合素养培养和健康成长的意义。

(三)课程目标

课程目标应围绕中小学生学会学习、健康生活、责任担当、实践创新、人文底蕴、科学精神六大核心素养的培养,是价值体认、责任担当、问题解决、创意物化综合实践课四维目标的细化、具体化、操作化。课程目标的设计应该是课程开发的顶层设计,在设计具体目标时,应考虑通过什么方式和手段,让预设的课程目标能够在课程实施中达成。同时,要尽量设计"描述""制作""展示""演绎""绘制""观察""记录"等显性目标。

(四)课程时长

课程时长不宜过短,也不宜过长。时间过短会导致学生活动实践的时间不够,体验感不强,既而无法达成预设的教学目标;时间过长会导致课程后半段学生注意力不集中,精力体力不支,组织纪律涣散,教学效果不佳,同时易出现安全隐患。可以以90分钟为参照标准,可根据课程内容、课程实施的方式、教学对象等因素的不同而增减。

(五)教学对象

课程设计一定要有针对性,不论是课程内容的数量、探究问题的难易度和层次,还是活动的组织形式、安全措施和预案都应该符合设定教学对象的基础知识结构、认知水平、纪律意识、自我保护意识和能力以及成长需要。所以,切忌一个课程教学设计是整个中小学生的通用版本,一定要有针对性和区分度。一般可分为小学低学段(一至三年级)、小学高学段(四至六年级)、初中学段、高中学段。在此基础上,根据不同的课程内容的教学需要,还可以做进一步的细化。

(六) 研学旅行导师

研学旅行导师是承担本节课具体实施任务和活动安全保障的导师或导师团队。许多主题活动的指导不是单个导师能够承担的,它需要教师根据活动主题的需要,组成相应的导师团队,共同实施。并明确各自任务分工,确保课程实施能够安全有序开展。

(七) 活动准备

成立活动小组。以师生共同总结和归纳的问题为依据成立活动小组,学生根据自己的兴趣爱好和特长,决定自己要参加的活动小组。由学生民主选举小组长,小组长主持小组的全部活动,并提出注意事项和安全要求。

制定活动计划。在小组长的主持下,组员对本组活动的主题进行讨论,制定本小组的活动计划。计划的内容一般包括活动主题的名称、预设的活动目标、预设的活动步骤和方法,时间安排和人员分工。

(八) 活动实施

活动的实施过程是课程设计的重点,应详细阐明:开展什么活动、怎么开展活动、运用什么方法、时间和地点安排,要能够让学生形成富有特色的、深刻的体验。课程设计要预留活动生成的空间,要求学生对生成活动主题、活动目标、活动方式,给予足够的重视。

在总结阶段,要设计成果展示和分享。展示的形式可以多种多样,可以用论文、调查报心得体会、感想、日记、图片等各种资料表现,还可以采用各种文艺活动的形式,如短剧、相声、小品、朗诵、歌舞、快板书等进行汇报演出。成果分享是交流活动成果的常用方式。通常情况下,由小组成员在全班同学面前汇报自己小组的活动成果,介绍活动的过程、收获和体会,回答同学的提问或质疑,并开展讨论。这是对学生活动成果的检阅,也是对其他同学的促进。

(九) 教学评价

教学评价应主要分为基地(营地)对学生研学全过程的评价和学生对基地课程、服务全方位的评价,是研学旅行课程实施的重要组成部分,也是实现课程目标的有效手段和保障,贯穿于研学旅行全过程。依据全程性、全员性、实践性、客观性、发展性评价原则对学生的知识与技能、过程与方法、态度与行为、成果与创新进行公正客观的评价。

(十) 安全保障

安全保障是开展研学旅行活动的前提,虽然有些课程资源很丰富、特色很鲜明,但如果针对学生研学的安全隐患较大,就必须暂时舍弃。任何课程开发都要把安全放在第一位,考虑安全的硬件保障、学生的安全意识和自我保护能力、足够的安全引导教师以及针对性强、切实可行的安全预案。

二、研学旅行课程开发实际案例分析

葛洲坝船闸体验课程设计

课程名称:

船说世纪工程　解密水电科技

课程介绍:

葛洲坝水利枢纽工程是我国万里长江上建设的第一个大坝,是长江三峡水利枢纽的重要组成部分。这一伟大的工程,在世界上也是屈指可数的巨大水利枢纽工程之一。水利枢纽的设计水平和施工技术,体现了我国当时水电建设的最新成就。学生乘坐长江游轮,亲临葛洲坝水利枢纽工程,学习葛洲坝水利工程建设历程、工程概况、船闸运行原理及建成后的重要地位及历史意义,有助于从小培养民族自豪感,建立民族自信,践行社会主义核心价值观、落实立德树人根本任务,并可通过体验观察、动手实践、合作探究,培养发现问题、探究问题和创新性解决问题的能力。

课程目标:

1. 价值体认:乘游轮过葛洲坝船闸,学习葛洲坝水利工程建设历程、工程概况、船闸运行原理及建成后的重要地位及历史意义,培养学生的文化自信感,激发民族自豪感,提升学生对水利科学的认知及研究兴趣。

2. 问题解决:通过乘船过闸,观察记录、合作探究,了解船闸的运行操作流程;引导学生思考游轮过闸的工作原理,培养学生发现问题、探究问题和创新性解决问题的能力。

3. 责任担当:通过合作探究葛洲坝建设对坝区地理环境以及生物资源的影响,增强学生环境保护的意识和社会责任感,践行"长江大保护"号召。

4. 创意物化:根据小组现场观察体验,结合研学旅行导师相关理论讲解,制作连通器实验模型,并通过小组成果展示,总结归纳葛洲坝船闸通航原理。

课程时长:

90分钟。

适合学段:

小学高年段(四至六年级)。

实施地点:

葛洲坝船闸航段。

接待规模:

600人。

配备师资:

每个场地配1名研学旅行导师主讲授课;配备师资(含研学旅行导师、助教)与学生人数占比≥1∶50。

教学用具:

研学手册、连通器实验器材、游轮朗诵册、互动奖品。

教学流程:

1. 课程导入(20分钟)。

2. 研学旅行导师为同学们简单讲解课程主要内容、课程目标、课程开展安全注意事项。引导学生阅读研学手册,通过文字图片资料对葛洲坝工程概况进行基本了解。研学旅行导师提出本次课堂需要探讨的有关葛洲坝工程的几大核心问题,引起学生求知的好奇心和求知欲,让学生带着问题积极主动地去探究葛洲坝建成及游轮通航知识。

教学过程:

(1) 船进葛洲坝(30分钟)

①游轮即将驶入三江航道(见图3-1),学生于甲板列队,准备近距离观赏葛洲坝,体验水涨船高,现场提问互动(5分钟)。

图 3-1 三江航道

Q1:游轮一直行驶在长江的主干道上,那为什么会有大江、二江、三江三段江面出现?

A1:在我们游轮的左前方有一座小岛,叫西坝岛,在西坝岛的左边还有一座小岛叫葛洲坝岛,要等游轮过闸后在葛洲坝的上游才可以看到。在这里,我们可以看到江面被西坝岛和葛洲坝岛分割成了三股,从南到北依次为大江、二江和三江。

②游轮缓缓驶入葛洲坝3号闸室(见图3-2),研学旅行导师带领同学们一同观察闸室内部结构,让同学们认真观察,完成研学手册观察记录,并思考游轮过闸原理(5分钟)。

Q2:船为什么要过船闸呢?我们现在是在长江的上游还是下游?

A2:葛洲坝横卧于长江之上,将长江拦腰截断,为了蓄水防洪,形成了上下游,且上下游之间常年有着水位落差值在20米左右的一段水域,使得船舶没有办法通航,为了保证长江航道不断航,必须要修建通航建筑来调节水位保证船只通航,葛洲坝一、二、三号船闸就

图 3-2　葛洲坝 3 号闸室

是保证船只通行的通航建筑。

③游轮于 3 号闸室靠泊固定,观察游轮后方,闸门正在缓缓关闭。研学旅行导师引导同学们观察闸门形状(见图 3-3)(10 分钟)。

图 3-3　同学们观察闸门形状

观察记录 1:过闸前水位

合作探究 1:船闸的闸门合拢后为什么是呈"人"字形,而不是平整的"一"字形?

_____
_____
_____

参考答案:闸门是利用齿轮进行开合的,大家都知道,我们普通意义上的门是在一个平面上的,但船闸的闸门关闭后是一个人字形的门,主要设计原理有两点,第一是人字形的设计能把水的压力分担到两边的坝体上,起到减压的作用;第二是利用水的压力将两扇闸门越压越紧,做到滴水不漏。

④闸室开始注水,游轮随着水位升高而慢慢向上升,研学旅行导师引导同学们观察记录闸室内墙壁上的水位线变化,并让同学们在研学手册上记录所观所感,思考游轮过闸的科学原理。(观察体验 10 分钟)

观察记录 2:升船过闸后水位_____　游船爬升了_____

观察记录3：需要多长时间游轮才能过船闸呢？_____

合作探究2：你能画出或说出船是如何过闸的吗？

_____

_____

_____

(2) 诵读经典，致敬伟人(15分钟)

游轮缓缓驶出葛洲坝3号闸室，同学们在游轮甲板上背倚伟大的葛洲坝工程，朗诵毛主席畅游长江时写下的著名诗词《水调歌头·游泳》，祖国强盛的科技力量触动了同学们的民族自豪感，同学们齐颂诗歌名篇，释放爱国情怀。图3-4所示为同学们朗诵毛主席诗词场景。

图3-4　同学们朗诵毛主席诗词

(3) 探秘葛洲坝(25分钟)

①研学旅行导师让同学们根据体验中的所观所感，初步归纳总结葛洲坝船闸的过闸原理(5分钟)。

②展示葛洲坝船闸原理动画视频(见图3-5)，研学旅行导师结合PPT深入讲解连通器原理及游船过闸步骤(5分钟)。

③科学小实验——连通器制作演示视频；研学旅行导师带领学生以小组为单位完成连通器简易实验；再次归纳总结，完成研学手册相关内容填写(10分钟)。

④研学旅行导师对课程总体情况进行评价总结，对表现优秀的同学进行嘉奖，邀请其上台分享研学收获(见图3-6)(5分钟)。

课后探讨1：葛洲坝水利枢纽工程究竟是怎样蓄水防洪的呢？除了通航、防洪，还有其他的作用吗？

课后探讨2：游轮能够过闸吗？鱼儿怎么办？还会有哪些影响？

教学评价：表3-3所示为研学旅行课程评价表。

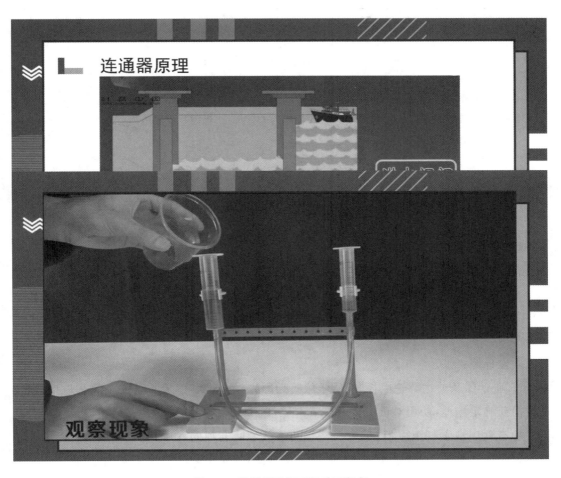

图 3-5　葛洲坝船闸原理动画视频

图 3-6　邀请优秀同学分享研学收获

表 3-3　研学旅行课程评价表

教师：　　　　　　　　　课程主题及项目：　　　　　　　时间：

评价维度	评估内容	等级
学习态度	态度认真、准备充分，积极参与课堂活动，有成果收获； 文明学习，保护环境、文明用语、尊敬导师	
团队意识	能够自觉服从研学旅行导师、小组组长的管理，积极参与小组活动，勇于实践尝试，并表达个人见解	
问题解决	研学过程中通过观察体验，主动发现问题、思考问题、解决问题； 研学手册的完成情况（完成率）、完成质量（认真书写、正确率）	
创意物化	小组合作顺利完成连通器实验，并分享实验结论，思维开阔、条理清晰、见解独到	

等级说明：A 等优秀；B 等良好；C 等合格；D 等有待改进。

小组成员：

安全保障：

1．研学团队前往游轮甲板时，研学旅行导师将提前讲解甲板活动安全注意事项；研学助教提前确定场地，使用对讲机楼上楼下沟通，由带队老师分班级列队、分时段从中厅及两侧楼梯有秩序地上行至甲板；学生上洗手间需报带队老师同意后，由工作人员带领前往卫生间。

2．游轮甲板四周均设有 1.4 米高防护栏，高于成人重心高度；研学助教使用安全警示带在游轮甲板上为研学团队圈出研学指定活动场地，研学旅行导师组织学生们在甲板上分班级列队开展课程。授课期间，安排多名研学助教及研学带队老师在游轮甲板四周进行防护巡视，提醒学生注意安全，不攀爬栏杆。

3．课程结束后，由研学旅行导师统一组织，安排带队老师分班级列队、分时段从两侧楼梯有秩序地下行至多功能研学教室。

4．游轮上设有医务室，并备有应急医药箱，内含晕船贴、清凉油等外用药作应急处理；游轮行进过程中如发生特殊情况，工作人员将立即与港口值班室和相关部门联系，及时将患者送至周边医疗机构进行救治。

任务实施

6—8 人一组，在教师的指导和协调下，各小组结合本地研学资源优势和特色，选择一个研学旅行基地（营地），深入基地（营地）进行课程开发实操训练，完成课程教学设计和研学手册编写。表 3-4 所示为任务实施方案表。

表 3-4　任务实施方案表

活动目的	（1）认识本地研学资源的特色和优势； （2）通过实践，提高研学旅行课程开发能力
活动要求	（1）选定小组组长，明确小组任务，合作学习、分工明确； （2）制定详细的活动计划，确保活动安全； （3）完成一篇研学课程教学设计和研学手册编写
活动步骤	（1）6—8 人一组、选定组长，明确小组任务分工； （2）各小组制定详细的活动计划，确保活动安全； （3）各小组在教师的指导和协调下，深入研学旅行基地（营地），完成课程开发任务； （4）邀请基地（营地）代表、中小学教师、中小学生组成评审组，对各小组成果进行评比； （5）选择优秀小组进行成果展示，并分享实践过程中遇到的主要困难以及解决措施
活动评价	（1）通力合作，分工明确，团结互助； （2）计划周密，活动有序，安全有保障； （3）课程教学设计完整详实，主题突出，针对性强；学生实践活动新颖，吸引力高； （4）研学手册设计精美，操作性强，辅助教学效果好； （5）发言积极，仪态大方，乐于与同学分享成果及活动收获与体会

项目小结

　　研学旅行是研究性学习和旅行体验相结合的一项校外教育活动，是作为新时代我国落实立德树人根本任务推出的一项重要举措，为学生全面发展提供的广阔舞台。研学旅行立足于大教育观，系统推进校内教育与校外教育的有效衔接，为培养全面发展的人开辟了新的教育途径。所以，教育属性是研学旅行的本质特征，那么研学旅行的发展核心就是课程建设，着力于研学旅行课程开发。

　　研学旅行课程开发，要充分了解学生，梳理课程资源。依据课程开发的总体原则和基本方法，进行有针对性的主题课程开发。课程教学设计注重科学合理，课程要素完整，在充分考虑安全保障的前提下,关注实践、立足实践,在做中学、学中做,把书本上死的知识变成活的实践,学以致用,在实践中增长才能和提高思想认识,形成有利于个人成长及社会进步的综合素质,提升研学旅行课程的教育效果。

紧贴行业实务岗位训练　融通 1+X 职业技能等级证书考题

项目四　研学旅行课程实施

 项目目标

职业知识目标

1. 了解在研学旅行课程实施中各部门的职能和要求。
2. 知道研学旅行课程实施的基本步骤和方法。

职业能力目标

1. 能够利用行前课程为研学旅行做好充分的准备。
2. 能够利用启发式教学手段引导学生开展合作探究式研学。
3. 能够采用多维度、多元化的评价手段开展教学评价。
4. 掌握对应研学旅行策划与管理职业技能等级要求(初级)中安全落实、实施引导、服务管理能力。

职业素养目标

1. 突破传统教育教学模式,创新开展研学旅行课程。
2. 树立科学的教育理念,提升综合素养。

知识框架

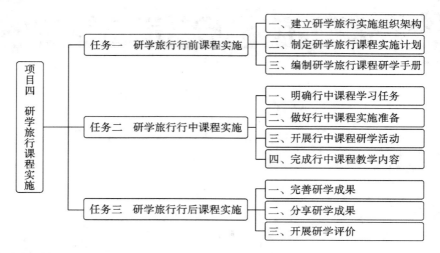

教学重点

1. 知道研学旅行课程实施的基本步骤和关键环节。
2. 掌握合作探究式教学方法，组织开展研学旅行课程。
3. 掌握科学开展研学旅行课程评价的方式方法。

教学难点

行前与学校的沟通、合作的技巧；行中创新形式的研学探究模式；行后的交流分享与评价。

项目导入

研学旅行具有独特的教育性、实践性、综合性、开放性，是国家推进素质教育改革的创新教育方式，也是我国人才培养的一种创新形式。研学旅行课程是开展研学旅行活动的核心和基础，认真组织开展课程实施，是避免学生"游而不学"、提高实践教学效果和教育质量的根本和前提。

通过本章节的学习，我们可以清晰地了解到组织和开展研学旅行课程的基本步骤和方法，掌握课程实施的重点和关键环节，有利于我们在今后的研学旅行课程中更好地开展工作。

任务一　研学旅行行前课程实施

 **任务引入**

研学旅行课程在研学旅行出发前就已经正式开始,包括确定研学旅行课程主题、制定研学旅行课程计划、设计研学旅行课程方案和研学手册等,因此研学旅行行前课程的准备实施过程是整个研学旅行课程得以顺利展开的前提条件和基础工作,是整个研学旅行课程的准备阶段。为了保证研学旅行课程能安全、顺利、圆满地完成,组织者在出发前就必须集合各方人员和单位,配合学校或研学组织部门的统一安排,将研学旅行行前课程的各项工作准备好。

任务剖析

本任务的知识点有:研学旅行组织架构、研学旅行课程计划、研学手册。

研学旅行行前课程是实施研学旅行课程的准备阶段,这个过程的工作繁琐复杂,需要前期做大量工作,例如上报课程方案、选择研学旅行承办机构、制订研学旅行路线、实地考察、确定实施方案、做好学生前期教育等,但是,核心的工作是建立研学旅行组织架构、制定课程计划和编制研学手册。

一、建立研学旅行实施组织架构

研学旅行有别于学校的课堂教学,也有别于第二课堂活动,研学旅行的组织与实施不单是学校教师就能完成,还需要第三方服务机构以及研学旅行基地人员的大力支持、多方合作,才能够顺利地完成研学旅行任务。要实现研学旅行课程有序、有效、安全地实施,就必须建立科学的研学旅行组织架构①。

(一) 研学旅行的组织架构

组织架构是一个组织整体的结构,而研学旅行组织架构是指完成一次研学旅行课程活动中所建立的研学旅行组织整体的结构。研学旅行组织架构一般由四部分组成,即学校、家长、学生和承办机构。

---

① 朱洪秋."三阶段四环节"研学旅行课程模型[J].中国德育,2017(12)16-20.

(二) 研学旅行组织架构职能

❶ 主办机构(学校)职能

学校作为研学旅行的主办机构,从制定研学旅行计划、遴选承办方、遴选研学旅行课程到最终完成研学旅行任务,在整个研学旅行活动中起着决定性的作用。在研学旅行行前课程这个环节,学生还未真正走出课堂参与到研学旅行中时,主办方应承担下列职责:

(1) 会同承办方设计行前课程

在研学旅行实施前,学校开设有效行前课程,能够让学生更加理解研学旅行课程的意义,端正学习态度,做好研学旅行实施的思想准备。行前课程可以让学生对研学旅行中的课程内容有最基本的了解,提前收集和准备好课程相关的资料,做好课程实施的知识准备工作。行前课程可以提前让学生了解课题学习和研究的基本规范,学会如何参与到研学旅行课程中,知道研学手册或研究报告的完成要求,为研学旅行课程学习和探究的过程做好能力准备。

行前课程可以提前让学生掌握各类安全旅行、户外活动知识和研学旅行中的注意事项,给学生强调各项安全制度和规范,以及相关的应急预案,让学生了解出行应该做的精神和物质的准备工作,做好研学旅行课程实施的行动准备。

(2) 组织教师做好行前课程

①学校要组织教师积极参与研学旅行课程教学研究。教师在研学旅行活动中,要落实教育立德树人根本任务,达到"综合培育学生发展核心素养"的综合实践活动目标。

②做好学生的动员和行前准备工作。教师要引导全体学生积极参与社会实践活动,包括参加研学旅行活动。让学生明确研学旅行是必修课程,而不是简单的春秋游。要明确研学的目的和意义,知道研学的方法和途径,铭记安全须知和相关要求。特别是要组织学生积极地投入到行前的相关知识的调查与研究,上好行前课程。

③做好家长的动员和召开家委会工作。教师要通过《告家长一封信》,让全体家长知晓学校组织研学旅行活动的意义、组织方案、研学线路、各类消费标准以及安全须知,并征得全体家长的意见和建议。在此基础上再召开家长委员会,从细节上修改和完善研学旅行活动实施方案。

❷ 家长职能

家长在研学旅行课程中不是主要参与者,其担任的主要职能是在研学旅行课程实施前,去了解和监督校方的前期各项准备工作,以及负责学生在行前的各项准备工作,为学生能够顺利实施研学旅行课程提供前提条件。除此之外,根据不同情况,在研学旅行实施过程中,按学校需求,部分家长也可能作为家长代表,以协助者和监管方的身份参与研学旅行活动的全过程。

❸ 学生职能

学生作为研学旅行课程的目标人群,是研学旅行课程实施的主要对象和核心。但同时,学生作为整个研学旅行课程活动的主要参与者,也是整个组织架构中的重要组成部分。除了承办方的研学旅行导师、校方的带队教师和家长代表组成的管理结构之外,最根本的是学生自我管理组织体系的构建。学生的自我管理和自我教育,应成为研学旅行课程中最主要的管理方式和教育方式。例如,让学生组成学习小组,选出组长,制订组规,每次活动以小组为单位,让学生构建出完整的管理体系,实现自我管理。

❹ 承办机构职能

研学旅行承办方和校方签订合作协议后,作为组织者之一的承办机构还需在研学旅行前提供相应的行前服务,履行相应的职能。

（1）为学校提供行前课程

承办方必须为校方提供必要的行前课程,以供学校在行前课程选择时使用。提供的内容包括:①课程资源详述。承办方要把已经确定的课程详述提供给学校,在学校开展学生行前动员时使用,作为学生选课的参考依据。②研学旅行主题报告。为了让课程更好地实施,就必须让学生在研学旅行前充分了解课程目标、课程内容和课程意义,这可以有效激发学生的学习兴趣和选课动机。专题报告可以请有关领域的专家提供,也可以由承办方自己的专业人士提供。③建立各方联系、交流信息的平台。承办方、校方及其他供应方要分别建立有效互通的平台,方便各方随时沟通和交流相关信息。除电话联系渠道之外,根据情况还需要建立微信群或 QQ 群。这类工作群包括研学旅行导师工作群、各线路的学生交流群、家长群等,不同的信息在不同的群里交流处理。

（2）安全措施和应急预案

安全是开展研学旅行活动是否成功的最重要标准,是一切活动的前提条件。因此,承办方在参与研学旅行课程招标时,必须在投标材料中提交安全措施和应急预案。在提供给校方的行前课程中,承办方必须将安全注意事项告知学生,给学生发放有安全注意事项内容的手册(研学手册)。

应急预案也应在研学旅行课程实施前和校方协议沟通,如需必要,可以让学生在行前课程中进行演练,加强学生面对紧急情况的处理能力。应急预案的内容应包括:

①突发事件应急处理制度,包括应急处理领导小组和工作小组的人员构成及职责分工。

②应急预案响应启动条件。

③应急处理程序与步骤。

④责任人员的具体操作流程。

（3）人员配备

承办方是研学旅行课程最主要的实施主体,是研学旅行课程内容的执行者和把控者,在研学旅行课程实施中起着关键作用。

研学旅行课程实施的主要配备人员为：研学旅行导师、安全辅导员以及所需的协助工作人员。一般来说，研学旅行导师是按照学生在校已分配班级来配备，而安全辅导员则可按照各课程内容的难易程度、学段高低、研学基地（营地）设施等具体情况来确定，课程难度越大、学段越低，所需配备的安全辅导员越多。

二、制定研学旅行课程实施计划

开展研学旅行课程的前提是学校要针对不同学段或不同年级的学生制定研学旅行课程计划。

(一) 明确研学旅行课程目标

根据教育部《中小学综合实践活动课程指导纲要》，研学旅行课程的总目标是：学生能从个体生活、社会生活及与大自然的接触中获得丰富的实践经验，并逐步提升对自然、社会和自我之内在联系的整体认识，具有价值体认、责任担当、问题解决、创意物化等方面的意识和能力。

(二) 确定具体的课程内容

明确了研学旅行的总目标和学段目标后，需要根据目标学生的具体情况来确定本次研学旅行具体的课程内容。课程内容要素包括：课程主题、课程名称、课程简介、课程实施方案以及课程评价等。其中，课程主题与课程名称决定了本次研学旅行活动的培养方向。

以《中小学综合实践活动推荐主题汇总》中各学段推荐主题举例，同样是考察探究活动类主题，1—2年级学段的学生推荐主题为"我与蔬菜交朋友"，3—6年级学段的学生推荐主题为"生活垃圾的研究"，7—9年级学段的学生推荐主题为"秸秆和落叶的有效处理"，10—12年级学段的学生推荐主题为"清洁能源发展现状调查及推广"。

三、编制研学旅行课程研学手册

《中小学综合实践活动课程指导纲要》（以下简称《纲要》）在课程实施中明确指出："教师要指导学生做好活动过程的记录和活动资料的整理，并对活动过程和活动结果进行系统梳理和总结，促进学生自我反思与表达、同伴交流与对话。"这就要求研学旅行课程必须有载体记录活动过程、课程内容和课程资料，而研学手册就是这个载体。研学手册是学生研学旅行课程学习效果最直观的呈现，一本完善的研学手册既能为学生开展研究性学习提供方向性的指导，也能为学生提供研学必要的基础性资料，还可以检验学生的学习效果，以便更好地达到研学旅行的教育目标。

　　研学手册相当于学生在研学旅行中的教科书。研学手册的内容要体现实用性、综合性和实践性,不仅要包含课程目标、课程内容、课程评价等"研学"内容,还需考虑到"旅行"实际需求,需要针对本次研学课程,提供研学旅行与生活等方面的基本信息,可以说研学手册是一本集教科书、旅行指南、行为规范、教学实践指南、教学检验及教学评价为一体的综合性手册。所以研学手册的设计要区别于传统的教学教材,但又不能脱离学校教育体系。在内容设计上既要符合学生学段的差异,也要考虑到学生的知识接受程度。在美术图文设计上也要体现学龄差异,如低年龄学段的研学手册可以设计得更可爱,充满童趣,高年龄学段的学生应该设计得简单大气。

❶ 行前课程准备阶段

　　(1) 学生物品准备:研学旅行课程中所需物品的准备,个人物品准备,特殊物品准备。

　　(2) 学生行为准则和安全操作准则:这是研学手册中必不可少的部分,是学生在研学旅行过程中的行为指南,是学生安全的重要警示和操作规范,是研学旅行过程中的各项规范制度。

　　(3) 相关的联系方式:第一联系人、研学旅行导师、带队教师的联系方式,或者其他重要相关部门或责任人的联系方式。

　　(4) 课程知识导入:可以根据课程内容,设计课前知识导入或者资料收集任务,让学生在课程实施前对课程有简单认知和知识准备。

❷ 行中课程实施阶段

　　(1) 课程主题和目标:课程的主题与目标是密切相关的,课程目标是对主题的诠释,主题是课程目标的核心。课程主题通常是概括性的文字描述,一般研学手册封面的课程名称就可以体现研学旅行课程的主题。课程目标则是根据课程主题的要求来定,一般来说,应该包含课程总目标与分阶段目标。

　　(2) 课程内容:主要介绍本次研学课程的具体安排,可以具体到每天的学习内容,甚至每节课的内容。同时还可以简单地介绍本次研学所涉及的研学基地(营地)和课程地点。

　　(3) 课程任务:为了使学生更好地开展研学旅行,可以在课程实施过程中分课程或阶段来设计课程任务,以便学生更快地掌握课程内容,检查学生的学习情况。

❸ 行后课程总结阶段

　　(1) 教学成果展示:研学手册最后一定要设计教学成果展示模块,以便检验学生最终的学习成果。针对不同类型的主题和不同学段的学生,成果展示也必须有差异性,如低学龄段的学生可以设计成绘画展示,高学龄段的学生可以设计成研究报告。

　　(2) 课程评价:课程评价是检验研学旅行活动效果不可或缺的环节,一般有自我评价、学生互评和教师评价等。

 **任务实施**

全班分 12 个小组，按照 4 个学段的划分，每三组一个学段，针对不同学段的学生，组织一次研学旅行行前课程的任务整理。各小组完成任务后，在班级中进行展示分享，最终形成班级调研成果。表 4-1 所示为任务实施方案表。

表 4-1 任务实施方案表

活动目的	（1）增强对研学旅行行前课程的概念和认识； （2）掌握研学旅行行前课程的内容； （3）理解不同学段学生的课程目标； （4）提升学生收集材料、梳理信息、总结归纳以及合作交流的能力
活动要求	（1）选定小组组长，明确小组任务； （2）合作学习、分工明确，资料来源有依据，真实可靠； （3）形成小组研究物化成果，并进行交流汇报
活动步骤	（1）4—6 人一组、选定组长，明确小组任务分工； （2）各小组分组查阅资料，收集梳理； （3）组内讨论，归纳总结，初步形成研究成果； （4）教师指导，提出修改意见，完善研究成果； （5）召开"研学旅行行前课程"，各小组制作 PPT，交流分享研究成果； （6）在教师的指导下，形成班级研究成果
活动评价	（1）通力合作，分工明确，团结互助； （2）资料收集全面，梳理有序，归纳完整； （3）有完整的书面汇报材料，结构合理，思路清晰； （4）PPT 制作精美，生动形象，重点突出； （5）发言积极，仪态大方，乐于与同学分享成果

 **拓展阅读**

再不会做研学手册，你就要被淘汰了！

任务二 研学旅行行中课程实施

任务引入

研学旅行作为"行走中的课堂",重点在于组织学生通过参观调查、实践体验、合作探究等活动方式开展校外实践活动,如何有效地实施校外实践活动是开展好研学旅行的关键。

任务剖析

该任务涉及的知识点有:研学任务、研学旅行活动、合作探究、交流分享。

研学旅行虽说是在"游中玩、玩中学",但是究其本质还是教育行为,既然是教育行为,那就必须遵从教育规律。行中课程是研学旅行课程实施的主要阶段,行前课程是为行中课程做准备的课程,行后课程是基于行中课程所取得的成果而延伸的课程,是对行中课程的学习成果进行评价、展示、提升的课程。行中课程的实施效果,决定课程实施的最终成效。

一、明确行中课程学习任务

学生是研学的主体,"以生为本"开展研学是有效实施研学旅行活动的关键。在组织实施行中课程时,我们始终要让每一位学生明确本次研学旅行课程的内容、活动方式和课程目标。

(一) 明确行中课程活动内容

1 明确课程的主题

研学旅行课程主题是确定研学旅行活动内容的出发点和活动宗旨,决定了课程的性质和研学范畴。学校在统筹安排学生校外实践活动时,应根据不同年级的学生设计相应的活动主题,制定学校的研学旅行课程体系,让学生在小学或中学时段内体验到不同主题的研学旅行活动,实现本校的校外实践教育总体目标。

2 明确探究的问题

研学旅行课程的核心是引导学生开展探究式学习,倡导学生自主探究、合作交流,发现问题、解决问题。因此,每一位参加研学旅行活动的学生都必须知晓自己探究的问题是什么,从专业角度讲就是明确本次研学旅行课程研究的课题是什么。通过目标导引、任务驱动的方式,有效地指导、推进学生开展研究性学习,从而保障研学旅行课程达到最佳效果。

(二)明确行中课程活动方式

1 明确活动的线路

研学旅行的线路由各个研学点构成,研学点一般是教育行政部门认可的研学实践教育基地。不同的研学基地有着不同的课程资源,如历史人文、民俗风情、自然生态、地质地貌等。因此,学生在参与研学旅行活动时,应充分认知研学地点的课程资源状况,通过网上调查或查阅书籍的方式提前知晓基地的资源背景,有利于学生有效的开展研学实践活动。

2 明确活动的流程

研学旅行的流程包括活动的时间、地点和主要内容,具体到几点几分、在哪里集合、开营、闭营、上课、就餐和就寝。每一位参加研学旅行的学生都必须明确详细的行程方案,这是确保活动安全和课程有效实施的前提。

(三)明确行中课程活动目标

1 明确个人研学目标

作为参与研学旅行的个体,每一位学生要明确个人在本次活动中要完成的活动内容和需要达到的目标,做到有的放矢,有目的地参与每项活动。这样学生才能以研学者的身份参与活动,才能最高效地实现个人期望和价值认同。

2 明确团队研学目标

研学旅行课程一般以小组团队的形式来开展,每位学生在小组团队中都会充当一定的角色。团队活动目标是团队成员共同制定的奋斗目标,只有每位学生在明确本组的活动计划和活动目标的前提下,认真履职尽责,为实现团队目标共同努力,团队活动才会取得理想的成绩。

二、做好行中课程实施准备

(一)导师团队的构成与职责

导师团队的课程组织能力和课程指导能力是行中课程实施效果的决定因素。要充分发挥导师团队的指导作用,就需要整个团队合理分工与协作。

导师团队由主办方和承办方共同组成。主办方一般为学校,承办方一般包括旅行社或专业研学服务机构以及各个研学旅行基地。

1 主办方人员配置和职责

(1)主办方应派出 1 人作为主办方领队,负责整个研学旅行活动的监督、协调与保障。

(2)每 20—30 名学生宜配置一名带队教师。带队教师全程带领学生参与研学旅行各项活动,配合承办方的研学旅行导师开展研学课程的实施工作,负责指导学生完成行后课程。

(3)一般来说,学校是组织研学旅行活动的主办方,在整个研学旅行活动过程中,学校带队教师、班主任应发挥至关重要的作用。

首先,学校带队教师应是第一安全责任人,每一位带队教师都要肩负起这一重要的责任。无论是乘坐车辆,还是参与活动,亦或是就餐就寝,带队教师都要参与组织队伍、维持秩序和安全保障等各项工作。

其次,带队教师应积极配合基地指导教师开展各项活动,协助完成集合、小组分配、就餐就寝安排等各项工作。

最为重要的是,带队教师要以超强的主人翁态度介入到学生的研学旅行活动中,协助并指导本队学生高效、高质量地完成研学任务。

因此,在开展研学旅行活动前,学校应对所有的带队教师做好培训工作,确保研学旅行活动万无一失、高质量地完成。

2 承办方人员的构成与职责

(1)承办方应指定1名项目负责人,该项目负责人全程随团活动,负责统筹协调研学旅行各项工作。

(2)承办方应为每个班配置1名指导教师,主要负责研学课程的组织与实施,在主办方带队教师和旅行社导游的配合下提供研学旅行教育服务。

(3)承办方为每一个团队至少配置1名安全员,安全员在研学旅行过程中随团开展安全教育和做好安全防控工作。

(4)承办方应为每一个研学团队配置1名队医,负责团队成员的常见疾病的预防与治疗,对突发疾病、意外伤害进行紧急处理,对需要启动应急预案的情况为项目负责人提供专业建议,并采取应急救助措施。

在研学旅行活动中,加强导师团队的管理比加强学生管理更为重要,因为导师是学生学习的榜样和楷模,导师的一言一行都将直接影响学生的研学态度和研学表现,因此,管理好导师就显得尤为重要。在活动过程中,主办方和承办方应对所有导师作出明确的要求,包括工作纪律、工作态度和安全保障意识等,要求导师以身作则,以身示范,确保研学旅行活动高质量完成。

(二) 做好行中课程教学准备

1 做好教学场地的准备

研学旅行活动是流动的课堂,除了固定的教室和场馆外,研学旅行活动大多时候是在室外进行。为了确保学生活动的安全和室外授课的效果,研学旅行基地在课前应做好各个场地的准备工作,包括设置安全警示标识、建设安全保障设施、设置道路指示牌和园区平面总图、安排学生集中听课场地等,其中最为重要的是给研学学生提供相对安静和封闭的室外集中场地,一是避免学生和游客混杂影响研学质量,二是要给学生提供一个休息和交流的场地,有利于活动的开展。

2 做好教学器材的准备

研学旅行实践课程是实践类活动课程,主要的授课形式是组织学生实操体验或动手操作。为确保教学顺畅、有序地完成,研学旅行导师应准备好教学器材,包括设备安全检查、器材分组准备、资料提供等。其中,教学器材应尽可能地提供充足,让每一位学生都能参与其中,提高研学的体验度和研学质量。

(三) 科学安排实践小组

1 科学分配小组

研学旅行倡导学生自主探究、合作探究、交流分享,在活动过程中单靠研学旅行导师个人的力量是不足以高质量完成的,因此就必须发挥学生小组的作用。在组织开展活动时,导师应根据团队学生总数、活动项目总数、优秀学生代表等综合因素,确定学生分组情况。我们主张,小组人数不宜偏多,10人以下为1组适宜;各个小组领受的研学目标最好不尽相同,可以通过交流分享的方式进行信息置换;小组之间可以开展竞争性比赛,通过小组竞赛的方式促进活动的有效开展。

2 重点培训组长

研学实践小组的小组长在研学旅行活动中发挥着至关重要的作用,他是活动管理的"小班主任"、活动实施的"小司令员"、活动保障的"安全员"、活动小组的"纪律委员",其重要性不言而喻,是研学小组的核心人物。在开展研学旅行活动时,研学旅行导师务必做好小组长培训,让小组长明确职责、任务、身份的重要性,充分发挥小组长的模范带头作用,促进活动顺利开展。

(四) 严格执行行中课程教学计划

1 严格按照教学流程实施

研学旅行课程是研学旅行基地可持续发展的根本,是基地开展研学旅行活动的指导纲要。研学旅行导师在课程实施中,应按照教学计划和课程方案严格执行,不能随意变更教学内容和教学方案,尽可能地规避环境因素、场地因素、天气因素等外界因素对课程的不良影响。研学旅行导师虽然在教学过程中可以因材施教,采用多种形式的方法进行教学,但必须遵从教学计划按流程实施,确保活动的完整性和教育目标的达成。

2 认真开展研学旅行活动评价

研学旅行活动评价是开展研学旅行活动中的重要部分,它有利于激发学生研学的兴趣、促进活动的高效开展、提升学生的综合素养,因此研学旅行导师不能觉得可有可无而擅自取消活动评价，也不能应付了之。在活动尾声时，研学旅行导师应采用多维度、多元化的评价手段开展学生的自评、互评和师评工作，对于学生在活动过程中的态度、纪律、成果以及交流等情况进行综合性的量化或定性评价，并将结果纳入学生的综合素质评价。

三、开展行中课程研学活动

研学旅行行中课程不同于在学校内的教学课程，是一种真实场景中的教学，即实景教学。这样的教学环境下，知识的获得不是以阅读和老师讲授为主，而是以观察、体验等直接的方式获得。教学环境开放、多元，不同的教学环境决定了不同的教学方式和学习方式。

在组织实施研学旅行课程时应坚持以人为本的原则，开展自主、合作、探究式学习。研学旅行导师应成为组织者和引导者，促进学生综合素质的全面提高。

（一）创设情境，营造"问题"氛围，引导学生自主探究

"学起于思，思源于疑"，意思是让学生对所学内容充满疑惑，产生强烈的求知欲望。研学过程中，研学旅行导师可根据学生的认知特点和心理特征，有意识地创设情境、营造"问题"氛围，培养学生质疑的兴趣，让学生由好奇引发需要，因需要而思考，使学生不断地发现问题，自觉地在学中问，在问中学。例如组织学生在高科技农业园研学时，询问同学们"如果你是农林科学家，能否在戈壁滩或盐碱地上种植西瓜？"，从而引发对无土栽培技术的探索；询问"如果你是园艺工程师，能否在橘树上开出茶花？"，引发学生对嫁接技术的求知；组织学生参观三峡大坝时询问"如果你是大坝设计者，能否让轮船快速坐电梯过大坝？"，引导学生探究升船机的奥秘；询问"如果你是大坝的建设者，截留长江用的填埋物最好做成什么形状？"引发学生对四面体混凝土构件的探索，这些问题有利于促进学生自主学习，积极探索，提高了学生研学的兴趣。

（二）唤起原知，搭设平台，让学生学会合作学习

学生学习的过程，不是被动吸取、记忆练习的过程，而是调动原有的知识和经验，用积极的心态去尝试解决新问题，同化新知识，健全知识体系的过程。研学旅行导师要相信学生的能力，让学生自主地发现规律和结论，学会倾听、思考、讨论、实践和表达。小组合作前，导师要为学生留出独立思考的时空；合作过程中，导师要给足学生讨论交流的时空，让不同程度学生的智慧都得到尽情地发挥；合作完成后，导师要给足学生发言、补充、更正甚至于辩论的时空，这时学生的思维火花最易闪现。如：组织学生在神农架研学基地研学，我们将学生组成若干研究小组，每个小组研究的任务不同，分别定义为"树木科考队""花卉科考队""草本科考队"和"地质科考队"，每个组开展分项调查，完成合作探究后，再把研究成果与大家分享。这种以小组合作、组间竞争的研学方式有效激发了学生研学的兴趣，促进了学生合作探究的主动意识，让学生学会了合作与交流。

（三）加强指导，促进自主探究与合作交流的形成和完善

自主、合作、探究学习不应是"放羊式"的盲目自动，而是要加强研学旅行导师的组织、引导、帮助与促进。在研学过程中，导师应鼓励和引导学生提出问题，探究问题和解决问题，把质疑、释疑作为教学中的重要组成部分，通过对学生质疑问难的指导，让学生带着问题去科学探索。例如：许多科技类研学旅行基地的航模课程，传统的教学模式是老师先演示做一架飞机模型，学生仔细观察后，再动手做一架飞机模型，如此而已。但是创新的教学方式是，老师先仔细讲解飞机上各个主要部件的功能和特性，然后要求学生以小组为单位"造"一架飞机，基地尽可能地提供制作材料。这种开放式的教学模式，迫使学生不停地质疑、解疑，探讨和解决问题。教师在过程中不停地协助各组完成制造的"梦想"，答疑解惑，大大增强学生实践探究的能力，从而使教学效果达到最佳。

四、完成行中课程教学内容

（一）完成研学作业

1 完成研学手册

研学旅行重视过程，但也不能忽视结果。我们不赞成把研学旅行做成严肃的科学考察，把过多的研学时间放在成果汇总、完成作业上，要把更多的时间留给学生去观察、体验和感受。那么就要求课程设计者要科学合理地设计研学的问题和答题的内容，取其精华去其糟粕，突出重点，集中学生的注意力去解决重要的问题。不少基地在集体研究的基础上精心设计的研学手册值得借鉴，一本好的研学手册既是基地简介，又是研学指导和安全活动指导用书，还是研学成果的汇报册。研学旅行导师要充分利用研学手册指导学生开展研学，按照手册中的问题导引进行实践探究，活动结束后完成手册中提示的问题，从而实现研学课程的完整性。

2 完成成果物化

研学旅行活动的成果不仅呈现在研学手册的文字上，还可以通过影像资料、劳动作品、手工制品等实物呈现。这些物化的研学成果带来的教育效果有时候会超越文字的效果，获得意想不到的收获。例如：某个研学基地设计的"花叶书签制作"课程，不仅指导学生利用生物技术学会了植物标本的制作，而且还创新地提出让每个学生在书签上题诗或著说，并把它当作礼物送给同学、老师或父母。这种教学内容上的创意设计，超出了原有的技能学习的教学目标，升级为对学生文学和艺术的内涵塑造，提升了学生人文底蕴的素养，同时通过赠送礼物、表达情谊，培养了学生建立良好人际关系的能力，实现了促进学生综合素养全面提高的终极目标。

（二）做好交流分享

1 交流研学成果

研学旅行课程实施中有一个关键环节就是交流与分享，它不是可有可无，而是不可或缺。它是研学旅行中最为精彩的环节，也是实现教育目标的重要手段。

在学生完成实践活动之后，研学旅行导师应指导学生以小组为单位归纳研学成果，做好成果的展示汇报。导师要引导学生从本组的研学方法、研学过程和研学成果几方面综合汇报，而不仅是描述研学的结果。通过交流与分享的方式，让所有学生能在他人的汇报展示中取长补短，弥补自身的不足。

2 交流研学感悟

研学旅行的分享不仅有研学方法、过程和成果，更为重要的还有研学过程中的感悟。例如：对于其他小组能取得优异成绩的评价，对活动过程中不足或失败的感悟，对本次研学旅行活动带来的其他影响的思考等，都是值得学生交流与分享的话题。通过这种心灵碰撞、情感融通的交流，可以使研学旅行活动的教育效果得到升华，散发出研学旅行独特的教育魅力。

任务实施

以"拜水都江堰，探秘天府国"为研学旅行主题，组织初中学生前往四川省都江堰研学基地，开展为期两天的研学旅行活动。表 4-2 所示为任务实施方案表。

表 4-2　任务实施方案表

活动目的	（1）知识与技能：了解都江堰的相关历史知识，了解都江堰分洪的原理、对农业灌溉的贡献以及对成都平原自然生态的影响； （2）过程与方法：通过参观调查、实地考察培养学生调查研究的能力。通过模型制作培养学生动手实操的能力； （3）情感态度价值观：通过本次研学培养学生树立"四个自信"、爱祖国、爱科学，树立为中华之崛起而努力读书的远大理想，培养学生热爱劳动、尊重劳动者、传承工匠精神的高尚情操
活动要求	（1）针对初中学生制定详细的研学方案； （2）制定详尽的研学旅行安全预案； （3）做好研学行前和行中教育
活动步骤	（1）制定详细的研学旅行实施方案； （2）制定活动安全预案； （3）组织学生以课题小组有序开展研学旅行活动； （4）做好研学活动的交流与分享

续表

活动评价	（1）对学生参与活动情况个体进行量化评价； （2）对学生团队参与活动情况进行定性评价

任务三　研学旅行行后课程实施

任务引入

经历过研学旅行活动的学生一定有过这样的体会：研学旅行过程中，头脑里涌进了大量的零碎信息，这些信息往往是动态的、碎片式的，稍纵即逝，而随着研学旅行活动的顺序开展，学生将出现信号衰减和信息丢失的现象，这时需要及时进行回顾和总结，所以，行后课程是具有重要意义的。研学旅行行后课程，是指研学旅行课程的评价总结阶段，它在整个研学旅行中起着不可忽视的作用。

（1）行后课程是对行前、行中课程实施的延伸和深入，既可解决在行前和行后课程中没有解决的问题，又能使知识系统化，加深和巩固对研学实践内容的理解和记忆。

（2）行后课程是整个研学课程评价的落实环节，研学课程评价的内容多种多样，包括研学作业的完成、研学成果的展示、研学体会的分享、研学成绩的认定，均需要在行后课程中逐一完成。

（3）行后课程对于构建完整的课程体系有着举足轻重的作用，因为研学旅行是基于完整的研学教育理论、完善的课程体系来开展的教育实践活动。研学教育理论和研学教育课程应该以《关于推进中小学生研学旅行的意见》和《中小学综合实践课程指导纲要》为依据。研学教育理论从理论框架、教育目标到研学规划层层推进，研学课程研发从课程目标确认、产品定制设计到行前、行中、行后实践课程研究等方面逐步强化实践体验，强调学生参与性，追求学生成长体验。

任务剖析

行后课程既是研学课程实施的终点，也是研学课程持续发展的起点。如果说行前课程是获取间接经验阶段，行中课程是获取直接经验阶段，那么行后课程就是整理经验的阶段，它应该包含对经验本身的概括与提升，也包含对学习过程与结果的评价。要对研学旅行进行回顾、梳理和反思，是深度学习，使研学旅行的价值深化提升，将课内外两个课堂贯通。一般来说，研学行后课程应当由完善研学成果，分享研学成果，开展研学评价三个部分组成。

一、完善研学成果

按照研学旅行课程的设计,学校会在研学旅行的课前阶段布置研学旅行作业,学生在课中阶段进行体验、探究,回到学校后再按统一要求完成作业。过去单调的被动式作业应该变成主要围绕所学内容进行各种实践活动的体验性作业、实践性作业,做到"得益于课内,受益于课外"。

(一) 文本类成果要完成文本撰写

对高中生而言,课题研究报告是研学旅行的主要成果,是每个同学必须完成的任务。研究报告的撰写必须满足规范性、科学性、创新性、逻辑性的要求。

(1) 研究报告的规范性是指研究报告的结构规范,内容表达符合课题研究报告的一般范式,报告内容完整。

(2) 研究报告的科学性是指数据信息等论据材料准确,论证严密,结论和依据具有可靠的相关性和因果关系,研究方法选择适当,应用规范。

(3) 研究报告的创新性是指课题选题新颖,研究成果或结论具有创新性。

(4) 研究报告的逻辑性是指课题研究计划条理清楚,过程严密,思路清晰,语言表达准确流畅。

初中学生可以将研究报告作为主要成果,但要求相应降低,也可以将研究成果总结作为主要成果。

小学生可以将作文作为主要成果,也鼓励撰写其他文本类成果,如随笔、散文、游记等,并在成果展示时设置相应的展示类别。

(二) 影像类成果完成后期的编辑加工

把研学旅行过程中拍摄的照片、视频资料进行编辑和加工,选出有代表性的照片,编辑具有典型性的视频资料,准备交流展示。此外,为了配合主要成果的汇报交流,还应做出与主要成果配套的PPT。

(三) 制作类成果完称标签说明

对在研学旅行过程中制作的手工艺品、采集的标本、采购及收集的具有代表性的纪念品等进行筛选,选出有代表性的成果,做出文字说明,制成标签,准备展示交流[①]。

---

① 彭其斌.研学旅行课程概论[M].济南:山东教育出版社,2019.

二、分享研学成果

(一)研学成果的内容

研学实践成果是学生走进大自然和社会生活中,通过延伸与课堂学习内容相关联的多层次、多角度、多主题的研学旅行实践活动,将观察、考察、调查、参观、制作、实验等过程中的所感、所思、所想、所做、所悟进行反思交流、梳理归纳、整合提炼的研究集成,也是对研学旅行实践活动边学边研、研学结合的表达和反馈。它真实地记录了学生在行走山川,欣赏自然风光和人文风情过程中的思想认识及情感变化,直观地反映出学生在面对乱砍滥伐、水土流失等生态环境问题以及社会现实状况所表现出的深刻反思和热爱自然、保护环境、美化家园的积极行动,形象地表明学生经历深入讨论、深度思考、深化研究和反复验证、模拟尝试、调整修改的研学过程,进一步磨炼出吃苦耐劳、坚持不懈的意志品质和勇于挑战、敢于担当的探索精神,提高其发现问题、分析问题、解决问题的能力。

(二)研学成果的展现形式

研学实践成果形式多样、丰富多彩,不同类型的实践成果,对学生能力的提升、核心素养的养成各有侧重。

(1)生动形象的漫画、图画、照片等作品,可培养学生用文学、美学的视角欣赏自然与人文环境,提升学生发现美、欣赏美、体验美、表达美、创造美的能力,形成健康的审美观。

(2)制作或设计的模型、仪器、图示、展板、墙报等原创作品,可引导学生观察生活、理解生活、表现生活,帮助学生发现生活中的人口、资源、环境问题,强化想象力、观察力、创造力和综合思维能力,树立正确的科学观。

(3)声情并茂的演讲、辩论、诗歌朗诵、现场汇报等方式,抒发学生亲近自然、感受生活和融入社会的情感,锻炼学生的语言表达和现场展示的能力。

(4)观点鲜明、条理清晰的研究论文、调查报告、实践日志等书面成果,让学生经历提出问题、拟定假设、收集资料、比较分析、验证假设、得出结论等模拟研究过程,增强学生研究意识和科学探究及成果呈现的能力。

(三)研学成果的交流分享

成果的交流与分享包括两种情况,一是课题研究成果汇报交流,二是其他学习成果汇报交流。初中生和小学生可以不进行课题研究成果汇报交流,只举办学习成果汇报交流。

❶ 课题研究成果汇报

学生在完成课题研究报告后应交给指导教师进行批改,根据导师提出的指导意见进行修改和完善。然后,以小组为单位进行课题研究成果交流,经小组评议,推选出能够代表小组的研究报告。在此基础上,班级举办优秀课题成果交流汇报会。这样既可以节约时间提高学习效率,也能够让广大学生参与课题成果评价当中,达到相互交流、相互学习的目的。

在完成课题成果交流的基础上,各班推选出优秀成果参加学校的成果展示,学校也可以遴选优秀成果集结成册,印制或出版《学生研学旅行优秀课题成果集》。

2 其他学习成果汇报交流

其他学习成果是指除研究报告以外的成果,学生可以交流汇报在研学旅行过程中自己认为有意义的学习收获,既包括各类文本类研学成果、影像成果、制作成果等外显的研究成果,也包括研学途中自己的所见所得、所思所想、所感所悟,个人思想与能力提高的内化了的学习成果。班内也可以结合学校的成果展示方案,利用板报、宣传栏以及网上平台进行展示和交流,并进行优秀成果评选。

学校在广泛收集班级推荐的优秀研学成果的基础上,分门别类地、利用各种手段、各种媒介进行宣传和报道,促进全校范围内的交流和学习。展示的方式可以灵活多样,既可以通过展厅、展台、展板等传统方式展示,也可以通过微信、美篇、微博、抖音、QQ空间、视频网站等新媒体平台展示。通过展示、交流、评价一系列活动,再次提升学生参与社会实践、课外学习的学习效果和学习热情,激发学生在社会大课堂中不断求学、主动学习的激情,实现研学旅行真正的价值目标。

三、开展研学评价

教育评价是指在一定教育价值观的指导下,依据确立的教育目标,通过使用一定的技术和方法,对所实施的各种教育活动、教育过程和教育结果进行科学判定的过程。比如考试,便是教育教学评价的重要内容,也是传统评价中评价学生的常用手段,不仅是对学生阶段学习的重要检测,也是对老师教学表现的重要评价。那么对应到研学旅行,它也应该是采用一定的方法,多角度、多维度、多元化的对研学旅行活动的行前、行中及行后的全过程进行综合评价。研学旅行课程评价相关内容在下一项目会有详细阐释,在此不赘述。

任务实施

以"看千年浩瀚青史,赏古韵长安风华"主题研学旅行活动为例,在带领学生开展完为期三天的赴西安研学旅行活动后,组织学生收集整理研学材料,包括物化成果,召开主题班队会,开展行后课程,做好汇报展演,做好本次研学旅行活动终结性评价。表4-3所示为任务实施方案表。

表 4-3　任务实施方案表

活动目的	（1）理解掌握研学旅行行后课程的内容； （2）通过组织学生收集整理研学材料，组织学生开展主题班会活动，为研学活动制定评价方案等环节，从而掌握行后课程的具体流程与注意事项； （3）提升组织能力，归纳与合作交流能力
活动要求	（1）针对初中生指定行后课程方案； （2）确保主题班会活动安全有序的进行； （3）确保评价活动公平、公正的进行
活动步骤	（1）制定详细的行后课程方案； （2）依照方案依次实施各项行后课程内容； （3）物化研学成果，提交汇报展示照片、视频，提交课程评价，提交行后课程演练体会
活动评价	（1）对学生参与活动情况个体进行量化评价； （2）对学生团队参与活动情况进行定性评价

  项目小结

通过本项目的学习，我们了解了如何组织学生有效的开展研学旅行活动，知道了研学旅行课程实施的基本步骤和要领，掌握了行前课程、行中课程、行后课程的实施办法；明确了研学旅行中合作探究的重要性，学习了启发式教学的基本方法和要领；学习了如何组织学生进行交流与分享，提升研学旅行的品质；学习了如何对研学学生开展评价，知道了自评、互评、师评的基本概念，了解了过程中评价与过程后评价、量化评价和定性评价的基本方法。

  项目训练

紧贴行业实务岗位训练　融通 1+X 职业技能等级证书考题

项目五　研学旅行课程评价

 项目目标

职业知识目标

1. 了解教育评价的功能、方法。
2. 理解研学旅行评价原则。
3. 理解研学旅行课程的评价范围和对象。
4. 熟悉研学旅行课程评价的内容。
5. 熟悉研学旅行课程评价的一般流程。
6. 掌握研学旅行课程评价的常用方法。
7. 开发研学旅行课程评价工具。

职业能力目标

1. 能根据评价目的,科学地设计研学旅行课程评价体系。
2. 能结合实际,选择合适的评价方法,开发研学旅行课程评价工具。

职业素养目标

1. 充分认识到开展研学旅行课程评价的必要性。
2. 树立以学生为本、立德树人的绿色评价观。
3. 能熟练地设计、组织、实施研学旅行课程评价。

知识框架

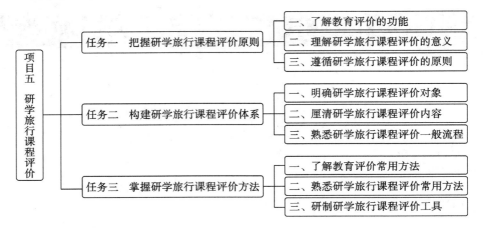

教学重点

1. 理解研学旅行评价的原则。
2. 熟悉研学旅行课程评价的内容。
3. 掌握研学旅行课程评价的常用方法。
4. 开发研学旅行课程评价工具。

教学难点

能结合具体的情境,设计研学旅行课程评价体系,达成评价目的。

项目导入

一封来自学生家长的信

尊敬的××教育局局长:

最近,××实验中学又开始组织学生赴××研学基地开展研学旅行活动了。班主任老师说这是所有学生都必须完成的学习内容,要求全员参加。这已经是孩子上初中后的第三次研学旅行活动了,每次都要出去几天,路程远、人数众多。作为家长,每次孩子出门参加研学旅行,我都很担心,不知道孩子在外面能不能吃好睡好,安全是否有保障,更不知道孩子在研学旅行的过程中能否有收获……这研学旅行活动又不考试,家长也不能陪同,我们怎么知道这研学旅行活动到底开展得怎么样呢?恳请您为家长们排忧解惑!

一位为研学旅行活动揪心的家长

2020 年 8 月 20 日

这封家长的来信,吐露了很多家长的心声。研学旅行不同于传统的校内课堂学习,已成为牵动所有家长心的一项校外教育活动,很多家长都对研学旅行活动存在疑虑。研学旅行到底开展得怎么样,教育行政主管部门要牵头并联合其他的成员单位,对研学旅行的过程进行监控和管理。评价作为"指挥棒",能撬动研学旅行的整个过程,通过对研学旅行课程的评价可以规范研学旅行,促进研学旅行健康、高质量发展。因此,有必要对研学旅行整个过程开展科学、精准的评价。

任务一　把握研学旅行课程评价原则

2020年1月15日,人民日报社联合人民文旅智库、中华儿童文化艺术促进会发布《中国研学旅行发展白皮书2019》。《中国研学旅行发展白皮书2019》提到,"缺乏客观有效课程评价机制,需要促进第三方评价考核制度建立"是目前我国研学旅行工作面临的核心问题之一。在探索和建立有效的课程评价机制的过程中,首先要弄清楚研学旅行课程评价到底需要遵循哪些原则?因为教育评价原则是教育评价规律的反映,是教育评价活动成功与否的主要因素之一,对教育评价活动具有普遍的指导意义。科学的研学旅行课程评价原则,将为后续的研学旅行课程评价工作指定正确的道路和方向。

一、了解教育评价的功能

美国学者格朗兰德认为,"评价是指依据一定的标准,通过系统地收集信息,在对标准与信息比较的基础上作出价值判断。"由此可见,评价就是在记述量(或者质)的基础上进行的价值判断。评价是可以明确被评价对象的优点和缺点,借以提供改进的方向与积极反馈的复杂工作。在教育活动中,评价发挥着"指挥棒"和"杠杆"的作用,具体有以下功能。

(1)导向功能。评价的导向功能是指评价可以引导评价对象趋向于理想的目标。评价就像一根"指挥棒",对评价对象的发展起着"定标导航"的作用。

(2)鉴定功能。评价的鉴定功能是指通过评价活动认定评价对象是否合格。它使评价者能确切掌握评价对象的水平,便于确定和筛选;也可以使评价对象根据评价结论找到自身努力的方向。

（3）改进功能。评价的改进功能是指通过评价发现存在的问题，并及时提供反馈信息，促使评价对象不断完善与优化。

（4）反馈功能。评价的反馈功能是指评价者将有目的地系统采集有关评价对象的信息及其意义，传递给评价对象，然后收集评价对象的返回信息，以此来实现评价信息的循环，借此不断修正评价对象或评价者的行为。

（5）展示、激励功能。评价的展示功能是指通过评价活动搜集的信息，为评价对象提供一个自我展示的机会和平台，让自己和他人了解被评者的成绩和努力。

在教育领域，评价既可以判断学习者是否达到了预期的学习目标，同时，评价亦可以辨别课程的优劣和好坏。对课程的评价，是评价在课程领域的应用。一个系统的课程评价，可以包括判断课程方案的好坏，课程实施是否合理，学习效果是否达到了预期的目标，课程保障措施是否到位等。课程是一个不断发展的动态过程，需要对当前的课程及学生的学习成效进行价值判断，改进课程的各个环节，整体提升课程的实效性，促进课程的成熟和发展。

二、理解研学旅行课程评价的意义

研学旅行自2016年启动以来，就引起了多方的关注。学生希望通过研学旅行增长见闻，理论联系实际，达到知行合一；家长希望通过研学旅行，能促进孩子健康成长；学校希望通过研学旅行，丰富教育教学内容，打造学校的特色；旅行社和研学旅行基地希望通过研学旅行，能获得经济收益。研学旅行涉及多方的参与，每一个参与其中的团体或个人都有自己明确的需求，到底是各自为政还是形成合力把研学旅行开展好，需要对研学旅行的整个过程进行评价。

课程是学校实施教育教学活动的载体。研学旅行虽然是在校外开展的活动，但它有别于一般的旅游，它是一种校外教育活动。为了规范和促进研学旅行的发展，研学旅行课程化是目前的主流趋势。一次研学旅行可以由一个或多个课程组成，对研学旅行的评价可以具体和细化为对研学旅行课程的评价。

三、遵循研学旅行课程评价的原则

研学旅行重在激发学生对党、对国家、对人民的热爱之情，引导学生主动适应社会，促进书本知识和生活经验的深度融合。根据研学旅行的特点，研学旅行课程评价应遵循以下原则。

（一）全程性原则

整个研学旅行活动由课程贯穿起来，研学旅行课程评价是指对研学旅行中涉及的所有课程进行评价，以此对研学旅行的全过程进行评价。每一门精心设计的研学旅行课程，都有其独特的育人价值，为了保证每一门课程的实施都能达到预期的教育目标，有必要对研学旅行中涉及的每一门课程进行评价。研学旅行是一种特殊的校外教育活动，它的学习对象不局限于有限的书本知识，研学旅行途中的所有的一切都是值得学生学习的。生活即教育，研学旅行就是将学生置身于真实的生活中，让学生体悟和感知教育的真谛。因此，研学旅行课程的评价必须坚持全程性原则[①]。

（二）全员性原则

评价要覆盖参与研学旅行的所有学生。学生是研学旅行课程最核心的要素，是研学旅行最重要的目标指向。学生学习效果的好坏是研学旅行课程质量高低最直接的反馈，因此，对研学旅行课程进行评价时，必须要考虑学生的学习效果如何，对学生进行评价。

评价要覆盖参与研学旅行的全部参与者。学生、学校、研学基地、旅行社（旅游公司等第三方服务机构）等参与到研学旅行的各个环节，只有每个环节都规范、高效，研学旅行才能朝着好的方向发展，不能让某些主体游离在考核、评价之外，变成扰乱研学旅行市场的危险分子。所以在搭建研学旅行课程评价体系时要将所有的参与主体纳入评价范围。

（三）实践性原则

评价要注重对学生实践参与度与实践能力的评价。研学旅行是综合实践活动课程的一种组织形式，创造性地改变了学生学习的方式，是教育改革的关键措施。研学旅行为学生提供了更大的学习空间，更全面的学习环境，把旅行变成课堂，把社会当成教材。实践性是研学旅行有别于一般的学科课程的最大不同点，是研学旅行课程的灵魂。研学旅行课程评价要依据研学旅行的特性，突出对学生实践精神和实践能力的评价。

（四）多元化原则

评价是对参与研学旅行的每一个主体进行的，评价主体是多元化的。不同主体在研学旅行过程中发挥的作用不相同，如旅行社要负责统筹组织研学旅行，研学基地要负责提供研学旅行课程，学校要负责组织动员学生参与研学旅行，学生要认真学习、积极参与研学旅行等。根据各主体的职责分工的不同，研学旅行评价的内容也不一样，因此，研学旅行评价内容应该具有多元性。为适应不同的评价主体和评价内容，采用的评价方法不同，研学旅

---

① 王清风.论新课程实施过程中课堂教学评价的原则[J].青海师范大学学报（哲学社会科学版），2003（02）111-114.

行课程评价方法是多元化的。不同的评价方法,需要的评价工具各异,因此,研学旅行课程评价工具也是多元化的。

(五) 客观性原则

评价主体要关注研学过程,客观、公正地对评价对象进行评价。评价是通过收集的信息结合评价标准而作出价值判断的过程,准确、客观的信息是影响评价结果的关键因素。研学旅行是学生短期的集体校外教育活动,各评价主体相处的时间不长、了解不深,很容易出现对评价对象进行"走过场"或"一刀切"式的评价。评价主体应熟悉评价标准,基于评价要点对评价对象进行密切关注,公正、客观地进行评价,评价结果要经得起评价对象的质疑。

(六) 公平性原则

公平性原则是指在真理面前人人平等,要一视同仁地对待评价对象。首先,评价体系制定时要考虑公平性,评价指标要适用于所有的评价对象。其次,在评价实施时,要一视同仁地对待所有的评价对象,基于评价标准,客观地给予评价。最后,评价结果的应用也要考虑公平性,不能因为评价对象的不同而差异化地应用评价结果。

(七) 发展性原则

研学旅行课程的发展是动态的过程,评价的作用在于促进研学旅行各参与主体全面、健康、有序的发展而不仅是甄别和选拔评价对象。评价应以尊重被评对象为前提,评价主体要积极参与研学旅行活动,并注重主体间的沟通。评价主体应采用激励性的语言全面客观地表述真实情况和改进建议,努力使每一个被评价者都能得到成功的体验,并乐意为未来更好的发展而努力。

(八) 可行性原则

研学旅行课程评价才刚刚起步,许多人已经意识到评价对促进研学旅行课程发展的重要性,但是因为缺乏系统、科学的评价体系标准和模板,评价内容标准和评价工作有待优化。研学旅行课程评价的发展不是一蹴而就的,在设计研学旅行课程评价体系时,要充分考虑评价实施的可行性,不能设计看似科学但是无法实践的评价。在研学旅行课程评价的起步阶段,可以采取分步走的方法,逐步丰富评价对象和内容,不断优化评价体系。

任务实施

开展一场"研学旅行课程评价原则"交流研讨会。通过研讨会,进一步讨论研学旅行课程评价必须遵循哪些原则,该如何理解每一个原则?表 5-1 所示为任务实施方案表。

表 5-1　任务实施方案表

活动目的	（1）进一步理解评价的功能； （2）进一步理解研学旅行课程评价的意义； （3）进一步领会每一个研学旅行课程评价原则的内涵
活动要求	（1）建立讨论小组，每组6—8人； （2）准备笔、纸等讨论辅助工具
活动步骤	（1）选出小组长，小组长负责组织组内讨论及小组交流汇报； （2）在小组内，每人写出自己的心目中研学旅行课程评价应遵循哪些原则； （3）在小组内，轮流分享自己写的原则，并阐明原因； （4）组长综合小组成员的意见，归纳出代表小组观点的研学旅行课程评价应遵循的原则； （5）各小组推选一名代表，交流分享研学旅行课程评价应遵循的原则
活动评价	（1）要言之有理：归纳提炼出的研学旅行课程评价原则符合研学旅行特点和实际； （2）要言之有据：能清晰阐述提出研学旅行课程评价原则的原因

 拓展阅读

教育评价发展历程

 任务二　构建研学旅行课程评价体系

 **任务引入**

某市开展研学旅行工作已经超过三年，各项工作逐渐走向正轨，为进一步促进研学旅行工作健康、规范发展，主管部门决定探索、建立研学旅行课程评价体系。通过任务一的学习，我们已经知道了研学旅行课程评价需要遵循的原则，可以说对建立研学旅行课程评价

体系有了思想和理念的准备。但是,具体怎么建构研学旅行课程评价体系?在设计研学旅行课程评价体系的过程中,需要考虑哪些环节和因素呢。

研学旅行课程评价体系是一个复杂的系统工程,需要统筹考虑研学旅行的过程中,有哪些主体参与进来,该从哪些方面对研学旅行参与的主体进行评价,研学旅行课程评价的一般流程有哪些。

一、明确研学旅行课程评价对象

研学旅行是由学生、学校、研学旅行基地(营地)、旅行社(旅游公司等第三方服务机构)等多方参与的教育活动。本着评价过程全程化、评价主体和评价对象多元化原则,研学旅行课程评价明确每一个参与研学旅行的主体都是评价对象。

(一) 学生

学生是参与研学旅行的主体,研学旅行所有工作的开展都是以促进学生的发展为目的。学生是研学旅行的参与者和体验者,是研学旅行效果的实际检验者。学生既要对研学旅行中的其他主体的价值进行判断,同时,学生的表现、学习效果等也要接受其他主体的评价。

(二) 学校

学生是在学校的统一组织和协调下参与研学旅行活动的,学校是否能按照教育行政主管部门的要求开展研学旅行,学校能否帮助学生联系合适的旅行社(旅游公司等第三方服务机构),学校能否协助挑选适合本校学生的研学旅行基地(营地)和研学旅行课程,学校能否选派优秀教师跟随学生参与研学旅行等问题都将直接影响研学旅行的效果。研学旅行虽然是一项校外教育活动,但是学校不能简单粗暴地把学生推向社会,要做好组织协调工作,要为学生在学校和社会间架好桥梁。

(三) 研学旅行基地(营地)

研学旅行基地(营地)就像一个特殊的"学校",是研学旅行课程的提供者,是学生进行研学旅行最主要的场所,是学生研学旅行学习的中心。研学旅行基地(营地)的管理是否规范,场地是否安全,提供的课程是否丰富且有利于学生的身心发展,研学旅行导师的配备是否合理、专业素养是否达标等因素是影响研学旅行效果的重要因素。

(四) 旅行社(旅游公司等第三方服务机构)

旅行社(旅游公司等第三方服务机构)是对接学校和研学旅行基地(营地)的纽带。旅行社(旅游公司等第三方服务机构)通过与学校的沟通,明确学生研学旅行的需求,可向学校推荐学生研学旅行的路线、研学旅行基地(营地)等。旅行社(旅游公司等第三方服务机构)全程参与学生研学旅行活动,组织学生在研学途中的食宿、交通,以及与各研学旅行基地(营地)沟通,负责学生在研学旅行基地(营地)间的周转等。在整个研学旅行活动中,旅行社(旅游公司等第三方服务机构)主要还是发挥传统的"旅游中介"的作用,是研学旅行顺利开展的服务保证。

二、厘清研学旅行课程评价内容

从课程的角度来看,研学旅行课程可以划分为课程方案设计、课程实施、课程评价、课程保障等环节,这些环节存在于研学旅行出发前、进行中、完成后各个不同阶段。根据研学旅行各阶段内容的不同,从课程各环节的角度,针对不同的评价主体,应该有多元化的评价内容。

(一) 对课程设计的评价

研学旅行课程设计的评价包括两个层次的内容:一是对研学旅行活动整体课程设计的评价,即研学旅行线路设计的评价;二是对研学旅行中各个研学旅行基地(营地)提供的具体课程的评价。研学旅行活动整体课程的设计,一般是由旅行社(旅游公司等第三方服务机构)根据学校的需求而制定的。研学旅行具体的课程设计,由研学旅行导师根据研学旅行基地(营地)的资源而开发。

1 研学旅行路线设计的评价内容

研学旅行线路设计首先要考虑学生的安全,使社会和家长放心地让孩子参与研学旅行。学生安全要贯穿在研学旅行线路设计的整个过程中,要充分考虑不稳定因素,让一切危险、威胁、隐患保持在可控的范围内,保证学生的身体、心理、财产不受损失。研学旅行线路要具有典型性和教育意义,研学旅行是深化基础教育改革、发展素质教育、落实立德树人根本任务的重要举措,研学旅行线路设计中的旅游资源要具有典型性和教育意义,只有这样才能给学生直观的感受和深刻的体验,便于帮助学生建立书本知识与现实生活间的链接。研学旅行线路设计要具有可行性,研学旅行是一种新生的、复杂的校外教育活动,需要学生、家长、学校、社会的共同配合、共同承担。新生事物的推广本来就有困难,更何况研学旅行需要寻求多方的理解和支持,因此,研学旅行线路设计要便于各方协调,易于开展实施[①]。

---

① 雷艳.中学地理研学旅行线路设计研究[D].重庆师范大学,2019.

❷ 对研学旅行具体课程方案的评价内容

一是看课程目标设置是否合理。课程目标的设定应该是有依据可循的,不能是随意设置的;课程目标的设定要符合学生的认知发展,不能设置不符合学生年龄特点的目标;课程目标的设定要符合当代社会生活的需要,研学旅行本身就是让学生体验、感知、参与社会生活的,不能设置不符合社会对人才培养需求的目标。

二是看课程内容选择是否典型。课程内容的选择要考虑是否能够有效地支撑和达成课程目标,能否有效地利用了研学旅行基地(营地)的旅游资源。

三是看课程实施是否可行。课程实施的过程是否突出了实践性的特点;课程实施过程是否突出了学生主体、教师主导地位;课程实施过程是否具有较强的互动性等。

四是看课程评价操作是否落实。课程是否有评价环节;是否依据课程目标,制定了科学的评价标准;课程评价是否具有可操作性。

(二) 对课程实施的评价

研学旅行课程主要是由研学旅行导师实施的,包括研学旅行基地(营地)的导师,也包括旅行社(旅游公司等第三方服务机构)的导师。对研学旅行基地(营地)导师课程实施的评价主要关注导师的授课水平,对旅行社(旅游公司等第三方服务机构)的导师课程实施评价主要关注其在研学旅行的过程中对学生的管理、引导是否到位。

(三) 对学习效果的评价

对学习效果评价的对象是学生,提升学生的学习效果是研学旅行中所有参与主体的共同目标。学生学习效果的好坏,既受学生自身因素的影响,也与外部提供的学习环境有关。这里主要是通过学生的表现,来反馈学生在内外因素作用下的学习效果。

(四) 对课程保障的评价

研学旅行课程的顺利实施,凝聚了多方的努力。学校的支持是研学旅行活动顺利开展的前提,旅行社(旅游公司等第三方服务机构)为研学旅行活动的顺利开展提供了后勤保障。

❶ 教育行政主管部门的评价内容

教育行政主管部门要加强统筹与协调,与各相关部门成立研学旅行工作协调小组,加大研学旅行工作的统筹规划和指导管理,将职责层层分解落实到相关部门和单位,定期检查工作的推进情况。教育行政主管部门要加强督查评价,把中小学组织研学旅行的情况和成效作为学校综合考评的重要内容,把学生参与研学旅行的情况纳入学生学分管理体系和综合素质评价体系。教育行政主管部门要加强宣传引导,创新宣传内容和形式,向家长宣传研学旅行的重要意义,向学生宣传"读万卷书,行万里路"的重大作用,为研学旅行工作营造良好的社会环境和舆论氛围。

❷ 学校研学组织工作的评价内容

按照教育部等 11 部门联合印发的《关于推进中小学生研学旅行的意见》的要求,中小学校要将研学旅行纳入教学计划,要制作相关的工作规程,要筛选旅行社(旅游公司等第三方服务机构)、研学旅行基地(营地)等,还要到主管教育行政部门备案。学校需加强与家委会、家长的沟通,获得家长们对研学旅行的支持。学校需安排带队领导和相关教师随学生外出。学校需组织学生开展知识、技能、心理等相关的行前准备工作。学校的工作主要集中在行前,当然,一个比较完整的研学旅行活动,在学生返校后,还可以组织学习进行学习汇报或学习反思活动。

❸ 研学旅行基地(营地)的评价内容

研学旅行基地(营地)是研学旅行课程的提供者,也是课程实施的主要场所。为保障研学旅行课程的顺利实施,研学旅行基地(营地)必须能够提供具有独特教育意义的、丰富的课程,配备充足的研学旅行导师。同时,研学旅行基地(营地)还必须保障在研学旅行课程实施过程中师生的安全性,必须具备承接研学旅行活动的相关资质和条件。

❹ 旅行社(旅游公司等第三方服务机构)的评价内容

旅行社(旅游公司等第三方服务机构)是将学校、学生与外界联系起来的"中介"。旅行社(旅游公司等第三方服务机构)要收集、整理研学旅行课程、线路、食宿、保险、交通等资源,并有针对性地推荐给学校、学生。旅行社(旅游公司等第三方服务机构)要精选研学旅行导师,为研学旅行做好相关的组织、协调、服务工作。

三、熟悉研学旅行课程评价一般流程

(一) 统一数据结构

研学旅行课程评价的顺利实施,需要提前对参与对象进行编号、管理。前期做好数据的准备,规划好统一的数据结构,后期才能对评价数据进行有效的采集、处理和分析。

❶ 旅行社(旅游公司等第三方服务机构)集中备案

教育行政主管部门要对旅行社(旅游公司等第三方服务机构)进行集中备案,并对旅行社的信息进行集中管理。

❷ 研学旅行基地(营地)统一建档

教育行政主管部门要对研学旅行基地(营地)统一建档,并对研学旅行基地(营地)的课程统一管理,规范课程实施的环节,促进课程评价的开展。

❸ 研学旅行导师统一建档

各研学旅行基地(营地)和旅行社(旅游公司等第三方服务机构)要对研学旅行导师进

行统一编号、管理,并组织教师参与教育评价相关的培训。

❹ 学生编号管理

研学旅行集中时间较短,参与学生众多,研学旅行导师很难在短时间内熟悉每一个学生,这给研学旅行课程评价的落地带来了很大的难度。为了方便评价的实施,可以给每个学生进行编号,并将号码牌佩戴在学生身上醒目的位置,教师可以通过号码牌快速地对学生开展评价。

(二) 明确评价目的

研学旅行课程评价体系庞杂,一次研学旅行评价活动有时不能面面俱到。开始一项研学旅行课程评价,首先就是要明确评价的目的。明确评价的目的后,然后才能正确选取评价的主体、对象,选择合适的评价方法。

(三) 制定评价标准

评价标准是实施评价活动的"尺子",评价标准的制定是否科学,直接关系到评价结果是否有价值,以及评价目的是否能有效达成。评价标准要具有可操作性,不能使用的标准是没有意义的;评价标准要具有实效性,要能涵盖评价要点;评价标准要具有导向性和发展性,要以促进评价对象的健康、优质发展为目的。

(四) 选择或编制评价工具

检查现有的评价工具,如果能够满足评价目标要求,则可以直接采用;如果现有的评价工具不能满足评价目标,但修订后可以满足,则只需修订现有的评价工具即可;如果修订现有的评价工具后仍然不能满足评价目标,则需要重新编制新的评价工具。

(五) 实施评价

评价实施是依据评价标准,借助评价工具采集评价信息的过程。若使用的是新研制的评价工具,则在评价实施时,需提前进行试测,检测评价工具是否有效。

(六) 整理和公布评价结果

整理、统计评价数据,根据评价目的对数据进行深度挖掘,及时公布评价结果。

(七) 充分应用评价结果

评价的应用是整个研学旅行课程评价的最后一个环节,也是非常重要的环节。前期所有的评价工作,都是希望得到准确的评价结果,进而充分发挥评价的导向和激励作用。科学、适度地应用评价结果,能促使各方积极关注研学旅行工作,促进研学旅行课程实施与评价的进一步发展。若开展了研学旅行课程评价工作,但是没有对评价结果充分应用,将不利于评价工作的长效发展。

 **任务实施**

从任务导入中我们了解到,某市急需探索建立市级研学旅行课程评价体系,对研学旅行活动中参与的主体进行评价。请以小组为单位,站在某市教育行政主管部门的角度,为其设计研学旅行课程评价体系。表 5-2 所示为任务实施方案表。

表 5-2 任务实施方案表

活动目的	(1) 熟悉研学旅行课程评价的流程; (2) 熟悉研学旅行课程评价主体; (3) 熟悉研学旅行课程评价内容
活动要求	(1) 建立讨论小组,每组 6—8 人; (2) 准备笔、纸等讨论辅助工具
活动步骤	(1) 选出小组长,小组长对小组成员进行分工; (2) 在小组内,根据分工,完成体系设计工作; (3) 组长汇总小组成员的成果,形成小组的研学旅行课程评价体系; (4) 各小组推选一名代表,交流分享研学旅行课程评价体系; (5) 根据交流情况,各小组进一步完善研学旅行课程评价体系
活动评价	(1) 研学旅行课程评价体系设计流程流畅; (2) 研学旅行课程评价内容合理、科学,符合某市实际; (3) 研学旅行课程评价对象选择准确,符合评价目的; (4) 小组分工合理,协作效率高

 **拓展阅读**

中小学综合素质评价包含哪些方面?

任务三　掌握研学旅行课程评价方法

任务引入

森林里要举行一场比赛,选出谁才是真正的本领最强的动物。老虎、狮子、大象、猴子、松鼠、蛇、小鸟……各种各样的动物纷纷报名参加。森林里最年长、最有智慧的大猩猩说:"来一场爬树比赛吧,谁爬得最快,谁就是深林里本领最强的动物。"

通过爬树比赛,真的能选出森林里本领最强的动物吗?

这则寓言故事告诉我们,任何评价的有效实施,都需要落实到具体的评价方法的选择和评价工具的研制上来。不同的评价方法,可能得到截然不同的评价结果,可见科学选择评价方法的重要性。研学旅行课程评价还处于起步阶段,评价方法还不成熟,评价工具也比较匮乏。对研学旅行评价方法的探索与实践,是推进研学旅行评价体系的建立,促进研学旅行课程评价的实施的关键环节和核心内容。

一、了解教育评价常用方法

划分教育评价的类型,可以更好地把握和运用评价的理论和方法,更好地为教育实践服务。根据不同的划分标准,可以把教育评价划分为不同的评价类型。

(一)根据评价运行的过程进行划分

可分为安置性评价、形成性评价、诊断性评价与总结性评价。

安置性评价。安置性评价是指在特定教育有教学活动开始之前,为了了解评价对象的基础、条件等背景资料,使教育方案更有效地实施而进行的预测性评价。

形成性评价。形成性评价是指在教育教学活动过程中对活动过程和效果进行的评价,其目的是为了了解目标达成的情况,以便及时调控教育教学活动,保证教育目标的实现。

诊断性评价。诊断性评价是指对学生长期存在的和周期性出现的学习困难进行诊断分析,探究其原因的评价活动。

总结性评价。总结性评价是指在课程(或单元)教学结束后用来确定教学目标完成程度的评价活动。主要用于给学生的表现打分,或证明学生对预期的学习目标的掌握情况。总结性评价中使用的方法是由教学目标决定的,通常包括教师编制的成就测验,对各种行为表现的评定(如实验、口头报告)以及对作品的评价(如作文、绘画、研究报告)。虽然总结性评价的主要目的是评分,或证明学生的成就,但它也为判断课程目标是否恰当、教学是否有效提供了信息依据。

(二) 根据评价主体进行划分

可以分为自我评价与他人评价。

自我评价。自我评价亦称内部评价，是指评价对象(集体或个人)根据一定的标准，自己对自己的工作、学习、品德等方面的表现进行的评价。

他人评价。他人评价亦称外部评价，是指评价对象以外的组织或个人依据评价标准对评价对象进行的评价。

(三) 根据评价的价值标准进行划分

可以分为相对评价、绝对评价和个体内差异评价。

相对评价。相对评价又称常模参照评价，是指在一个团体内，以自己所处地位与他人所处地位相比较的评价，其评价参照系设在所属团体之中。相对评价的目的在于明确个体在总体中的地位。

绝对评价。绝对评价又称目标参照评价，是指以评价对象实际达到的目标与既定目标相比较而作出评价结论的评价，它所关心的是评价对象是否达到了既定的教育目标及其达到的程度。

个体内差异评价。个体内差异评价是指把评价对象中的各个元素的过去和现在相比较，或者一个元素的若干个侧面相互比较的评价。个体内差异评价充分照顾个体间或个体内某些方面的差异，不会对评价对象产生压力。

(四) 根据评价的方法进行划分

可以分为质性评价和量化评价。

质性评价。质性评价是指在特定背景下，通过现场观察甚至亲自参与，或者是与有关人员进行深入交谈，亦或是查阅有关书面材料等方式，对评价对象的属性在概念或程度上做质的规定，然后进行分析评定，以说明评价对象的性质和程度。

量化评价。量化评价是指对评价对象进行数量化的分析和计算，从而判断它的价值的评价。

二、熟悉研学旅行课程评价常用方法

(一) 形成性评价

从评价运行的过程来看，研学旅行主要采用了形成性评价，即对研学旅行的过程和效果进行评价。在研学旅行的过程中，评价主体按照评价内容和标准，通过自己的观察、体验对评价对象进行评价，评价重点在于评价对象的运行过程和效果是否能到达预期的要求。

(二) 自我评价与他人评价

从评价主体来看，研学旅行主要采用的是他人评价。在具备科学的评价标准和工具的情况下，他人评价是比较客观的。为了提高评价对象的参与度，凸显评价对象的主体地位，有时也会采用自我评价。自我评价与他人评价方法配合使用，能更全面地反映评价对象的真实状态。

(三) 质性评价与量化评价

研学旅行不同的评价对象，采用的评价方法不同。在考核研学旅行基地(营地)、旅行社(旅游公司等第三方服务机构)是否符合规范时，可通过现场的观察、交流、查阅资料等方式进行评价，这是质性评价方法。通过问卷调查采集数据，依据数据统计、分析的结果对学生、研学旅行导师、研学旅行基地(营地)、旅行社(旅游公司等第三方服务机构)等进行评价，这是量化评价方法。

(四) 绝对评价与相对评价

研学旅行中对学生的评价不具有甄别与选拔功能，不需要对学生进行排序和比较，所以对学生的评价属于绝对评价。研学旅行中对研学旅行导师、研学旅行基地(营地)、旅行社(旅游公司等第三方服务机构)评价时，要求评价对象达到一定的标准，同时也具有一定的甄别功能，所有对研学旅行导师、研学旅行基地(营地)、旅行社(旅游公司等第三方服务机构)的评价是绝对评价与相对评价兼具的。

三、研制研学旅行课程评价工具

(一) 教育行政主管部门对研学旅行基地(营地)的评价

研学旅行基地(营地)是学生开展研学旅行的实践教育和集中食宿的场所，教育行政主管部门要设置准入机制，挑选优质的研学旅行基地(营地)为学生提供研学服务。教育行政主管部门要有一套评价标准，对研学旅行基地(营地)实施动态管理，定期对研学旅行基地(营地)进行资格复核、认定。研学旅行基地(营地)评价标准见表5-3。

(二) 教育行政主管部门对研学旅行导师的评价

研学旅行导师是在研学旅行过程中，具体制定或实施研学旅行课程方案，指导学生开展各类体验活动的专业人员。教育行政主管部门应对研学旅行导师设置准入门槛，并定期地对研学旅行导师开展专业培训。教学行政主管部门对研学旅行导师的评价可以从师德、师风和专业能力这两方面来考虑。研学旅行导师评价标准见表5-4。

表 5-3　研学旅行基地(营地)评价标准

评价指标	评价内容
教育性	(1) 要成立专门的研学旅行服务机构(部门),配备专职人员,明确工作职责; (2) 要建设符合学生身心特点、接受能力和实际需要,注重系统性、知识性、科学性和趣味性,为学生全面发展提供良好成长空间; (3) 要设计与学校教育内容相衔接,研学目标明确、主题特色鲜明、彰显本地特色、富有教育功能的课程,课程开发符合中小学研学旅行课程开发规范的相关要求; (4) 要建立专兼职相结合、相对稳定的研学旅行导师队伍; (5) 建立基地(营地)研学旅行导师全员培训制度,组织专兼职基地(营地)研学旅行导师跨学科、跨专业进修,提升观察、研究、指导学生的能力
安全性	(1) 要坚持安全第一,建立安全保障机制,明确安全保障责任,落实安全保障措施,确保学生安全; (2) 配置齐全的消防应急设备,设有安全和紧急疏散通道,安全提示和指引标志等。在危险地段、安全通道设置明显的警示标志,禁入区域(如临水、交通沿线)应有物理隔离措施; (3) 沿途有合理布局的公共休息设施和安全、文明游览等提示; (4) 设置便捷的医疗站,配备必要的急救药品和仪器,附近 30 公里范围内,有可以随时施行急诊医疗的医院及救助资源; (5) 设有治安机构或治安联防点,与周边公安、消防等机构有应急联动机制; (6) 在出入口等主要通道和场所安装闭路电视监控设备,实行全天候、全方位录像监控; (7) 有健全的基地(营地)研学旅行导师安全培训章程、中小学研学旅行安全须知、研学旅行突发事件应急预案,以保障学生研学旅行安全顺利开展
实践性	研学旅行基地(营地)建设要因地制宜,呈现地域特色,引导学生走出校园,在与日常生活不同的环境中,拓宽视野、丰富自我、了解社会、亲近自然、参与体验
公益性	(1) 研学旅行基地(营地)建设要始终坚持中小学研学旅行活动场所的公益性质,把社会效益放在首位,对建档立卡的贫困家庭学生要适当减免费用; (2) 有针对学生研学旅行的减免优惠政策,原则上基地门票价格应低于社会旅游团体价格和单个学生门票价格

续表

评价指标	评价内容
资质条件	(1) 具有良好的企业形象和较高的社会知名度，同时具有较高历史价值、文化价值、科学价值和教育价值； (2) 市场辐射力较强，接待能力要形成一定的规模； (3) 具备经营许可证、法人资格证、消防许可证、卫生许可证等各种证件，正式运营一年以上，且无任何重大环境污染及负主要责任的安全事故； (4) 应建立投诉处理制度，并确定专职人员处理相关事宜。应公布投诉电话、投诉处理程序和时限等信息，建立投诉信息档案和回访制度，采取多种方式收集学生、老师、家长意见建议，不断优化研学旅行产品和服务； (5) 应为学生购买公共责任险，并根据需要购买其他相应保险

表 5-4 研学旅行导师评价标准

评价指标	评价标准
师德师风	(1) 遵守宪法、法律和职业道德，践行社会主义核心价值观，为人师表； (2) 热爱研学旅行事业，保持持续学习的热情； (3) 了解中小学生身心发展特点，尊重学生人格，富有爱心
专业能力	(1) 贯彻国家的教育方针，遵守规章制度，执行研学旅行基地（营地）、旅行社（旅游公司等第三方服务机构）的活动计划； (2) 熟悉研学旅行活动安全操作流程及规范； (3) 掌握丰富的研学教育内容、研学教育手段和现代化的信息技术知识； (4) 具备研学旅行线路、课程的开发、组织、实施能力
综合素养	(1) 仪表端庄，精神状态好，个人修养强； (2) 具有较强的学习能力和沟通表达能力，能进行精确的活动规划和管理； (3) 认同研学旅行导师的专业性和独特性，注重自身专业发展

（三）研学旅行导师对学生的评价

研学旅行导师分为研学旅行基地（营地）的研学旅行导师、旅行社（旅游公司等第三方服务机构）的研学旅行导师。研学旅行基地（营地）的研学旅行导师主要对学生研学课程进行评价，旅行社（旅游公司等第三方服务机构）的研学旅行导师主要对学生的生活表现进行评价。

① 对学生课程学习情况的评价

学生研学时间集中，人数众多，考虑到评价实施的可操作性，可采用等级的方式对学生进行评价。每一门研学旅行课程都要对学生的学习情况进行评价，每一门研学旅行课程都应有等级评价标准。研学旅行导师可以根据学生课程学习评价内容（见表5-5），参考等级评价标准（见表5-6），研制每门研学旅行课程具体的等级评价标准，并在研学的过程中，准确地告知学生。

表 5-5　学生课程学习评价内容

评价指标	评价要点
知识与技能	包含收获知识、探索发现、组织策划、沟通协作、表达倾听、观察欣赏等方面的评价
过程与方法	包含查阅资料、实地观察记录、调查研究、整理材料、处理数据、运用工具等方面的评价
态度与行为	包含时间观念、秩序意识、礼仪规范、环保表现、语言文明、团队协作、责任意识、增强体魄、磨炼意志等方面的评价
成果与创新	包含创意作品、研究报告、反思体会等学习成果和创新思维、创新能力等方面的评价

研学旅行导师对学生的评价可以不用具体到分数，但为了充分发挥评价的导向和激励功能，体现评价的公平、公正原则，要对学生表现的好坏进行区分，可以采用等级来呈现评价结果。在开展等级评价前，要根据表5-5中的评价内容，对评价指标和要点进行等级水平标准的划分。

表 5-6　等级评价标准

等级标准	等级评定	参考计分
1. 知识理解、技能娴熟 2. 过程流畅、方法最优 3. 态度积极、行为得体 4. 成果完整、创新突出	A等，优秀	80分以上
1. 知识了解、技能掌握 2. 过程完成、方法合适 3. 态度平淡、行为得体 4. 成果完整、局部创新	B等，良好	70—79分

续表

等级标准	等级评定	参考计分
1. 知识了解、技能了解 2. 经历过程、尝试方法 3. 态度消极、行为粗暴 4. 尝试制作、没有创新	C等，合格	60—69分
未能积极参与课程学习	D等，有待提高	60分以下

在具体的研学课程评价实施的过程中，研学旅行导师不可能对所有的评价内容进行评价。研学旅行导师明确评价目标，可以结合具体的课程内容，重点从一个方面或几个方面对学生进行评价。

《小火箭制作》课程方案

一、课程内容

了解我国火箭的发展历史和火箭发明家的故事。参观研学旅行基地中的长征七号火箭1∶1比例的模型，了解火箭的结构。动手制作小火箭模型，理解火箭的构造。培养学生热爱祖国、学习革命先烈的优秀品质和可贵精神。

二、课程目标

1. 知识与技能目标

（1）了解人类在航天技术领域取得的伟大成就。

（2）了解火箭的基本原理。

2. 过程与方法目标

（1）经历实验探究过程，理解火箭发射的原理。

（2）动手制作1枚小火箭模型。

3. 情感态度与价值观目标

（1）了解我国的航天史，激发爱国热情。

（2）乐于与他人合作交流。

三、课程时长

90分钟。

四、适合学段

小学高段。

五、实施地点

航空教室。

六、接待规模

一次可容纳150人。

七、配备师资

每班配备一名研学旅行导师和三名助教(视人数而定)。

八、活动道具

彩纸、塑料膜、塑料管、泡沫板、软胶帽、塑料瓶、透明胶带、火箭图案、记号笔,剪刀等。

九、活动流程(见表5-7)

表5-7 活动流程

活动环节	研学旅行导师活动	学生活动	活动时间
激趣引入	通过讲授火箭发明家的故事和问答互动,引入课程内容,激发学生学习的乐趣和积极性	倾听、交流互动	20分钟
探究明理	带领学生参观、讲授,并引导学生的探究过程	参观研学旅行基地中的长征七号火箭模型,结合所学的知识,探究火箭的结构和发射原理	20分钟
实践操作	为学生提供支持与帮助	利用提供的材料,以小组为单位,设计、制作一个小火箭模型,并给小火箭取一个好听的名字	30分钟
交流分享	组织交流分享活动	以小组为单位,展示制作的小火箭模型,并谈谈课程的学习体会	20分钟

十、安全保障

为学生提供学生专用的安全剪刀,并指导学生正确使用剪刀。

对学生学习情况的评价是课程实施的重要环节,是促进研学旅行导师不断改进教育教学水平、提升学生研学旅行效果的有力抓手。研学旅行导师应熟悉研学旅行对学生学习情况的评价的内容要点,并结合具体的课程内容,提炼出具体的评价要点。研学旅行导师可以依据学生的身心发展特点,结合自己的课程实施经验,拟定具体课程的等级评价标准。如表5-8所示是某研学旅行基地(营地)的"小火箭制作"课程的评价标准。

表 5-8 "小火箭制作"课程的评价标准

等级标准	等级评定	参考计分
1. 认真参与学习,积极回答老师提问 2. 小火箭组装精致,设计、命名有创意 3. 课程分享健康向上,思路清晰,语言明确,观点创新	A 等,优秀	80 分以上
1. 认真参与学习 2. 能完成小火箭的制作 3. 能完成课程分享	B 等,良好	70—79 分
1. 参与学习 2. 参与小火箭的制作,但未完成完整的作品制作 3. 勉强完成课程分享	C 等,合格	60—69 分
1. 未参与学习 2. 未完成小火箭制作 3. 未参与课程分享	D 等,有待提高	60 分以下

❷ 对学生生活表现的评价

对学生生活表现的评价不是对学生某一门具体的研学课程的评价,而是对学生研学旅行整个过程中的时间观念、秩序意识、语言文明、礼仪规范等内容进行评价。为了方便整体的课程规划和实施,学生在研学旅行整个过程的生活,也可以视为一门课程,即生活课程。学生的生活课程也应有等级评价标准。

学生生活课程的等级评价标准应考虑学生的年龄特点,不同年龄段的学生,生活自理能力不同,生活课程的学习目标不同,评价标准也不一样。如表 5-9 所示是针对初中学生制定的生活课程的等级评价量表。

表 5-9 初中学生生活课程的等级评价量表

等级标准	等级评定	参考计分
1. 遵守作息时间,从不迟到早退 2. 秩序意识强,能协助维持秩序 3. 语言文明,能与他人友善沟通 4. 礼仪得体,展现中小学生良好形象	A 等,优秀	80 分以上

等级标准	等级评定	参考计分
1. 遵守作息时间,偶尔迟到早退 2. 秩序意识强,能保证自己不违反秩序 3. 语言文明,能与他人顺利沟通 4. 礼仪得体,符合中小学生身份	B等,良好	70—79分
1. 不遵守作息时间,多次迟到早退 2. 有秩序意识,但仍然不时违反秩序 3. 语言直接,偶尔引起他人误会 4. 未注意礼仪,对自我礼仪要求较低	C等,合格	60—69分
1. 不遵守作息时间,总是迟到早退 2. 秩序意识薄弱,经常违反秩序 3. 语言粗暴,易与他人起争执 4. 礼仪不当,不符合中小学生身份	D等,有待提高	60分以下

(四) 学生对研学旅行导师的评价

研学旅行导师对学生的学习表现进行评价,可以促进学生更高效、投入地参与研学旅行活动。学生对研学旅行导师的课程实施情况进行评价,有助于研学旅行导师不断地提升自己的专业能力。

1. 学生对研学旅行基地(营地)的导师的评价

学生参与研学课程后,可以通过以下几个方面对研学旅行基地(营地)的导师进行评价。

- 研学旅行导师语言是否规范、着装是否得体,是否起到为人师表的表率作用。
- 研学旅行导师是否合理、有效地组织课程的实施。
- 研学旅行导师是否公平、公正地评价学生。
- 在课程实施的过程中,研学旅行导师是否尊重学生。
- 在课程实施的过程中,研学旅行导师是否及时地关注学习有困难的学生。
- 研学旅行导师是否有效地与学生进行沟通、交流。

2. 学生对旅行社(旅游公司等第三方服务机构)的导师的评价

学生参加研学旅行后,可以通过以下几个方面对旅行社(旅游公司等第三方服务机构)的导师进行评价。

- 研学旅行导师语言是否规范、着装是否得体,是否起到为人师表的表率作用。

- 研学旅行导师是否合理、有效地组织学生参与研学旅行活动。
- 研学旅行导师是否有效地与学生、其他老师进行沟通。
- 研学旅行导师是否及时、有效地协调好与研学旅行基地(营地)的对接工作。
- 研学旅行导师是否智慧、有效地处理研学旅行过程中突发的意外情况。
- 研学旅行导师是否关注、关爱行动不便的学生。
- 研学旅行导师是否公平、公正地对学生生活课程的完成情况进行评价。

(五) 学生对研学旅行基地(营地)的评价

教育行政主管部门除了定期地对研学旅行基地(营地)进行验收、考核评价外,也可以通过采集学生对研学旅行基地(营地)的测评数据,来了解研学旅行基地(营地)的实际运营情况。学生对研学旅行基地(营地)的测评数据,可作为教育行政主管部门评价研学旅行基地(营地)的重要依据。可通过以下内容了解学生对研学旅行基地(营地)的评价:

- 研学旅行基地(营地)是否按照预先的计划实施每一门研学课程。
- 研学旅行基地(营地)开设的课程是否丰富、有趣、实践性强。
- 研学旅行基地(营地)派遣的研学旅行导师是否胜任课程的实施。
- 研学旅行基地(营地)提供的研学环境是否让人感觉到安全、便捷。
- 研学旅行基地(营地)提供的住宿环境是否干净、整洁。
- 研学旅行基地(营地)提供的餐饮是否卫生、可口、分量足。

(六) 学校对旅行社(旅游公司等第三方服务机构)的评价

旅行社(旅游公司等第三方服务机构)与学校签订研学旅行合同,提供研学旅行教育、交通、住宿、餐饮等服务。对旅行社(旅游公司等第三方服务机构)的评价主要从研学旅行的协调组织和研学旅行生活保障两方面来考虑,具体通过对学校的随行教师开展问卷调查来了解旅行社(旅游公司等第三方服务机构)的服务质量。

 知识链接

××旅行社研学旅行服务质量调查问卷

除了旅行社(旅游公司等第三方服务机构)通过问卷的形式,了解市场消费主体对自身服务质量的评价外,教育行政主管部门也可以通过类似的问卷调研,摸清旅行社(旅游公司等第三方服务机构)的实际工作情况,可作为教育行政主管部门评价、审批旅行社(旅游公司等第三方服务机构)是否能参与研学旅行服务工作的重要参考依据。

 **任务实施**

韶山毛泽东同志纪念馆是全国唯一一家系统展示毛泽东主席生平事迹、思想和人格风范的纪念性专题博物馆,是全国优秀爱国主义教育示范基地、全国廉政教育基地、国家一级博物馆,也是具有重要影响力的毛泽东生平思想研究资料中心和研究基地。馆内陈列科学、准确、生动地反映了毛泽东同志在中国革命和社会主义建设中的历史地位、丰功伟绩和崇高的人格风范。韶山毛泽东同志纪念馆也是首批由教育部认定的"全国中小学生研学实践教育基地"之一。

若韶山毛泽东同志纪念馆将对研学旅行导师进行年度考核,请尝试着帮助韶山毛泽东同志纪念馆设计一份研学旅行导师评价方案,并研制具体的评价工具。表 5-10 所示为任务实施方案表。

表 5-10　任务实施方案表

活动目的	(1) 熟悉研学旅行课程评价的流程; (2) 熟悉研学旅行课程评价内容; (3) 熟悉研学旅行课程评价方法; (4) 学会研制研学旅行课程评价工具
活动要求	(1) 建立讨论小组,每组 6—8 人; (2) 准备笔、纸等讨论辅助工具
活动步骤	(1) 选出小组长,小组长对小组成员进行分工; (2) 在小组内,经过头脑风暴,确定韶山毛泽东同志纪念馆研学旅行导师评价方案; (3) 按照小组分工,研制韶山毛泽东同志纪念馆研学旅行导师评价; (4) 各小组推选一名代表,交流分享韶山毛泽东同志纪念馆研学旅行导师评价方案和评价工具; (5) 根据交流情况,各小组进一步完善韶山毛泽东同志纪念馆研学旅行导师评价方案和评价工具
活动评价	(1) 韶山毛泽东同志纪念馆研学旅行导师评价方案设计合理; (2) 韶山毛泽东同志纪念馆研学旅行导师评价工具科学,且具有可操作性; (3) 小组分工合理,协作效率高

探索和建立研学旅行课程评价体系，定期开展研学旅行课程评价，充分利用研学旅行课程评价结果，是研学旅行高质量发展、走向成熟的必经之路。教育评价是一项复杂的工作，是一个世界级的难题。做好研学旅行课程评价，仅仅了解教育评价的理论知识是不够的，必须通过不断的实践、积累、优化，才能不断完善。没有完美的研学旅行课程评价体系，只有不断更新的评价理念和不断优化的研学旅行课程评价工具。

紧贴行业实务岗位训练　融通 1+X 职业技能等级证书考题

拓展篇

项目六　研学旅行课程管理

职业知识目标

1. 熟悉研学旅行课程管理的基本概念。
2. 掌握研学旅行课程开发流程内容管理的主要内容。
3. 掌握研学旅行课程实施过程管理的主要内容。

职业能力目标

1. 能对研学旅行课程开发流程进行科学管理。
2. 根据研学旅行策划与管理职业技能等级要求,提高研学旅行课程开发项目的管理能力。
3. 根据研学旅行策划与管理职业技能等级要求,提升研学旅行课程实施过程管理能力,能承担安全管理、实施辅导、策划管理方面的工作。

职业素养目标

1. 对研学旅行课程管理形成正确的认识,具备从事研学旅行课程管理的基本素质。
2. 通过对研学旅行课程开发项目流程的认识,提升对课程开发的统筹协调组织能力。
3. 明确自己在研学旅行课程实施管理中承担的责任,培养高度责任心、团队协作意识及吃苦耐劳的精神。

知识框架

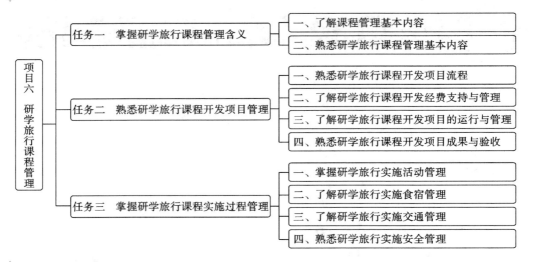

教学重点

1. 研学旅行课程基本内容。
2. 研学旅行课程开发项目流程。
3. 研学旅行课程开发项目成果与验收。
4. 研学旅行实施活动管理。
5. 研学旅行实施安全管理。

教学难点

研学旅行课程开发项目的运行与管理；研学旅行课程活动管理。

项目导入

在研学旅行课程的实际开展中往往出现这种情况：前期课程调研花了大量精力，做了详尽的课程设计，但到了具体的开发实施阶段，还是会出现"掉链子"的情况，各种"意外"层出不穷。这些意外真的是意外吗？有办法解决这些意外吗？能有效避免意外的发生吗？这是本项目将要探讨的内容。即怎样对研学旅行课程进行科学规范的管理。

任务一　掌握研学旅行课程管理含义

国家通过创新管理体制、增设管理主体以及改进管理手段等管理要素的变革激发课程发展的活力,保障课程的持续良好发展。近年来,研学旅行蓬勃发展,研学旅行市场日益火热,但在研学旅行课程管理方面,还稍显薄弱,本节内容从梳理我国教育课程管理体系着手,探讨研学旅行课程管理的相关内容。

该任务涉及的知识点有:课程管理、研学旅行课程管理。

一、了解课程管理基本内容

(一) 课程管理的含义

课程管理是以课程为对象的一种管理活动。从课程管理的目的来看,广义的课程管理是实施国家对该教什么、如何教,以及如何评量的指令,以达到预期的成效;狭义的课程管理是学校促进学生学习的内在具体措施。从课程管理的分类来看,包括了课程行政管理和学校管理,前者是对法律法规、政策的制定,课程标准的颁布,教材的审定以及学校课程实施和评价的监督,后者是学校课程的日常管理与领导,即对国家、地方课程的校本化实施和评价。简单来说,课程管理就是对课程的管理,具体而言,是在明确课程的主体、依据、职能以及课程方式和成效的运作过程中采取措施,达成理想的课程目标的过程。①

(二) 我国教育三级课程管理体系构成

我国教育三级课程通常是指国家课程、地方课程和学校课程。国家制定课程规划,编写、颁发国家课程标准,确定课程门类和课时,宏观指导中小学课程实施。地方课程是在确保国家课程得以实施的基础上,由地方开发适应本地区的课程。学校课程是国家、地方课程在学校的实施,以及由学校开发或选用适合本校特点的课程。②

---

① 哈斯朝勒,郝志军.我国基础教育课程管理政策分析及改进建议[J].当代教育与文化,2019.
② 郑玉飞.改革开放40年三级课程管理概念的演化及发展[J].教育科学研究,2019(05).

1 课程管理主体

三级课程管理的实质是课程权力的再分配,也就是协调好国家、地方、学校三个权力主体之间的关系。① 2001年三级课程管理制度制定并实施,由"大一统"的集中制改变为现有的分权制,国家将权力下放给地方和学校,提高地方和学校办学的自主权和能动性。在地方一级的课程管理实施中,省级教育行政部门必须依据国家课程政策方针和现实情况来制定本省的课程计划与课程标准,并及时向教育部报备。上述的上级教育行政部门,即省、自治区设立的教育厅,直辖市设立的教育局,都是国家课程政策在地方具体执行的教育行政机构,在三级课程管理制度中起到承上启下的重要作用。在学校一级的课程管理实施中,校长是学校课程的主要决定者和责任人,教师是学校课程的主要执行者。在新课程政策提出后,教师的课程权力逐步提升,就教师专业身份的解放而言有着重要的意义。②

2 课程管理职能

国家层面的课程管理职能主要是制定国家基础教育培养目标、课程计划的框架,把握课程标准宏观政策,并监督地方和学校执行文件政策,具体包括基础教育课程评价、课程与教材的开发和管理等方面的相关政策。地方层面的课程管理职能主要是严格执行国家课程计划和课程标准等方针政策,并按地方的实际情况与发展需求,为落实国家课程标准制订具体的方案,有质量地开发地方课程,合理地实施课程计划。③ 各省级行政部门要制定和实施各教育阶段的课程计划及具体措施,并报教育部备案。同时,各级地方教育行政部门要对学校校本课程的开发与实施进行指导。学校层面课程管理职能主要是严格执行国家的课程政策和文件,其中包含有效实施国家规定的课程和地方课程,以及合理开发校本课程。④

3 课程管理方式

课程管理方式和途径是落实国家课程的重要载体和核心问题,从现行制度来看,三级课程管理方式主要包括三个方面,规划与指导、监测与评价、调控与审查。

第一,规划与指导。我国课程管理的主要方式是制定课程政策文件、指导纲要、法律法规等政策文本。

第二,监测与评价。作为一项完整的课程活动,必然需要有评价过程,评价过程构成整个活动的反馈环节。只有与监测和评价形成合力,才能为课程政策的执行提供有效的支撑。

第三,审查与调控。为了确保课程的质量与水平,提升课程的育人价值,国家相关部门

---

① 黄忠敬.课程政策[M].上海:上海教育出版社,2010.
② 哈斯朝勒,郝志军.我国基础教育课程管理政策分析及改进建议[J].当代教育与文化,2019(04).
③ 夕浪.地方课程管理:地位、作用与策略[J].课程·教材·教法,2001(11).
④ 哈斯朝勒,郝志军.我国基础教育课程管理政策分析及改进建议[J].当代教育与文化,2019.

对基础教育课程方案、各科课程标准、课程教材实行严格的审查制度,并对课程问题积极反思、及时调控。①

二、熟悉研学旅行课程管理基本内容

(一)研学旅行课程管理的内涵

课程管理水平是决定课程实施效果的关键。研学旅行被国家纳入课程体系后,课程管理也势在必行。根据我国教育三级课程管理体系,参考日本教育学者高野桂一构建的课程管理 P—D—S 模型②,可以得出,研学旅行课程管理是专门针对研学旅行课程内容的计划、编制(P)、实施(D)、评价(S)这一过程所进行的统筹、组织以及运营的条件创造。

(二)研学旅行课程管理的主体

研学旅行课程管理是一项系统工程,需要对研学旅行各个环节的工作任务进行分工、分组和协调,以达到科学、有效推进研学旅行课程实施,严格按设计思路执行,最终达到研学旅行课程效果最优化的目标。此项工作主要由主办方、承办方、供应方、保障方共同协作完成,各方职责概括如下:

1 主办方

研学旅行活动主办方是指有明确研学旅行主题和教育目的的研学旅行活动组织方。

根据《关于推进中小学生研学旅行的意见》(以下简称"《意见》")的要求和研学旅行工作实际需要,学校作为研学旅行主办方,应履行以下职责:

1. 制定中小学生研学旅行工作规程,规范研学旅行的组织与管理工作。
2. 负责制订研学旅行活动工作方案,明确工作计划,制订招标。
3. 对中标的承办方提供的研学手册提出课程修订意见,并对修订情况进行审核。
4. 对承办方、供应方和保障方的相关协议中关于服务标准的内容予以审核备案,确保供应方提供的服务满足学校的相关要求。
5. 对研学旅行带队教师进行研学旅行课程及相关管理知识的培训,确保学校带队教师具有研学旅行课程实施的专业能力,以及代表学校监督承办方实施课程和旅行协议的能力。
6. 通过家长委员会,以致家长的一封信或召开家长会等形式告知家长研学旅行的政策背景、活动意义、时间安排、出行线路、收费情况、注意事项等信息,对家长做充分的动员和培训。

---

① 哈斯朝勒,郝志军.我国基础教育课程管理政策分析及改进建议[J].当代教育与文化,2019.
② 高野桂一.课程经营的理论与实践[M].东京:教育开发研究所,1991.

7.对学生进行充分的动员,开设研学旅行课程专题讲座,使学生做好充分的思想准备和知识准备。

8.做好行前安全教育工作,负责确认承办方为出行师生购买意外险,必须投保校方责任险,与家长签订安全责任书,与委托开展研学旅行的承办方签订安全责任书,明确各方安全责任。

9.有效实施行后课程,对研学旅行课程、学生的学习成果、研学旅行承办方的工作和学校带队教师的工作作出评价和认定。

10.维护学生和学校教师的权益,如在研学旅行过程中有损害师生合法权益的行为发生,学校应为师生维护和主张权益提供帮助。

11.负责将研学旅行活动方案按照相关要求报上级主管部门审核或备案。

12.监督承办方全面履行合作协议,对承办方在工作中的合理要求提供协助,对承办方与学生和学生家长进行沟通提供帮助。

❷ 承办方

研学旅行活动承办方是具有承办研学旅行资质和能力的专业机构。根据《研学旅行服务规范》(以下简称《规范》)承办方应履行以下职责:

1.应如实提供相关资质证明、研学旅行课程设计方案或研学手册、安全责任承诺书以及从业业绩证明。

2.选择合格的供应方,并签署相关合作协议,对供应方的资格审核承担全部法律责任。

3.负责选择安排符合供应方协议要求的、安全合格的交通工具,并按照规定配备合格的司机。

4.要对课程线路进行实地勘察,根据线路勘查情况设计或修订课程方案或研学旅行手册。

5.按照课程设计方案、《意见》与《规范》的相关要求制订安全防范措施和安全应急预案。

6.组建课程实施导师团队,对团队成员进行课程培训和安全责任培训。

7.为主办方提供必要的行前课程或课程资源。

8.在课程实施过程中全面负责学生的管理工作。

9.按照与主办方的协议及课程规划来实施课程,接受主办方带队教师对课程实施工作的监督。

10.为学生和带队教师提供票务服务。

❸ 供应方

研学旅行活动供应方是指与研学旅行活动承办方签订合同,提供旅游地接、交通、住宿、餐饮等服务的机构。

根据《规范》和《意见》要求，结合行业工作标准，供应方应履行以下职责：

1. 向承办方提供承接研学旅行供应服务的相关资质证明。
2. 与承办方签署研学旅行服务合同，按照合同约定履行义务。
3. 根据合同规定接受承办方的调度、检查和监督。

4 保障方

保障方是指与研学旅行活动承办方签订合同，或按照法定义务提供风险保障的机构，如保险公司，以及活动所在地的医院、派出所、交警等。保险公司按照保险合同规定履行风险保障责任，医院、派出所、交警根据法定义务履行相关职责。

结合任务一所学内容，调查国外（例如：日本、美国、欧洲等）研学旅行课程管理方式有哪些？表6-1所示为任务实施方案表。

表6-1 任务实施方案表

活动目的	通过调查比较不同国家研学旅行课程管理方式的不同，找出其优势和劣势，对我国研学旅行课程管理发展形成参考
活动要求	以小组为单位展开讨论，将讨论结果以PPT的形式进行展示
活动步骤	划分小组，5—8人为一个小组，复习本节内容，查找资料并进行成果展示
活动评价	小组互相评价及教师评价

拓展阅读

P—D—S 课程管理模型

任务二　熟悉研学旅行课程开发项目管理

任务引入

研学旅行课程开发项目管理是研学旅行课程的重要阶段,是研学旅行能否顺利实施的基石。研学旅行课程开发流程是否规范,研学旅行课程设计是否合理,研学旅行课程线路设计是否安全,都决定了研学旅行课程能否付诸实施。因此,研学旅行课程开发项目管理至关重要。

任务剖析

该任务涉及的知识点有:研学旅行课程开发流程、研学旅行课程开发经费支持与管理、研学旅行课程开发项目的运行与管理、研学旅行课程开发项目成果与验收。

随着研学旅行课程开发团队的不断增多,竞争不断激烈,校方、学生及家长对研学旅行课程要求的不断提高。加强项目管理,提高项目质量成为所有研学旅行课程开发组面临的共同问题。

一、熟悉研学旅行课程开发项目流程

项目管理是一种现代化管理方式,把各种资源、方法和人员结合在一起,在规定的时间、预算和质量目标范围内完成项目的各项工作。加强项目管理工作,可保证研学旅行课程开发项目的顺利进行。

任何一个研学旅行课程开发项目都是一项系统工程,包括前期准备工作、课程开发实施工作以及项目投入运行后的评价工作三个阶段。

(一) 研学旅行课程开发项目前期准备工作

在初定课程开发项目后,首先,需要确立项目开发组人员,并进行人员分工,开展市场需求调查、研学线路的课程资源实地勘察,研学旅行课程设置、课程说明等工作;其次,结合研学旅行最新政策以及学校和学生需求,分析所需要的研学旅行课程及线路设计等相关内容,来确立研学旅行课程项目;最后,在完成前期准备工作后,需组织召开课程开发项目说明会,由课程开发人员对课程进行说明,包括课程目标、研学对象、课程人数、课时、师资、课程开发策略(自行开发、外部引进、与外部机构合作开发)、所需资源(设备、资料、成本预算)等方面。

(二) 研学旅行课程开发项目实施工作

在综合整理前期准备工作的基础上,按照课程目标、课程内容、课程实施和课程评价四个方面进行课程设计,包括课程内容设计调查、收集资料、确定课程内容、初步开发、专项小组研讨、编写课程资料6个环节。通过更有针对性的调查,进一步了解研学主体的需求和期望、分析特点(学生的数量、学生的年龄段、学生的认知水平、学生的能力水平等),确定培训所要求研学旅行导师的经验和能力,收集与课程有关的案例等资料。在完成研学旅行课程开发项目初稿后,经专项小组研讨合格后,由课程开发人员编写课程资料,包括:PPT材料、课程简介、课程设计、研学手册、视频、音频,以及课程效果评估问卷等。

(三) 研学旅行课程开发项目评价反馈

在研学旅行课程设计完成后,由课程开发人员、相关业务部门负责人及研学专家组成的课程评估小组,通过实地探究、分析、整理信息和资料,安排研学旅行导师试讲,考查课程目标的达成程度或对课程研制过程、课程设计及课程效果作出价值判断,通过试讲将不合理的地方做适当地修改,以达到最优效果。

(四) 研学旅行课程开发课程归档

经过认证的课程由课程开发组分管人员归档保存,定期进行更新(以一年为周期),并随着知识的更新与外部环境的变化不断修改完善。

经过认证的课程,未经课程开发组允许,其总体结构、要点、重要的案例原则上不得改动,但研学旅行导师能够根据自身特点和经历,采用灵活的呈现方式,补充一些自己熟悉的例子。图6-1所示为研学旅行课程开发流程图。

二、了解研学旅行课程开发经费支持与管理

课程开发组根据每年编制的年度课程开发计划,依据需要,编制年度课程开发经费预算,推算年度课程开发经费的总额。

每一个研学旅行课程开发的经费都应按照有关要求有项目的经费支出(预算)明细。批准立项的课程均可得到一定经费支持,经费金额视课程而定,以审批金额为准。项目经费专款专用,由项目负责人支配。相关部门和财务部门有权进行监督、检查。

三、了解研学旅行课程开发项目的运行与管理

在研学旅行课程开发项目获准立项后,课程开发项目组须在规定时间内拿出课程制作的初稿,共同商定确认制作方案,开始正式的课程制作。培训部对项目的运行实行过程管

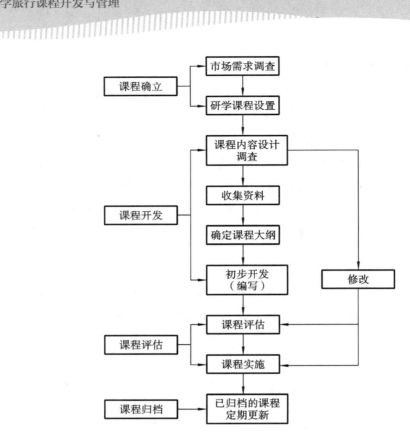

图 6-1 研学旅行课程开发流程图

理,随时与课题组和相关人员联系沟通,解决制作中遇到的问题,对项目进行中期检查,检查内容包括:项目的进度是否按计划要求进行;项目阶段性成果是否达到"课程开发制作意见"中的相关要求;课程开发下阶段的工作能否落实。

对不按计划实施项目或课程负责人(或主要参加者)不能正常参与课程的开发制作,可能造成项目无法按时完成的情况,除应采取相应措施予以解决,还要追究责任。课程开发部门对课程的开发还应采取预审测试制度,将发现的问题即时反馈给课题组,对课程做进一步的修改完善,使之达到要求,否则不能进行课程验收。

四、熟悉研学旅行课程开发项目成果与验收

在课程开发的成果展示中,应提交各类资料(开发团队、Word 文本教材、PPT、课程简介、研学手册、视频、音频等)。项目完成后,研学旅行课程开发组将组织有关专家对课程成果进行评估。项目负责人还需在课程验收会议上进行开发制作汇报,接受专家组的质疑,回答专家组的提问,根据研学专家组的意见与建议对课程做进一步的修改,并在规定时间内(一般为验收后 10 日之内)上交合格成果。

验收合格的课程需在实际教学中运行,听取教育主管部门、研学旅行专家组、学校、老师和学生的使用意见,进行必要的修改,最后取得合格认证。验收合格的课程将在教育主

管部门备案登记。课程成果有资格被推荐参与评优、评奖活动。对验收未通过的课程,应在规定时间内进行整改,另行组织验收。

现在,我国研学旅行尚处于起步、探索阶段,但已经呈现出井喷式增长的趋势。要保证研学旅行的高质量发展,满足人民对教育的美好需要,合格的研学旅行课程开发人员队伍建设是关键。

 任务实施

活动目的:假如你是研学旅行课程开发人员,请以当地旅游资源为主,根据实地调研,写出你的研学旅行课程开发流程。表 6-2 所示为任务实施方案表。

表 6-2　任务实施方案表

活动目的	(1) 增强对研学旅行课程开发流程概念的认识; (2) 理解掌握研学旅行课程开发流程对岗位的需求
活动要求	(1) 选定小组组长,明确小组任务; (2) 合作学习、分工明确,资料来源有依据,真实可靠; (3) 形成小组研究物化成果,并进行交流汇报
活动步骤	(1) 4—6 人一组、选定组长,明确小组任务分工; (2) 各小组分组查阅资料,收集梳理; (3) 组内讨论,归纳总结,初步形成研究成果; (4) 教师指导,提出修改意见,完善研究成果; (5) 各小组交流分享研究成果; (6) 在教师的指导下,形成班级研究成果
活动评价	(1) 通力合作,分工明确,团结互助; (2) 资料收集全面,梳理有序,归纳完整; (3) 有完整的书面汇报材料,结构合理,思路清晰; (4) PPT 制作精美,生动形象,重点突出; (5) 发言积极,仪态大方,乐于与同学分享成果

 拓展阅读

凤凰沟 PBL 茶文化研学课程设计

任务三　掌握研学旅行课程实施过程管理

任务引入

研学旅行课程的实施阶段是研学旅行课程项目的核心阶段,是成果检验阶段,是针对前期准备的具体操作阶段。实施阶段是否科学规范管理、严格高效执行,决定了该课程的最终效果好坏。因此,用科学的管理思维对实施过程进行系统把控至关重要。

任务剖析

该任务涉及的知识点有:活动管理、食宿管理、交通管理、安全管理。

研学旅行课程实施过程主要包括活动管理、食宿管理、交通管理、安全管理四个部分,其中活动管理是核心,食宿管理、交通管理是保障,安全管理是重点。管理团队需各司其职,在各个环节严格管理流程,才能保证研学旅行课程实施的顺利进行。

一、掌握研学旅行实施活动管理

课程实施阶段最容易出现的问题是走马观花,这是目前研学旅行实践中最大的问题,也是研学旅行课程最需要改进的地方。这样的课程实施往往是"旅行",没有"研学",而且这种旅行也通常是"旅行团式的"浅层次旅行。因此,配备专业的研学旅行导师团队,采取科学高效的管理办法,按照研学旅行课程的"三阶段"严格控制过程,根据"两角色"规范管理,避免研学旅行实施过程"失控",避免实际操作阶段与前期精心打磨的课程设计脱节。

(一)"三阶段"过程管理

研学旅行课程的"三阶段"是指课前、课中、课后三个阶段,课前阶段是研学旅行的准备阶段,课中阶段是研学旅行的实施阶段,课后阶段是研学旅行的总结阶段。

1　课前阶段

课前阶段是研学旅行活动课程实施之前的准备阶段。这个阶段要做好课程方案上报、选择机构、确定路线、实地考察、方案确定、学生教育等很多准备工作。其核心内容是三件事。

第一是课程目标的确定。确定课程目标是做好其他准备工作的最基础、最重要的内容。这个目标主要是确定大的课程目标,例如有的学校选择齐鲁文化研学旅行课程,并把泰山、曲阜、济南作为研学旅行目的地,称之为"一山(泰山)、一水(趵突泉)、一圣人(孔子)"。

第二是组织架构的建立。研学旅行课程属于室外活动课程,课程组织的有序性、安全性、教育性是非常重要的课程目标,而实现这些课程目标的关键是要建立起研学旅行课程的组织架构。这种组织架构最根本的是学生自我管理组织体系的建构,自我管理、自我教育应该成为研学旅行课程最主要的管理方式和教育方式。

第三是研学手册的编制。研学手册是整个研学旅行活动的行动指南,也是实现自我管理、自我教育的基本保障。研学手册应该包括研学旅行组织架构、联系网络、课程简介、行程安排、研学课题等方面,研学手册应该力求做到明确具体、操作性强。

❷ 课中阶段

课中阶段是研学旅行的实施阶段。这个阶段要做的事情更多,而且全部是行动,最容易出现问题。目前比较普遍的管理方式是以学校、年级、班级为单位的统一管理,这种管理可以保障预设性、有序性,但是缺乏灵活性、生成性和个性化。学校可以运用多尔的后现代课程理论,为学生设计更多的模块化、个性化、微型化的,具有选择性、探究性、合作性的课程。

(1)要注意从实际出发,科学选择研学旅行活动主题。《关于推进中小学生研学旅行的意见》指出,"学校应当以学生发展为本,突出学生的主体性,根据学校办学特色、学生年龄特点和学科教学内容需要,合理安排不同类型的研学旅行主题,科学设计研学旅行路线,注重突出研学旅行的趣味性、知识性和专业性,构建研学旅行活动的长效工作机制。"据此,学校应当每学期制定研学旅行计划,确定研学旅行主题活动方案和安全预案,并认真组织实施。应突出学生在研学旅行中的主体地位,教师应引导学生主动探究,将书本知识与研学内容有机衔接,引导学生积极建构系统化的知识体系,促进学生独立思考能力的发展,克服盲目的感知和被动接受知识的学习状况。

(2)要注意充分发挥好研学旅行导师的主导作用。《关于推进中小学生研学旅行的意见》指出:"中小学校研学旅行活动主要包括知识科普、体验考察、励志拓展、自然观赏、文化康乐等方向,根据不同学段特点和培养目标,不同研学旅行方向可以相互融合,并不断扩展延伸,逐步建立小学以乡土乡情为主,初中以县情市情为主,高中以省情、国情为主的研学旅行体系。"为此,研学旅行导师要引导学生对即将开展的活动做好充分的准备,包括借助互联网等信息技术查找相关资料,确定活动主题,征集活动设计方案,选定最佳活动方案等;在研学旅行活动过程中,研学旅行导师要组织学生落实活动方案、根据实际情况对方案进行适当修订、补充;活动结束后,要组织学生对研学旅行活动进行系统全面的总结、反思,肯定学生在研学旅行中所取得的成绩,及时发现活动中存在的一些问题,为下一次活动的开展提供更好的建议。

(3)要注意巩固、拓宽研学旅行活动的育人效果。研学旅行活动结束后研学旅行导师应指导学生将自己的收获和感受通过演讲、征文等多种形式表达出来,提升学生的认知能力、逻辑思维能力,巩固、拓宽研学旅行的育人效果。学校应重视研学旅行活动的总结反馈工作,研学旅行活动结束后,研学旅行导师要及时组织学生以班级、小组为单位,将研学旅行活动进行总结、梳理、提炼,并通过 PPT、视频、调查报告、漫画、图表、诗画等方式进行汇报展示,分享活动的感受、经验,找出问题、不足,并提出下一步整改方案。学校要举办研学旅行的征文、摄影、绘画比赛等后续活动,使研学旅行的历程、活动的价值、意义变得更加丰满,更加悠长,更富有生命和生活的气息。

(4)要注意强化家庭、学校、社会的沟通协调机制建设,充分发挥家长委员会的协调、监督、管理作用。学校应力争与所有家长达成共识,与家长签订协议书,争取家长委员会及社会的支持合作,提升家长、学校、社会的整体育人合力,明确学校、家长、社会应承担的权利义务,为研学旅行提供科学规范的管理,增强师生的安全意识,强化责任当担,有效防范学生意外伤害事故的发生,及时有效化解社会风险等,使研学旅行更具有科学性、规范性、安全性、教育性。

❸ 课后阶段

课后阶段是研学旅行的评价总结阶段。这个阶段是非常重要的课程学习阶段,也是很多学校容易忽视和轻视的阶段。课后阶段的主要内容包括完成研学作业、展示研学成果、认定研学成绩等内容。

第一,完成研学作业。按照研学旅行的设计,学校会在研学旅行的课前阶段布置研学作业,并引导学生在课中阶段体验、探究,学生回到学校后整理和按要求完成作业。

第二,展示研学成果。研学成果的展示通常以小组为单位,以体现小组合作学习的效果。研学成果的展示实际上是一种课程评价方式,有利于检验研学目标的实现情况。研学成果的展示还可以实现研学成果的物化和延续,以提升研学的实效性。

第三,认定研学成绩。研学既然被纳入课程,就应该有类似于学科课程的成绩和学分认定系统,这是研学旅行课程规范管理的需要,也是推动学生有效参与研学旅行的重要手段。

(二)"两角色"规范性管理

"两角色"是指研学旅行导师角色和研学旅行学生角色。对导师和学生的规范性操作进行有效管理是保证研学目标高水平完成的重要保障。

❶ 研学旅行导师的授课规范性

研学旅行导师一般是由承办方的导游担任,所以在课程实施过程中要特别注意教学规范。

(1)研学旅行的教学要体现教育性与娱乐性相结合,要突出课程的教育意义。研学旅行导师要对教学资源的属性有深刻理解,着力挖掘教学资源中的文化内涵和教育价值。教学形式和教学语言宜风趣幽默、寓教于乐。

（2）教学内容和教学语言严禁低俗媚俗。

（3）教学内容以及表达的观点不得违背社会道德规范和法律法规；研学旅行导师和讲解员不得传播小道消息，自觉弘扬社会正能量。

（4）研学旅行导师可以采用讲授与互动学习相结合的教学形式，引导学生参与讨论、表达观点，学会主动学习。

2 研学旅行学生的学习规范性

在研学旅行课程教学中，指导学生掌握良好的学习规范也是重要内容。

（1）研学旅行一般是在公共场所进行，所以必须遵守公共秩序。要指导学生做到举止文明、安静有序，切忌大声喧哗，自觉遵守景区和场馆的禁止性规定。

（2）带着任务和问题倾听与体验是研学旅行最重要的学习素养。倾听是深度学习的基本条件，是带着思考的听讲。要引导学生在研学旅行导师和场馆讲解员授课时，边听讲边思考。由于研学旅行的授课通常是集体学习，所以不要随意打断老师的讲解，有问题可以在老师讲解的间歇提问。

（3）研学旅行是一种体验式学习。学习是在真实的环境中进行，不同于书本上的知识学习。旅行过程中知识的获取更需要靠学生自己的观察和体验。要引导和培养学生的学习主动性和观察体验的深刻性，这将决定学习者的收获水平。

（4）研学旅行的作业不同于学科练习，不需要闭卷完成，一般也不会提供标准答案，通常提倡以小组合作的形式完成作业。在合作完成作业的过程中，要引导学生通过观点碰撞和思想交流，实现对问题更深刻地理解和更准确地表达。

二、了解研学旅行实施食宿管理

1 食宿方案

研学旅行课程的项目组长要统筹制定食宿方案。住宿地点通常已在行前预订，行程中要提前调度好研学旅行基地（营地）或酒店做好接待准备。首先要落实好预订的房间数量，通知研学旅行基地（营地）必须在研学团队到达前做好房间内务准备，使研学团队到达后即可入住。然后确定登记入住方式，是集体登记分发房卡，还是逐个登记依次入住，并根据登记入住方式确定是否需要提前收齐相关证件。饮食方案要考虑当地的饮食文化，依据安全、营养、多样、经济、实惠的要求制订。

2 食宿地点

提前确定就餐地点和入住地点。早餐一般在入住酒店用餐，但午餐和晚餐一般可以与入住酒店分开。项目组长要提前做好规划和调度，确保时间的有效利用。

③ 食宿标准

食宿标准要按照招标协议中的规定执行,要与食宿供应方充分沟通落实,确保标准执行到位。

④ 就餐形式

根据就餐环境和就餐时间,提前确定是自助餐还是桌餐。如果是桌餐,要确定每桌的人数,提前分好小组,确保有序用餐,提高用餐效率。如果团队中有少数民族学生或老师,要提前作出特殊安排。

⑤ 住宿管理

根据研学旅行导师团队成员的职责和实际需要,对学生的晚间安全管理进行分工协调,确定好每位老师负责检查的房间,安排好查房时间,统计查房结果,处理出现的问题。做好晚间值班安排,确保学生不离开酒店,不串房间。

三、了解研学旅行实施交通管理

研学旅行课程的项目组长应全面协调地统筹交通相关问题。此项工作需提前部署、细致安排,考虑多种偶发因素对行程的影响。

(1)如果需要乘坐飞机和火车,必须提前了解并随时关注天气情况和航班、车次信息,提前估算好到机场、车站需要的时间,并预留出堵车可能延误的时间。

(2)对于前往机场或车站的驳接车或前往下一景点的大巴车,要与司机定好出发时间和泊车地点。要考虑出发地点的实际情况,如果是在酒店门前的路边,要确定门前是否允许停车,以便提前组织学生到指定泊车处候车。驳接车或大巴车到达后,要留意和观察司机状况,如有疲劳或饮酒状况,应果断处置。

(3)提前通过地接导游了解所经路线的交通状况和路况信息,针对可能出现的交通事故或修路、自然灾害造成的交通阻断,要提前规划绕行线路。

(4)安排安全员坐在车辆前排,随时观察路况,并留意司机状况。如果司机出现疲劳状态或连续行车超过两小时,应提醒司机进服务区或在可以临时停车的安全地点停车休息。

(5)如果发现司机表现出异常状态或发现车况异常,应及时安排停车,迅速查明情况,并向项目组长反映。项目组长要及时果断采取措施,必要时要求供应方更换司机或车辆。

四、熟悉研学旅行实施安全管理

安全管理应以安全预防为主。安全预防包括学生个人的安全预防和团队集体的安全预防。学生个人的安全预防主要表现为安全注意事项,团队集体的安全预防主要表现为安全防范措施。

(一) 安全注意事项

组织者必须提前将注意事项告知学生,并及时对学生进行提醒。安全注意事项的指向必须具体、有针对性。每一条注意事项都必须针对具体的学习环境、具体的学习条件和具体的设施。

(二) 安全防范措施

制订和采取安全防范措施的行为主体是承办方。这些措施必须能够起到规避和防范事故发生的作用。安全防范措施必须由承办方预先制订,由研学旅行导师团队具体操作实施。

安全防范措施一般包括:

(1) 基于标准和协议的安全预检。比如对供应方所提供的车辆、酒店、餐饮按照行业标准和协议要求进行事前的安全检查,确保供应方提供的产品和服务达到规定标准,避免安全隐患。

(2) 基于安全标准的线路规划和资源选择。在线路规划时要避开具有危险性的路线和处所,比如在雨季易发生泥石流的道路和景点。

(3) 基于安全规范的防护措施。在参观车间、工地、工业遗址等处所时,要按照安全规范组织学生穿戴防护服和安全帽,在水上活动时要指导学生按照规定穿上救生衣,要提醒学生在车辆行驶过程中和飞机起降过程中系好安全带。

(4) 基于安全保障的操作流程。在进行生产流程的体验学习时必须监督学生按照工艺操作流程及注意事项实施操作,在拓展训练活动时必须提醒和指导学生严格按照训练设施的使用规则和教练指导的活动规程进行活动。

(5) 基于自然条件的活动安排。比如在干热环境中的防晒措施,在湿热环境中的防暑措施,在危险路段的团队组织等,都属于安全防范措施。

(6) 基于社会规则和民风民俗的预防措施。比如出国出境或到民族地区研学旅行时,应针对当地特殊的社会规则和民风民俗对学生进行教育,在活动过程中约束学生的言行,不能冒犯当地的风俗习惯。

(三) 应急处置

应急处置是指出现安全事故或紧急情况时,为将损失降低到最小程度而采取的必要措施。

项目组长以及整个研学导师团队要熟练掌握预案的应急响应条件,在符合条件的情况下迅速果断地启动应急预案,按照预案所规定的流程执行,避免延误时机,扩大损失。

应急预案启动的决定应由项目组长视情况做出。应急预案可以单独做成应急手册,项目组长随身携带,处置紧急情况时参照执行。

(四) 安全制度的落实

安全是开展研学旅行活动的前提,没有安全就没有一切。研学旅行导师团特别是项目组长和学校领队,担负着保障团队安全的重要责任,必须对安全注意事项、安全防范措施和安全应急预案做到非常熟练。能够对各种安全风险有预见能力。

安全工作重在防范。在课程实施过程中基于安全注意事项的学生组织是安全预防工作的基本组织措施,在课程实施过程中研学旅行导师要做到安全预防措施重在执行。必须针对各种情况逐项落实预防措施,这是预防群体性风险的根本措施。

表 6-3 所示为任务实施方案表。

表 6-3 任务实施方案表

活动目的	练习撰写一份实施方案,进一步明晰研学旅行课程实施中对活动、食宿、交通、安全方面的管理要求,加深对研学旅行课程实施操作层面的掌握
活动要求	自选一个研学旅行课程,假设自己是主办方,根据课程内容,撰写一份《×××××研学旅行课程实施方案》。学生自由组成五人小组,小组成员每人根据职责划分,分别撰写实施方案里的对应部分内容。经讨论汇总,形成小组成果汇报展示
活动步骤	(1) 以 5 人为基本单位划分小组; (2) 选定小组长; (3) 组长组织学习活动材料,对小组成员进行分工; (4) 实施撰写; (5) 小组讨论、反馈、修改; (6) 形成定稿; (7) 小组间汇报交流,进行组间评价; (8) 反思、修改作品
活动评价	小组讨论结束后将讨论结果整理成汇报材料上交,教师综合汇报材料和小组参与率进行评分

 **拓展阅读**

《研学旅行服务规范》截选

 项目小结

通过本项目的学习,熟悉了研学旅行课程管理的基本内容,并对研学旅行课程开发项目流程有了更清晰的认识,进一步熟悉了其中的经费支持、项目运行、成果与验收等环节的管理模式,同时,对实施过程中的活动、食宿、交通、安全等方面的管理进行了全面了解。

 **项目训练**

紧贴行业实务岗位训练　融通 1+X 职业技能等级证书考题

项目七　研学旅行线路设计

职业知识目标
1. 了解研学旅行线路的基本含义。
2. 理解研学旅行线路的类型和设计原则。
3. 掌握研学旅行线路设计方法。

职业能力目标
1. 掌握研学旅行线路设计程序。
2. 掌握确定研学旅行线路主题的技能。
3. 具备组合资源、串线的能力。
4. 掌握对应研学旅行策划与管理职业技能等级证书(高级)中关于线路设计的计划运营、风控管理能力。

职业素养目标
1. 提升逻辑思维、空间思维和系统思维能力。
2. 激发对祖国大好山河、中华传统文化等研学旅行线路资源的热爱。

知识框架

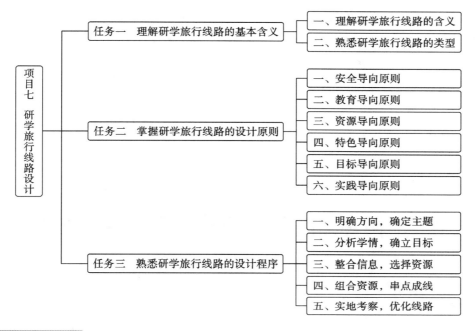

项目七 研学旅行线路设计
- 任务一 理解研学旅行线路的基本含义
  - 一、理解研学旅行线路的含义
  - 二、熟悉研学旅行线路的类型
- 任务二 掌握研学旅行线路的设计原则
  - 一、安全导向原则
  - 二、教育导向原则
  - 三、资源导向原则
  - 四、特色导向原则
  - 五、目标导向原则
  - 六、实践导向原则
- 任务三 熟悉研学旅行线路的设计程序
  - 一、明确方向，确定主题
  - 二、分析学情，确立目标
  - 三、整合信息，选择资源
  - 四、组合资源，串点成线
  - 五、实地考察，优化线路

 教学重点

1. 研学旅行线路设计原则。
2. 研学旅行线路设计程序。

 教学难点

研学旅行线路资源组合、串点成线。

项目导入

2020年7月绍兴市举行文旅新闻发布会，发布绍兴研学旅行十大游线，进一步重振旅游市场、刺激文旅消费，助力中国最佳研学旅行目的地城市打造。

后疫情时代，怎样打响旅游品牌？研学旅行的推出成为一大关注点。发布会上，除了研学旅游标准化建设管理规范发布实施外，"走进课堂"鲁迅研学之旅、"文脉千年"唐诗之路研学之旅、"翰墨飘香"书法研学之旅、"曲韵芳华"戏剧研学之旅等10条研学旅行线路发布。这些线路涉及书法、戏曲、黄酒、名人、山水自然等多个元素，体验项目涵盖全市各区、县(市)内的著名景点。如"技艺传承"匠心研学之旅，线路包括古越水乡风情游、巧夺天工手艺游和寻味人生茶乡游，通过畅游安昌古镇、松陵船厂、诸暨山下湖珍珠小镇、上虞瓷源小镇、嵊州文创园(竹编)、新昌大佛寺等,感受匠心坚守和文化传承。

据了解,研学旅行是当前文旅消费中的一大新热点,也是绍兴激活旅游市场的有效发力点。作为文化圣地的绍兴,具有发展研学旅行的独特优势。从 2003 年开始,绍兴市就率先推出了"跟着课本游绍兴"6 条研学旅行线路,形成了全国最早的研学旅行基地。目前,全市拥有 20 多家国家级、省级及市级研学旅行基地、营地,拥有纺织、黄酒、青瓷、珍珠等丰富的研学旅行资源。2019 年,仅鲁迅故里一个景区便接待研学游客 30 万人次。

由上述案例可以看出研学旅行线路设计在研学旅行活动中的重要作用,本项目关注的即研学旅行线路以及研学旅行线路设计等内容。

任务一　理解研学旅行线路的基本含义

 任务引入

教育部等 11 部门联合印发的《关于推进中小学生研学旅行的意见》指出,要以基地(营地)为重要依托,积极推动资源共享和区域合作,打造一批示范性研学旅行精品线路,逐步形成布局合理、互联互通的研学旅行网络。

那么,首先我们要了解什么是研学旅行线路。

 任务剖析

本任务所涉及的知识点有:研学旅行线路的含义、研学旅行线路的类型。

一、理解研学旅行线路的含义

研学旅行线路是研学旅行活动的导引和载体,是各个研学点的科学集合。研学旅行的线路不同于一般的观光旅行线路,具有明确的研学主题。线路上的每一个点都是一个教学单元,每一单元都是线路总的主题的组成部分。因此,研学旅行线路设计具有课程与教学内容的整体性和统一性。

研学旅行线路是指在一定地域空间,研学服务商针对研学市场的需求,凭借交通线路和交通工具,遵循一定原则,将若干研学旅行基地(营地)和研学旅行课程等合理地贯穿起来,专为学生开展研学旅行实践活动而设计的线路,研学旅行线路是研学供给方和研学需求方联结的纽带。研学旅行线路,由研学旅行地点串联而成,不只是旅行交通线路,更主要的是研学过程逐步展开的探究线路。广义研学旅行线路,可以串联研学旅行基地(营地)。狭义研学旅行线路,可以是空间尺度较大的研学旅行基地(营地)内部的研学线路。

二、熟悉研学旅行线路的类型

(一) 按课程内容分类

研学旅行线路按照课程内容可分为专题型研学旅行线路和综合型研学旅行线路两种。①

专题型研学旅行线路是以某一专门主题内容为基本课程而串联的研学旅行线路,包括地理类、自然类、历史类、科技类、人文类、体验类等方面专题线路,研学旅行课程的目标是让学生学习认知某一门专业领域的知识。

综合型研学旅行线路是指研学线路所串联的课程内容各不相同,表现的是多学科、多领域的综合性研学旅行线路,研学旅行课程的目标关键是让学生探究不同主题课程内容之间的关系。

专题型研学旅行线路和综合型研学旅行线路均可用于小学、初中和高中等学段。

(二) 按空间尺度分类

研学旅行线路按照空间尺度可分为远程研学旅行线路,中程研学旅行线路和近程研学旅行线路三种。图 7-1 所示为空间尺度研学旅行线路类型示意图。

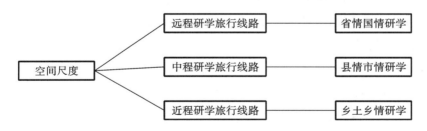

图 7-1 空间尺度研学旅行线路类型示意图

❶ 远程研学旅行线路

远程研学旅行线路是空间尺度上范围较大的线路类型,一般在 1000 千米以上的距离。主要包含两层含义:一是路程较远,空间范围大;二是课程涉及时间长,一般在一周左右。

❷ 中程研学旅行线路

中程研学旅行线路的空间尺度介于远程研学旅行线路和近程研学旅行线路之间,交通工具选择范围也较大,除了飞机、火车外,汽车、轮船都可以作为主要交通工具。时间一般

---

① 袁书琪,李文,陈俊英,等.研学旅行课程标准(三)——课程建设[J].地理教学,2019(7)4-6.

在 3—5 天。

3 近程研学旅行线路

近程研学旅行线路是指空间尺度小、时间短的线路类型，一般是以交通工具在当天能往返的路程为限。近程研学旅行线路通常在本省、本市县之内，总里程短，日程通常在 1—2 天。

（三）按运动轨迹分类

研学旅行线路按照运动轨迹可分为周游型研学旅行线路、节点型研学旅行线路和逗留型研学旅行线路。

1 周游型研学旅行线路

周游型研学旅行线路是指研学旅行线路设计的运动轨迹为一条闭合环状的线路，即以出发地为起点，经过若干研学目的地后回到出发地，中间没有重复线路且成环状。图 7-2 所示为周游型研学旅行线路类型示意图。

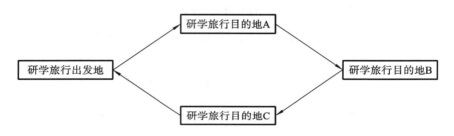

图 7-2　周游型研学旅行线路类型示意图

周游型研学旅行线路的特点：

（1）研学旅行线路较长，且呈闭合环状。研学旅行目的地一般不止一个，在设计线路时，需要将若干个研学旅行目的地串联成环状，尽量不走重复线路。

（2）研学旅行时间较长。周游型研学旅行线路的研学旅行目的地不止一个，一般适用于中远程线路，所需时间也相对较长。

（3）考虑安全范围广。由于线路和实施时间长，目的地较多，所涉及的安全范围和难度都相对较大。如长距离交通安全，学生在外住宿天数多，外地气候差异和水土不服导致的身体问题等情况都需要考虑在内，设计时，必须同时要做出完善的安全条例和应急预案。

（4）线路设计难度大。周游型研学旅行线路包含的目的地多，所涉及的地区和部门也多，相对的影响设计的制约因素、设计内容和工作量也多，需要投入更多的人力、财力和物力，设计难度也大。

2 节点型研学旅行线路

节点型研学旅行线路是指设计的空间运动轨迹呈节点状，即以某地（可以是常驻地也可以是某一研学旅行目的地）为中心，以放射型的线路到周围进行研学旅行活动。除了中、近程研学旅行线路可以选择这种类型外，远程研学旅行线路的某个研学目的地也可以使用这类线路。图 7-3 所示为节点型研学旅行线路类型示意图。

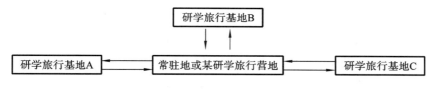

图 7-3 节点型研学旅行线路类型示意图

节点型研学旅行线路的特点：

（1）当天往返。节点型研学旅行线路的最大特点在以常驻地或某研学旅行目的地住宿，每天以该地为中心，到周围研学旅行基地（营地）进行研学旅行活动。这样既可以减少频繁更换住宿地点所带来的麻烦，也可以在设计研学线路时辐射到该地周围的研学旅行基地（营地），因为总的住宿天数较多，可以和酒店协商优惠价格，节约住宿成本。

（2）线路不长。因要确保当天住宿往返，所以在选择周围研学旅行基地（营地）时要考虑到交通时间，要能在当天往返。

（3）线路设计难度一般。节点型研学旅行线路跨区域较少，在一地逗留时间多，学生适应时间长，且影响设计的制约因素、设计内容和工作量相对较少。但设计时在选择研学资源时要注意资源的重复性，注意根据不同学生、不同主题、不同教学目标的情况，选择最合适且不重复的研学资源。

3 逗留型研学旅行线路

逗留型研学旅行线路是指运动轨迹在同一个研学旅行基地（营地）内停留至少一天以上的线路。这类线路，不是以研学旅行目的地为节点，而是以研学旅行基地（营地）为节点或目的地。

逗留型研学旅行线路的特点：

（1）交通时间少。因为以研学旅行基地（营地）为节点或目的地，所以一般只有出发地到研学旅行基地（营地）的交通往返。

（2）研学旅行基地（营地）规模大，研学旅行课程丰富。能承接这类项目的研学旅行基地（营地），至少具有基本的食宿接待能力，且逗留时间越长，所需的课程越多且内容越丰富。

（3）考虑安全范围较小。因为活动范围集中，交通方式简单，所以相对于其他类型而言，逗留型研学旅行线路所涉及的安全范围较小。

（4）线路涉及难度较小。因为活动范围集中在研学旅行基地（营地），所以线路设计时的难度不大，但是对研学旅行基地（营地）和课程都有较高的要求。

表 7-1 所示为任务实施方案表。

表 7-1　任务实施方案表

活动目的	了解研学旅行线路基本知识
活动要求	分小组分别对本市、本省及全国知名的研学旅行线路信息进行收集，并在班级中进行展示
活动步骤	(1) 依据班级人数进行分组，确定小组任务； (2) 各小组按照所领任务分别收集本市、本省及全国知名的代表性线路信息，并进行整理，制作展示文本或 PPT； (3) 在班级分小组展示收集成果
活动评价	依据展示情况进行评价

任务二　掌握研学旅行线路的设计原则

任务引入

福建省教育厅发布的通知中，对研学旅行工作规划进行部署。根据工作规划，各设区市要开发形成一套涵盖小初高学生的研学旅行活动课程，遴选确定 3 个左右地市级的中小学生研学旅行基地；确定 3—5 条地市级的中小学生研学旅行精品线路。通知要求，各地教育行政部门要围绕"红色之旅""生态之旅""文化之旅""乡村之旅"，精心打造一批示范性研学旅行精品线路，逐步形成布局合理、互联互通的研学旅行网络。各县（市、区）教育行政部门要先期确定 2—5 条县域的中小学生研学旅行精品线路，在此基础上，各设区市遴选确定 3—5 条地市级的中小学生研学旅行精品线路。

在研学旅行线路设计中应遵循哪些原则，这是本任务学习要掌握的主要内容。

任务剖析

该任务涉及的知识点为研学旅行线路设计原则：安全导向原则、教育导向原则、资源导向原则、特色导向原则、目标导向原则、实践导向原则。

一、安全导向原则

教育部明确指出：无论学校或机构，在组织研学旅行时，必须保证学生安全；学生安全是学校领导、老师、家长和社会共同关注的焦点，也只有在安全的前提下，学生才能无后顾之忧、全身心地投入研学旅行活动中,教师才能更好地开展教育活动,研学旅行才能取得更好的教学效果。因此,从研学旅行线路设计之初就应该关注学生安全。研学旅行线路设计的安全性原则是指,在设计的研学旅行线路中,一切危险、威胁、隐患均在可控范围内,要确保学生的身体、心理不受伤害,财产不受损失。

二、教育导向原则

旅行是研学的载体,研学是旅行的目的。在研学旅行线路设计过程中,要始终坚持教育是旅行的目的,必须要利用旅行中的事物达到教书育人的目的。在选择研学旅行的主题时,要选择具有教育意义,能引导学生树立正确的人生观,能培养学生综合思维,能提高学生实践力的研学主题;要确定略高于学生身体和智力发展且可评估的研学目标,以提高学生发现、探究、解决问题的综合能力;要选择具有典型特征的区域进行考察,以培养学生区域认知核心素养;进行研学旅行资源组合时,还要结合教育学、心理学知识,按照符合学生认知规律的顺序将选好的研学资源有机组合起来,以达到更好的教学效果。

三、资源导向原则

(一) 资源结构合理

1 尽量避免重复

避免重复有两个方面:一方面,设计线路时尽量不要走重复路,根据满足效应递减规律,重复会降低学生的新鲜感、期待感和满足感,所以设计线路时,尽可能呈环形线路;另一方面,要避免研学资源的重复。无论是专题型还是综合型研学旅行,都要避免研学资源的重复,即使是同一主题,也要尽量避免重复的课程内容和教学形式。

2 节点间距适中

同一条研学旅行线路中各节点距离不宜太远。空间距离越大,意味着所耗费的交通费用和旅途时间越长。除此之外,长距离的交通会给学生带来疲惫感,有可能会影响后面的教学环节。如果所乘坐的交通工具是汽车,长距离的驾驶也会增加安全风险。一般来说,研学旅行线路各节点之间的旅程时间不能超过总行程时间的1/3。

3 选择研学资源适量

研学旅行线路的研学资源选择并非越多越好,而是要根据学生在不同学龄段的教学课程标准和学习需求来设计。若研学资源太少,学生所获知识不够,达不到教学目标和教学效果;若研学资源太多,容易使学生疲劳,所学内容也难以短时间内消化,达不到教学目标和教学效果。

(二) 资源时效优先

研学旅行是课堂的延伸,当学生走出课堂,参与研学旅行活动中时,就会受到自然和客观因素的影响,所以设计线路和课程时,就要考虑到时效性。

1 根据季节性变化设计线路

研学旅行的课程的目标之一是让学生走出教室,接近大自然,激发学生对大自然的探索欲。但自然景观的课程具有季节性特征。例如生物主题的线路,某些动植物只有在特定季节或时间才能看到,所以在设计线路和课程时,还要考虑时效性因素。

2 根据学校教学周历设计线路

研学旅行不同于夏(冬)令营和游学,研学旅行活动是课堂的延伸,是教学的一部分,一般安排在中小学正常教学周内。所以设计线路时也要考虑正常教学进度、计划,根据课程标准在教学周历内完成。

四、特色导向原则

不同的地区、国家之间的民俗文化、历史积淀、自然风光都精彩纷呈。在研学旅行线路设计中,应有效利用本地特色,挖掘本土文化底蕴,结合学生培养目标、学段特征,开发人文类、自然类、历史类、科技类等多种类型的具有本土特色的研学旅行线路。研学旅行线路的特色性主要体现在研学旅行资源上,要突出乡情、县情、市情、省情等地方特色和区域性特征,要尽可能地突出空间性、时间性、趣味性,让学生在新鲜的生活环境中,接触到不同的自然和社会现象,深刻体会环境的差异性。另外,在设计研学旅行线路时,即使是专一主题型研学线路,在选择研学主题资源时,也要在同一主题下,选择不重复且能体现各地特色的研学资源。

五、目标导向原则

目标导向原则是指结合不同的学龄段学生的特点和不同学段的课程标准,设计不同的研学旅行线路和研学旅行课程。不同年龄段的难度应有梯度性、层次性,知识范围应有延展性,教学内容形式应多样化,而且设计时要避免一刀切,避免线路和课程难度相当、形式相近,训练能力模式化、机械化,研学方式简单化等情况。根据"小学阶段以乡土乡情研学为主，初中阶段以县情市情研学为主，高中阶段以省情国情为主的研学旅行体系"的要求，针对不同学龄段的研学旅行课程需求，研学线路的空间尺度和范围都不尽相同，所以设计内容也要随着不同需要而体现出来。

六、实践导向原则

研学旅行作为校外课程资源的新方式，让学生走出校园，突破了传统的教学时间与空间限制，让学生到与生活环境不同的地方去体验、探究与学习，通过到自然或社会环境中的实践，培养学生发现问题、探究问题、解决问题的能力。研学旅行线路设计要与校内的学科知识特性相结合，在研学旅行线路的设计中，要区别于传统的旅游线路设计，突出知识的综合性、多样性特点，凸显学科特色，设计的重点应放在实践性原则上，多设计一些能让学生参与实践的研学旅行线路和课程，激发学生对科学对大自然的探索欲望，提高审美能力，培养动手能力，并使身体得到锻炼，使思维得到发展，进而提高创新能力。

表 7-2 所示为任务实施方案表。

表 7-2　任务实施方案表

活动目的	进一步掌握研学旅行线路设计原则
活动要求	（1）以 6—8 人为单位划分小组，选定小组长，明确任务分工； （2）形成小组讨论成果，以图文结合的形式进行呈现
活动步骤	（1）小组讨论，结合所学知识，分析案例； （2）讨论案例中所体现的研学旅行线路设计原则； （3）分享展示案例分析讨论成果
活动评价	小组自评与教师评价相结合，根据小组自评和实际讨论、展示情况评分

案例：

寻访国学圣地，传承中华基因

山东，在中国文化史中占据非常重要的地位，是儒家文化的发源地，一大批历史文化名人都出生于今山东境内，包括至圣孔子、亚圣孟子、宗圣曾子、兵圣孙武、武圣姜尚、匠祖鲁班、车祖奚仲、智圣诸葛亮、书圣王羲之等。其中，以孔子、孟子为代表的儒家文化，对中国文化的发展起了重要的作用，儒家思想深深烙印在中国文化中，当今，儒家文化甚至在一定程度上成为国学（传统文化）的代名词。

全国中小学正大力推广国学经典教育，学习中华优秀传统文化是每个中小学生的必备功课。中小学生到山东研学，一方面，通过实地考察，可以深入学习孔子、孟子的思想和成就，增进学生对中华文明的了解；另一方面，在文化的探究与思想的对话中，去探寻中华文明数千年来薪火相传的奥秘，对增强青少年的文化自信具有重要意义。

在本次文化研学中，我们将根据《研学手册》，在孔庙、孟庙、墨子纪念馆、泰山、趵突泉等最具代表意义的山东文化研学地点进行现场研学，实地探究历史、全方位考察文化，与中华五千年的文明与智慧进行穿越时空的心灵交流和对话。

（一）研学目标

1 知识、技能目标

通过探访孔庙、孟庙、泰山、趵突泉等，积累与课文相关的选段、诗词。

通过参观墨子纪念馆，了解中国古代科技的发展成就，并在实践中积累常见的科技知识。

通过参观孔庙、孟庙等，了解古代建筑规制的相关知识。

通过现场作文练习，学会描写建筑特色、自然景物，以及抒发情感等。

2 过程、方法目标

通过对儒家思想资料的研学，学习搜集素材、分析资料的方法。

通过现场感受和想象，学习相关的写作方法。

3 情感态度价值观目标

通过研学山东的世界遗产，增强中华民族的凝聚力，提高我们的文化自信。

通过感受挑山工等人物的故事，培养坚定的意志力。

（二）研学对象与时间

研学对象：小学生、初中生、高中生。

研学时间：1—4天，可根据需求组合

表7-3所示为研学课程内容表。

表7-3 研学课程内容表

课程类型	课程地点	课程主题
历史人文	曲阜孔庙	（1）学习孔子思想的精髓，感悟儒家独特的思维方法等； （2）学习古代建筑的相关规制，探索建筑中蕴含的文化奥秘
历史人文	邹城孟庙	学习孟子的天道与人性观和承先启后的思想，感受孟子的独特思想气质。了解孟子的家庭教育、中庸思想及对我们的影响等

课程类型	课程地点	课程主题
科技人文	滕州墨子纪念馆	学习墨子的兼爱非攻思想,了解墨子的科技成就
自然人文	泰安泰山	(1)攀登泰山,磨炼学生意志; (2)登顶泰山,培养天下情怀; (3)学习写景作文的方法
自然地理	趵突泉	(1)学习描绘趵突泉; (2)探究泉水形成的原因,进行地理探索
历史人文	李清照纪念堂	学习千古第一才女的诗词与情怀

(三)研学实施

1 研学准备

(1)组织准备:按军事化原则编组,每班分成若干小组。每人担负小组一定职责。

(2)任务准备:小组成员在研学过程中,都有明确和具体的分工,自愿承担或参与部分工作任务等,如资料搜集、摄影和负责本组同学生活等。

(3)内容准备:每小组在研学前应查阅相关的资料,并选定一个"思想寻源研学主题"(课程中的研学主题,任小组选择;同时,提供给学生一些文章,鼓励同学们在阅读和准备其他材料的过程中,提出新的问题,由小组同学讨论生成一个新的主题。)

①上网或查阅资料,了解山东的相关资料。

②上网或查阅资料,了解儒家思想的历史。

③观看孔子、孟子、泰山相关的纪录片。

(4)方法准备:组织方或校方将对学生进行研学方法的培训,明确怎样对山东涉及的思想文化进行选题立意,怎样对历史遗迹进行观察、思考,怎样联想想象,怎样描写历史,以及怎样进行研学游记和小论文的撰写等。

2 研学活动

第一天:

上午:前往曲阜。

下午:参观曲阜孔庙,探访孔子儒家思想的博大精深,学习语文课里的《论语》。

晚上:前往邹城住宿。

第二天：

上午：参观邹城孟庙，感受孟子的仁政思想，学习孟母和子思的故事。

下午：考察滕州墨子纪念馆，了解墨子的兼爱非攻思想和军事、科技成就。

晚上：前往泰安住宿。

第三天：

白天：攀登泰山，感受与描写泰山壮美，培养天下情怀。

晚上：前往济南住宿。

第四天：

上午：参观趵突泉，了解泉水形成原理，学习描述趵突泉的美；参观李清照纪念堂，感受千古第一才女的诗词与情怀。

下午：返程。

在研学过程中，每位学生都有主办方提供的《研学手册》，学生根据《研学手册》内容进行有序游览、观察、探索、思考，同步完成《研学手册》上的相关内容；并根据各小组选定的研学主题，小组成员各有重点地探索研学的内容。

❸ 研学总结与交流

学校：

（1）学生个人完成《研学手册》内容，撰写"中华文化思想寻源研学游记"总结；小组共同整理研学过程中所搜集的资料，并撰写研学小论文。

（2）展示和交流：每小组以 PPT 的形式汇报研学过程、研学收获，以及研学小论文的主要观点、研究方法等。

（3）举办"中华文化思想寻源"的主题班会，探讨儒家文化对当今社会和个人学习生活的影响。

（4）以班为单位，评选优秀研学小组和个人；以学校为单位，评选优秀研学小论文。

（5）整理记录每位学生的研学档案。

主办方：

（1）整理服务质量承诺表及带队记录表，整理归档。

（2）撰写"中华文化思想寻源研学"新闻报道，在微信公众号和官网等平台进行推送。

（3）以各种方式推荐学生优秀的"中华文化思想寻源研学游记"、优秀小组研学旅行活动 PPT、优秀研学小论文等，向相关报刊及网络平台进行推荐。

（4）设立"××研学奖"：可包括个人、集体研学奖、研学作文奖、研学小论文奖等多种奖项。

任务三　熟悉研学旅行线路的设计程序

 任务引入

研学旅行快速发展，一些区域形成了极具特色的地方模式，如"西安模式""宜昌模式""上海模式"等。在宜昌模式中，湖北省宜昌市高度重视研学旅行课程开发及线路设计，依托三峡旅游职业技术学院，组织专家团队进行线路设计，加强指导、验收巩固。宜昌市研学旅行线路设计以"三定"为要素，围绕定基地、定主题、定时间"三定"来进行线路设计。研学旅行线路以"菜单式"和"组合式"两种形式呈现。"菜单式"线路以1天为单位时间，供学生自由选择；"组合式"完整地呈现3—5天的行程安排，学生在选择的时候可适当微调。依托区域优势资源，宜昌市构建了内、中、外三个层次的研学旅行线路网络，并推出12条精品主题线路，供来自全国各地的学生选择，其推出的"三峡行""荆楚行""华夏行"线路更是吸引了众多省内外学子。

 任务剖析

该任务涉及的知识点主要为研学旅行线路设计程序。

研学旅行线路是研学旅行产品的主要表现形式，它是吸引学生的主要法宝，研学服务商只有精心设计出满足教育主管部门要求，合理巧妙，有新意、有活力，并注入历史与文化内涵的线路，才能具有感染力和确保优质服务。那么，如何使研学线路满足学生的需求是当前研学市场最应当认真研究和解决的问题。当一条线路从培育走向成熟后，我们应该设计出新的线路，以便新旧交替，不断优化。创新研学线路主要可以从以下几个方面进行。

一、明确方向，确定主题

研学主题不仅仅始终贯穿整个研学旅行活动过程，同时为活动的有效进行明确了方向，使研学旅行教学活动不偏离所设定的主题和目标，能够让研学旅行活动达到更加理想的效果[①]。

（一）明确课程标准

在现行的教育制度下，升学考试仍是学校、学生和家长关注的焦点，研学旅行要想被学

---

① 彭小娟.地理研学旅行课程资源开发与应用研究——以九江市为例[D].南昌：江西师范大学，2020.

校、学生和家长接纳，必须能对学生的升学考试有所助益。因此，研学旅行目标应来源于课程标准，研学旅行内容应符合课程标准和国家对学生能力和核心素养的培养要求。明确课程标准是确定研学旅行主题的基础。

研学旅行线路主题的选择，首先应该符合课程标准，要能培养课程标准所要求的学生的知识能力和素养，要形成对教材内容的补充、延伸和深化；其次，要确立研学旅行目标，应与学校教学进度对学生的能力要求相匹配，研学旅行线路和课程内容要与学校教学进度相契合，切不可超前、超纲或滞后，更不能设立毫无教育意义的研学目标。

（二）确定研学旅行主题

在明确研学旅行主题时，要充分考虑不同学龄段的教学课程标准的需求。研学旅行主题应来源于综合实践活动课程标准、教材或教学过程中遇到的具有探究意义的学科问题。在选择研学旅行主题时，首先应符合国家素质教育的要求，要与学校教育配套，切不可另辟蹊径，更不能与学校教育背道而驰，要形成对学校教育的补充，对学生的中考、高考有所助益；其次，研学旅行的主题要符合学生的兴趣，学生是研学旅行的主体，选择学生感兴趣的主题更能吸引学生积极参加，从而达到更好的教育效果；最后，在选择研学旅行主题时要着重考虑学生的家庭经济状况，并结合学情选择适当难度的主题，使研学旅行切实可行。

另外，依据新课程改革理念和人本主义教育观点，学生是教学活动的中心。因此，在主题设计时必须考虑学生的兴趣爱好、学习情况、身体素质等因素。

二、分析学情，确立目标

研学旅行属于学校课堂教学的延伸，本质上是一种新的教学形式，因此必须依循学校课程，为每一条研学线路确立具体、有层次、可评价的教学目标。有了明确的研学旅行目标，让学生知道研学旅行过程中的学习任务，有利于提高研学旅行的教学效果和学生的学习效率。

三、整合信息，选择资源

任何教学活动都离不开教学资源，教学资源是实施课程的必要条件。研学旅行课程资源包括了具有地方特色的自然资源、文化资源和社会资源等，还有我们看不到的，但又实实在在存在着的课程资源。研学旅行的教学课程是开放的，其课程资源存在于自然、社会中，相比学校课堂教学而言，研学旅行对课程资源的依赖性更强，只有立足于学生核心素养的培养，科学合理地开发和选择各种资源，才能保障研学旅行活动的有效实施。

四、组合资源，串点成线

研学旅行多是户外活动，考察资源点分散、环境陌生且复杂、风险系数高，确定研学旅行线路就是要综合经济、安全和可行性等因素，科学、合理地将要考察的资源点有机组合起来，形成一条线，并撰写详细的研学旅行设计方案，保障研学旅行的顺利实施。

五、实地考察，优化线路

任何理论上的设计都难以避免存在各种缺陷，因此，在实施研学旅行之前，应邀请相关专家一同前往，进行实地考察，论证线路的有效性和可行性，检查线路实施过程中可能存在的问题。然后根据考察结果，结合专家的意见，制定详细的教学方案、行程安排和紧急情况应急预案，为研学旅行的顺利实施做好充分的准备。

 任务实施

表 7-4 所示为任务实施方案表。

表 7-4 任务实施方案

活动目的	初步掌握研学旅行线路设计方法及程序
活动要求	（1）分小组研究本区域研学旅行基地（营地）及课程资源，设计一条主题突出、特色鲜明的研学旅行线路，并在班级内进行展示； （2）收集一所小学五（六）年级的课程表，绘制课程体系结构图，在班级内进行展示
活动步骤	（1）分小组，在教师的引导下划分对应调查区域； （2）调查该区域内研学旅行基地（营地）及课程资源，并对资源进行分析； （3）依据调查情况，明确主题与特色，设计一条研学旅行线路； （4）在班级内展示研学旅行线路设计成果，并进行研讨交流
活动评价	根据研学旅行线路设计展示情况进行评分

通过本项目的学习,我们掌握了研学旅行线路的含义及类型;掌握了研学旅行线路设计的原则,重点学习了研学线路设计的方法和程序,同时通过两个完整的实际案例,加深了对研学旅行线路的认识。

紧贴行业实务岗位训练　融通 1+X 职业技能等级证书考题

案例篇

附录 A　精品课程

- 精品课程案例主要以研学旅行策划与管理(EEPM)职业技能等级证书实操案例为主,以全国研学旅行实践基地优秀课程为辅,实景呈现,课、证、岗融通。

课程一　大熊猫粪便分析

任务名称：大熊猫粪便分析

- 你将带领学生(即研学目标)：

1. 通过对大熊猫粪便的分析实验,掌握一种常见野外科考方法,提高学生动手和探究能力。

2. 通过对大熊猫粪便形态构造的数据采集,熟练掌握常见物理量测量方法,提高用数学学科解决实际问题的能力。

3. 记录粪便触感、气味等特征,培养学生全方位观察能力。

- 重点、难点、安全隐患点：

重点:掌握常见野外科考方法。

难点:通过粪便分析数据,推测大熊猫的食性。

安全隐患点:防止误食大熊猫粪便、防止解剖针刺伤。

- 适宜季节:全年
- 活动时长:30—90 分钟
- 授课对象:4—9 年级学生
- 扩展对象:高中学生、亲子家庭
- 授课师生比:1∶1∶15(主讲人数∶助教人数∶学习者人数范围)
- 授课地点:大熊猫保护研究中心
- 教具自检清单(见附表 A-1)：

附表 A-1　教具自检清单表

序号	要求		检测方法	状态	负责人
1	大熊猫基础知识	理论课件 1 套	核对	全/无	×××
2	粪便分析	皮尺 6 条	核对	全/无	×××
		天平/电子秤 6 台	校对	好/坏	×××
		保护手套、口罩 20 人份	核对	全/无	×××
		观察记录表 20 份	核对	全/无	×××
		学生研学手册 1 本	核对	全/无	×××
		解剖针 6 根	核对	全/无	×××
3	展示板		核对	全/无	×××
4	评价表		核对	全/无	×××

- 活动流程提要（关键点、流程）：

1. 情景导入（所需教具：口罩、学生研学手册、观察记录表）

第一步，去大熊猫圈舍观察熊猫粪便形态，了解自然状态下粪便分布特点；

第二步，分小组讨论后，学生代表分享观察收获。

2. 确认主题

掌握常见野外科考方法，熟练掌握常见物理量测量方法。

3. 制定方案

本课程主要分为动手测量与推测两部分，以 3—6 人为一个学习小组，采用日常生活常用工具，通过讲授法、演示法、体验法等方法，鼓励学生主动发现问题、解决问题。附表 A-2 所示为方案表。

附表 A-2　方案表

课程环节	教学方法	教学目标	实施过程
粪便分析	讲授法 演示法 体验法	了解粪便理化性质采集方法，掌握粪便分析方法	第一步，讲授粪便分析流程； 第二步，记录粪便理化性质； 第三步，根据粪便尝试推断被取样大熊猫近期食物、身体状况、行为模式

第一步，对研学旅行导师分工，主讲老师负责教学任务分配和把控现场教学，助教配合

主讲老师维持秩序和安全,分配教具以及辅助教学;

第二步,将学生按照 3—6 人为一组分配,每组分别选出记录员、观察员、测量员;

第三步,研学旅行导师科普大熊猫相关知识;

第四步,体验粪便分析等饲养员日常工作;

第五步,对粪便进行测量分析;

第六步,分组展示科学实验成果。

4. 体验探究(所需教具:皮尺、天平/电子秤、解剖针、手套、口罩、观察记录表、学生研学手册)

5. 展示交流(所需教具:学生手册、PPT/展示板、宣讲评价表)

经小组讨论选拔,每组派代表分享粪便推测结果,从近期食物、身体状况、行为模式等方面,分析造成该结果的原因。再根据原因去找饲养员验证,分析差异原因,体验科学实证方法。

6. 反思评价(所需教具:学生手册、展示板、评价表(附表 A-3))

附表 A-3　评价表

课题		姓名		班级		日期	
评价标准			评价等级				
			努力达成	合格	较好	优秀	
完成数据采集种类数量(通常采集长、宽、周径、质量、咬节长度、外观色泽、外表湿润度、粪便包含食物种类数、各食物组分在粪便中的质量占比等数据)			一个数据都未采集,代表努力达成	1—4(含 4)种代表合格	5—7(含 7)种代表较好	大于 7 种代表优秀	
向他人描述学到的野外科考方法			描述不出来或错误,代表努力达成	描述详细,代表合格	描述详细且准确,代表较好	描述详细、准确且列举可能的应用场景代表优秀	
物理量测量方法采集数据有效性			测试不出数据,代表努力达成	测定值99.7%置信区间内为	超出 99.7%	/	
记录粪便触感、气味等特征数量			未记录代表努力达成	1—2(含 2)种代表合格	3—5(含 5)种代表较好	大于 5 种代表优秀	

续表

课题		姓名		班级		日期	
评价标准		评价等级					
		努力达成		合格	较好		优秀
推测结果分析		数据推测错误代表努力达成		数据对但推测错误代表合格	/		全对为优秀

7. 拓展延伸

（1）了解大熊猫保护区山民的日常生活，再次思考人与自然的相互影响。

（2）了解其他珍稀动物保护现状，收集资料并思考哪些措施可以帮助人与自然和谐发展。

- 知识链接：

二年级科学（上）：《爱护动物》《动物的家》

三年级科学（上）：《动物的食物》《动物的身体与运动》

四年级科学（上）：《考察动物和植物》

五年级科学（下）：《动物的生长变化》

六年级科学（下）：《动物与环境》《濒危的动植物》

七年级生物（上）：《调查周围环境中的生物》《生物与环境的关系》

七年级生物（下）：《人类活动对生物圈的影响》

八年级生物（上）：《保护生物的多样性》

高中地理（必修二）：《人地关系思想的转变》《中国的可持续发展实践》

高中地理（必修三）：《区域生态环境建设》

高中生物（必修三）：《种群数量的变化》《生态系统的稳定》

课程二　陀螺仪平衡探究分析

任务名称：陀螺仪平衡探究分析

- 研学目标：

1. 了解角动量守恒概念，能列举生活中至少一种与无人机同类型科技原理应用产品，培养知识迁移和应用能力。

2. 观察无人机俯仰运动动作变换之间的微妙变化,解释无人机姿态自我矫正的现象,提高思辨能力。

3. 动手做陀螺仪实验,记录陀螺仪转子平衡时间,能分析出陀螺仪平衡性与转速的关系,提高动手实践能力。

- 重点、难点、安全隐患点:

重点:理解且应用无人机飞行姿态自我矫正的原理。

难点:理解且应用角动量守恒概念。

安全隐患点:无人机演示飞行。

- 适宜季节:全年
- 活动时长:45分钟
- 授课对象:3—6年级学生
- 扩展对象:其他年级中小学生、亲子家庭
- 授课师生比:1∶1∶20(主讲人数∶助教人数∶学习者人数范围)
- 授课地点:无人机实训基地(室内)
- 教具自检清单(附表 A-4):

附表 A-4　教具自检清单

序号	要求		检测方法	状态	责任人	检查人
1	授课设备	多媒体设备1套	检测	好/坏	×××	×××
2	课后作业	研学手册22本	核对	全/无	×××	×××
3	教具	陀螺仪实验教具22套	检测	好/坏	×××	×××
4	教具	四旋翼无人机12套	检测	好/坏	×××	×××
5	教具	飞控	核对	好/坏	×××	×××

- 活动流程提要(关键点、流程):

1. 情景导入

(所需教具:四悬翼无人机)

第一步,讲解飞行员埃德加·弗兰克·科德获得计算机界"诺贝尔奖"之称的图灵奖的过程,并且强调其飞行员经历培养了他诸如"从不同的角度、用不同的原理看待事物,或者用本能来判断问题"的能力,对他一生产生了极其重要的影响。

第二步,展示不同类型无人机(旋翼机、固定翼无人机、无人直升机等机型),提问:大家知道这些都是什么类型的飞机吗?这些飞机分别如何保持平衡飞行?

第三步,演示无人机飞行,观察无人机基础动作(俯仰),提问:你们观察到了什么现象?

无人机是不是自己恢复平衡了?那它是怎样完成自我姿态矫正的呢?

第四步,回答学生问题,揭示无人机平衡的科技应用原理。

第五步,分享无人机学习对学生发展的意义。无人机研学是全方位训练教学,不仅提高学生的动手能力,更加提升学生的感统能力,培养学生的科学兴趣、美学和创新思维,充分发挥学生的主观能动性。

2. 确认主题(附表 A-5 所示为"无人机保持平衡的秘密"课题表。)

掌握角动量守恒定律,分析出陀螺仪平衡性与转速的关系。

附表 A-5 "无人机保持平衡的秘密"课题表

课题名称(可选)	无人机保持平衡的秘密
选题背景	无人机可以执行复杂的飞行动作,并可以自行调整飞行姿态且保持平衡
科学问题	(1) 在生活中,我们人类是如何保持平衡的? (2) 在杂技走钢丝的表演中,演员是如何保持平衡的? (3) 轮船是如何保持自身平衡的?
课题假设	没有了平衡系统的无人机不能准确完成自我姿态矫正
课题开展	第一阶段:揭示无人机的大脑,无人机飞控系统中有保持平衡的模块; 第二阶段:动手操作探究陀螺仪的平衡实验; 第三阶段:大胆联想无人机的平衡秘密
结果预期	无人机可以依靠陀螺仪来实现自我姿态的矫正,保持平衡
假设验证(结题)	(1) 根据调研结果,验证课题假设; (2) 探讨现象的可能原因

3. 制定方案

本课程主要分为观察体验和动手探究两部分,通过讲授法、演示法、实验对比等方法,以 2—6 人为一个学习小组,观察无人机飞行动作,动手做陀螺仪实验,探究陀螺仪平衡性与转速的关系。附表 A-6 所示为方案表。

第一步,讲解真实发生的故事,激发学生对无人机的兴趣。

第二步,四旋翼无人机飞行演示,学生观察无人机飞行姿态(俯仰运动)的微妙变化。

第三步,飞控讲解与观察。

第四步,陀螺仪平衡实验探究。

第五步,学习成果展示、评价。

附表 A-6 方案表

课程环节	教学方法	教学目标	实施过程
无人机平衡揭秘	讲授法 演示法 实验对比	掌握角动量守恒定律,分析出陀螺仪平衡性与转速的关系	1.讲授无人机的大脑。无人机为什么可以完成指定动作甚至可以自己完成某些动作,这是因为无人机也有自己的大脑,那就是飞控; 2.做飞控部件陀螺仪展示; 3.做陀螺仪不同平衡姿态的对比实验,探究转速与平衡之间的关系,揭秘无人机平衡的秘密

4. 体验探究(所需教具:陀螺仪实验教具)

通过项目式实验探究,让学生认识无人机的大脑以及关键组成部分陀螺仪;通过动手实验来揭开无人机平衡的秘密。附表 A-7 所示为实验报告单。

附表 A-7 实验报告单

实验报告单

组名:　　　　姓名:　　　　班级:　　　　日期:

实验名称		实验用具	
实验开始时间		实验结束时间	
实验次数	要求	检查结果	过程现象描述
	陀螺仪转子从开始旋转至旋转停止的转动耗时	中轴保持直立(90度角)时间	
第一次			
第二次			
第三次			
结果推论			

在学生体验探究过程中,研学旅行导师要重点关注以下两点。

首先,要提高教学目标的有效性。小学无人机课与自然课程有很多不同,其中主要的区别之一是课程目标的重大调整,由特别关注自然知识转向关注培养学生科学素养,而科学的方法和情感、态度、价值观是科学素养的重要内涵。因此,为了实现无人机科学课程的应有教学价值,研学旅行导师首先应该把握好课程目标、课程标准的性质和基本理念;其次要对整个小学阶段的科学教学有整体性认识;最后切实研讨教材,把握教学目标和重点,避免教学目标的偏离,避免探究过程的无效重复。

其次,提高教学策略的有效性,提高对小学无人机科学课堂教学有效性策略的研究。一方面,它保证无人机科学探究活动的开放性、自主性、探究性和生成性;另一方面,为了追求学生的学习质量,研学旅行导师还要保证对学生开展"自主探究"进行必要的指导、帮助和激励。因为新课程所提倡的无人机科学探究承载着科学知识的掌握、科学探究能力的发展、科学精神和科学思维习惯的培养等多重任务。提高教学策略有效性的具体措施有:创设平等和谐的探究环境;激活学生的内驱力,进行开放的课堂设计。进而让研学旅行导师不要有过多的干预学生的活动,而是作为一个组织者、促进者、引导者的角色参与,保证学生研究的时间和空间,充分体现学生的主体性和自主性,而且这样开放性的教学环节的设计,是一种易于掌握,又非常有利于培养学生科学素养的模式。只有教学环节大,学生才能真正独立自主地进行科学探究,成为学习的真正的主体,体现自主性。

5. 展示交流(所需教具:学生手册、PPT、四旋翼无人机教具)

经小组讨论选拔,每组派代表分享实验结果,对比实验数据,总结转速与平衡的规律,分析造成该结果的原因,再根据原因去验证,分析差异原因,体验科学实证方法。

6. 课程评价(附表 A-8 所示为课程评价表。)

附表 A-8　课程评价表

课题		姓名		班级		日期	
评价标准			评价等级				
		努力达成	合格		较好		优秀
能准确描述无人机平衡原理要素(惯性、力矩、合力、时间、转速、姿态变化、力度等)		没有说出要素,代表努力达成	说出1个要素,代表合格		说出2个要素,代表较好		说出3个及以上要素,代表优秀
观察、解释无人机姿态自我矫正的现象		描述不出来或出错,代表努力达成	准确描述无人机姿态矫正过程,代表合格		能推测现象发生的原因,代表较好		/
物理量测量方法采集数据有效性		测试不出数据,代表努力达成	测定值99.7%置信区间内为合格		测定值超出99.7%置信区间		/

续表

课题		姓名		班级		日期	
评价标准			评价等级				
			努力达成	合格	较好	优秀	
记录陀螺仪转子旋转时间,能分析出陀螺仪平衡性与转速的关系			总结不出规律,代表努力达成	能总结影响平衡性的至少3个要素,代表合格	能总结出规律,代表较好	/	

7. 拓展延伸(所需教具:风洞实验教具)

(1) 生活中汽车的尾翼的使用正是利用固定翼无人机的相同原理,只不过他们的翼面结构朝向是相反的。

(2) 生活中的高铁、轮船等交通工具都用到了与无人机陀螺仪相类似的平衡装置。

附录 B 经典线路

本节内容主要呈现北京、上海等地知名研学旅行线路,旨在引导学生结合所学相关知识进行分析学习,理论联系实际,知行合一。

线路一 相约北京为梦起航

【课程背景】

"相约北京为梦起航"主题研学旅行课程,充分利用北京市众多的博物馆、著名高校、科研机构、专家学者、科研人员等教育资源,通过参观展览、专家引领、相互研讨、动手体验等方式,带领学生研读北京千年的历史。

北京作为国家的政治中心、文化中心、国际交往中心、科技创新中心,对学生来说是了解国家、了解世界、了解社会的最好窗口。

本课程旨在引导学生通过对北京历史古迹、博物馆的研学,重温中国近现代的重大历史事件,了解中国从风雨飘摇到走向振兴的波澜壮阔的历史征程,建立民族自豪感,和文化自信。

带领学生深入考察著名高校、社会企业,帮助学生开阔视野,树立目标,为即将到来的大学校园生活和大学之后的职业生涯做好铺垫。

带领学生走访科研机构,对话专家学者、科研人员,让学生体会科技创新的魅力以及国家的科技发展战略,感受新中国成立以来的巨大科技成就。

【课程目标】

知识目标	(1) 指导学生正确地选择专业、合理的填报升学志愿。让学生身临其境地体会大学校园氛围; (2) 学习风力发电的发展历程和发电原理; (3) 通过走进企业参加职业体验活动,让学生具有初步的生涯规划知识; (4) 了解北京以及故宫的历史; (5) 了解中国航空航天的发展历程

能力目标	（1）能正确地认识自己、评估自己，拥有理性选择的能力； （2）初步具有制定适合自身情况的阶段性目标的能力； （3）配合丰富的活动教材，锻炼动手实践能力； （4）锻炼科技技能，灵活运用科学方法，探索科学技术在真实世界中的应用
情感目标	（1）提升民族自豪感、建立文化自信，激发爱国热情，感受大国气象； （2）树立在认识自我、明确高考目标、落实学业规划、提升学习动机等几个方面的信心

【课程亮点】

走进前门大街，感受非遗文化

走进前门大街，感受老北京非遗文化。同学们学习老北京历史，走在中轴线上参观炉火纯青的老技艺，体验北京老字号（见附图 B-1），如天乐园京剧、中国皮影传习馆、便宜坊的烤鸭、荣宝斋的文房四宝、六必居博物馆、吴裕泰茶庄等，在活动中感受老北京底蕴。

附图 B-1 北京老字号

走近新能源

新疆金风科技股份有限公司（以下简称金风科技）秉承"为人类奉献碧水蓝天，给未来留下更多资源"的使命,这一使命将个人、企业、社会和国家对美好生活的向往完美的结合。作为清洁能源和节能环保行业的领跑者,同时,也是坚持创新的高端装备制造企业,金风科技也有责任为全社会培育人才,尤其是通过科普帮助学生在青少年阶段培养对碧水蓝天的美好向往和节约资源的正确认识。我们将围绕"走进能源科学,放飞绿色梦想"为主题,开展系列研学旅行活动。附图 B-2 所示为学生在金风科技开展研学。

附图 B-2　学生在金风科技开展研学

深空航天科普体验

回首世界及中国深空航天发展历程,将自己的脚印留在月球表面。了解宇航员在太空中的训练以及生活,登上杨利伟探索深空时的返回舱,在这里,打开探索神秘宇宙的大门。在埃隆·马斯克的火星殖民计划中未来二十年将有上万人殖民火星,你觉得可能实现吗?你会参加吗?附图 B-3 所示为学生体验深空航天科普。

附图 B-3　学生体验深空航天科普

【课程安排】

附表 B-1 所示为课程安排表。

附表 B-1　课程安排表

时间		课程地点	课程内容
第一天	下午	行前准备	老师、研学旅行导师做行前安排和要求
		车站登车	全体师生于 19:30 在宜昌东站乘坐火车前往北京

续表

时间		课程地点	课程内容
第二天	下午	乘坐火车抵达北京	同学们于14:00抵达北京,午餐后稍事休息
		首都博物馆	(1)同学们步入首都博物馆,感受祖国首都的文化底蕴之博、物产资源之博、艺术内涵之博; (2)跟随讲解员的讲解,同学们根据手册内容,自主学习,完成手册; (3)根据"老北京民俗寻踪"主题,同学们搭建老北京四合院模型; (4)根据"老北京民俗寻踪"主题,同学们体验老北京叫卖,编写老北京童谣; (5)全体师生和老北京大牌坊合影留念
	晚上	开营仪式	到酒店举行开营仪式
第三天	上午	天安门广场 故宫	(1)我是自豪的中国人!同学们可与天安门合影; (2)瞻仰中国人民英雄纪念碑,向英雄致敬; (3)认识天安门广场四周的地标性建筑; (4)聆听紫禁城600多年的宫廷故事,探秘紫禁城在中华民族发展历史中的荣辱兴衰; (5)体验古建筑搭建,揭开中国古建筑智慧结晶——太和殿
	下午	前门大街 非遗体验	(1)荣宝斋:木版水印、墨块描金、对话齐白石(3选1); (2)中国皮影传习馆、六必居博物馆、广誉远中医药博物馆、老二锅头酒博物馆、天乐园、吴裕泰茶庄(可选2项); 注:此体验项目,每个学生体验4项,不可自选
第四天	上午	居庸关长城	(1)定向运动:小组团结互助安全登上最远烽火台,完成通关文牒; (2)卡片传情:不到长城非好汉!登上长城,举目远望,豪情满怀,卡片寄语,赠送亲人朋友(建议以长城为题材)
	下午	北京航空航天大学 航空航天博物馆	(1)实地学习航空航天科技知识,了解我国航空航天发展历史; (2)学习北航精神; (3)与北京航空航天大学师生互相交流,了解职业生涯规划方法,并为自己做好初步的规划; (4)火箭模型制作与发射——火箭设计与制作,利用所提供的材料进行火箭模型的组装。本体验内容主要让学生了解火箭的构造和原理,进而进行火箭模型的制作并发射

续表

时间		课程地点	课程内容
第五天	上午	颐和园	(1) 颐和园益寿堂,寻访中国共产党"进京赶考之路"; (2) 长廊典故故事大赛,以小组形式进行,包含"桃花源记""三顾茅庐""刘姥姥进大观园""水浒传——八大镇大闹朱仙镇"等环节
	下午	金风科技(新能源)	(1) 追风的故事。带领同学们了解风力发电的发展历程; (2) 风电小课堂。带领同学们进入风电实验室,利用3D打印的模型组装,探究风电的奥秘; (3) 智慧农业。带领同学们深入了解无土栽培、智能滴灌、自动控制等农业高科技手段; (4) 参观生产车间观摩大型立体智能仓储和工业机器人的工作
	晚上	报告厅	研学总结 (1) 制作PPT回顾我们的研学足迹; (2) 颁奖:团队奖和个人奖; (3) 校方领导总结
第六天	上午	中国国家博物馆 (周一闭馆,馆内不允许馆外讲解员解说)	**中国国家博物馆——古代中国** (1) 讲解员讲解从远古时期至清王朝灭亡的历史,同学们根据手册内容,自主学习,完成手册; **中国国家博物馆——复兴之路** (2) 讲解员讲解从1840年鸦片战争到中国特色社会主义道路的历史,让同学们了解一百多年中华民族自强不息的壮丽史诗
	下午	火车离京	学生乘坐15:11的火车离开北京
第七天	上午	宜昌东站	9:07抵达宜昌东站,结束愉快的研学之旅!

【课程设计】

活动地点1:首都博物馆

首都博物馆简称首博,位于北京市西城区复兴门外大街16号,长安街西延长线上、白云路的西侧,复兴门外大街16号,原馆址是"北京孔庙"。

首都博物馆是集收藏、展览、研究、考古、公共教育、文化交流于一体的博物馆,是北京地区大型综合性博物馆,属中国省市级综合性博物馆。

截至2015年末,首都博物馆总建筑面积63390平方米,常设展览藏品数量为5622件,展馆有地上五层、地下二层。先后被评为"国家一级博物馆""全国科普教育基地""爱国主义教育基地"。附图B-4所示为学生参观首都博物馆。

附图 B-4　学生参观首都博物馆

活动主题：在历史文物中感受古人智慧

活动目标（见附表 B-2）

附表 B-2　活动目标

知识目标	学习古代瓷器、玉器、青铜器的作用
能力目标	能分辨各个历史时期的典型瓷器、玉器、青铜器；在研学实践活动中，提升观察能力、探究能力、合作能力、表达能力等，同时学习运用观察法、比较法等研究方法
情感目标	培养学生探究历史的兴趣；欣赏享受自然、人文景观美的情怀；提升建筑艺术素养、人文素养、艺术修养

活动实施

(1) 跟随讲解员，同学们根据手册内容，自主学习，完成手册。

(2) 根据"老北京民俗寻踪"的主题，同学们搭建老北京四合院模型。

(3) 根据"老北京民俗寻踪"的主题，同学们体验老北京叫卖，编写老北京童谣。

(4) 全体师生和老北京大牌坊合影留念。

探究式学习设计

(1) 自主学习：通过资料学习北京的历史文化。

(2) 提出问题：北京为什么可以作为首都？

(3) 实践研究：探索北京历史背后的故事。

(4) 合作交流：以团队合作形式完成任务安排。

(5) 拓展延伸：如果你是历史人物，你会让大家怎么认识你？

活动地点 2：故宫

北京故宫，旧称紫禁城，位于北京中轴线的中心，为中国明清两代的皇家宫殿，是世界上现存规模最大的宫殿型建筑，国家 5A 级旅游景区，第一批全国重点文物保护单位，国家一级博物馆,1987年入选《世界文化遗产》名录,被誉为"世界五大宫之首"。附图B-5所示为学生在故宫研学。

附图B-5　学生在故宫研学

活动主题：探百年奇迹　寻文化瑰宝

活动目标（见附表B-3）

附表B-3　活动目标

知识目标	知道故宫的历史背景与文化,了解故宫的建筑特色和园林艺术
能力目标	通过课程学习,提高小组合作和自主学习的能力
情感目标	提高学生对中国古代、近代史的学习兴趣

活动实施

参观。从天安门到神武门,同学们观察故宫中轴线独一无二的建筑风格。

考察。通过辅导员老师讲解,同学们学习建筑的特点,明清的宫廷事件,宫俗文化。

体验。通过太和殿古建筑模型（见附图B-6）组装,同学们传承与发扬工匠精神。

探究。同学们深入学习故宫的历史与文化。

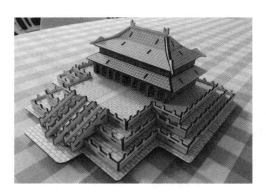

附图B-6　太和殿古建筑模型

探究式学习设计

(1) 自主学习:通过查阅资料,了解故宫的建造时间、历史背景。

(2) 提出问题:了解本次活动的活动地点,结合自主学习内容,提出想探究的问题。

(3) 实践研究:观察皇家建筑建筑风格,能发现几种建筑形式?

(4) 合作交流:通过今天的参观与体验,是否对皇家建筑的特点有所掌握?

(5) 拓展延伸:对比家乡的古代建筑和北京的皇家建筑,观察有什么不同?

活动地点 3:前门大街

前门大街是北京非常著名的商业街。位于京城中轴线,北起前门月亮湾,南至天桥路口,与天桥南大街相连。明嘉靖二十九年(1550 年)建外城前,前门大街是皇帝出城赴天坛、山川坛的御路,建外城后成为外城主要南北街道。民众俗称前门大街。附图 B-7 所示为前门大街的商业活动场所。

附图 B-7 前门大街的商业活动场所

活动主题:中轴线文化寻踪

活动目标(见附表 B-4)

附表 B-4 活动目标

知识目标	认识前门大街经久不衰的老字号

续表

能力目标	通过课程学习,提高同学们的动手能力
情感目标	让同学们增加对北京老字号及中国传统文化的兴趣

活动实施

参观。中轴线文化寻踪讲解,包括老字号讲解、牌匾文化讲解。

考察。通过博物馆参观,让同学们知道老字号经久不衰的原因。

体验。通过动手活动,挖掘老字号餐饮传承人的精湛技艺及传承方式。

探究。同学们深入了解老字号的经营理念。

探究式学习设计

(1) 自主学习:通过查阅资料,了解前门大栅栏从古至今的商业圈。

(2) 提出问题:如何推动老字号传承与创新?

(3) 实践研究:参观炉火纯青的老技艺后,思考老字号的经验理念是如何变化的?

(4) 合作交流:通过今天的参观与体验,知道了多少个前门大栅栏的老字号?

(5) 拓展延伸:如果你经营一家老字号,你如何做宣传?

活动地点 4:居庸关长城

居庸关长城(见附图 B-8),是京北长城沿线上的著名古关城,国家级文物保护单位。位于昌平区城区以北 20 千米的峡谷中。地形险要,是长城重要的关隘。居庸关长城建在一条长达 15 千米的山谷间,两旁山峦重叠,树木葱郁,山花烂漫,景色瑰丽,远在约 800 年前就被列为燕京八景之一,被称为"居庸叠翠"。居庸关是从北面进入北京的门户,有"一夫当关,万夫莫开"的气势。

附图 B-8 居庸关长城

活动主题:登关锻炼勇气增　不畏困难敢前行

活动目标(见附表 B-5)

附表 B-5　活动目标

知识目标	了解万里长城中居庸关的建造历史背景、在古代军事中的作用及对世界的影响
能力目标	小组完成通关文牒,锻炼团队协作能力
情感目标	登临居庸关长城,感受长城的豪迈气势

活动实施

参观。参观居庸关长城的主体建筑,城楼、墙体、烽火台、垛口……

考察。观察居庸关在北京的地理位置,了解这个关卡对北京及中原的历史意义。

体验。攀登居庸关长城,感受长城雄伟气魄,以长城为题材创作诗句,并写在明信片上,赠予朋友或亲人。

探究。自从长城建成以来,长城就以其博大精深的文化内涵,吸引着一代又一代的文人墨客创作了大量的文艺作品,你知道哪些关于长城的诗句或是传说?

探究式学习设计

(1)自主学习:查找关于描写长城的传说、神话、诗歌等作品。

(2)提出问题:在辅导员讲解过程中,同学可提出问题。

(3)实践研究:通过小组完成通关文牒,学习长城文化及历史意义。

(4)合作交流:你们小组是否确定了目标?最终你们爬到了第几个烽火台,是否完成了目标?当时你们小组的想法是什么?

(5)拓展延伸:每年那么多的游客前往居庸关长城,如何做到保护文物?

活动地点 5:北京航空航天大学航空航天博物馆

北京航空航天大学航空航天博物馆(北京航空航天博物馆)的前身是北京航空馆,成立于 1985 年,是在北京航空航天大学飞机结构陈列室、飞机机库基础上扩建而成,是我国首个航空航天科学技术的综合科技馆。博物馆经新建并扩充展品,于 2012 年重新开馆并更名,集教学、科普、文化传承为一体,是航空航天国家级实验教学示范中心的重要组成部分,是航空航天科普与文化、北航精神以及青少年爱国主义、国防教育的重要基地。附图 B-9 所示为学生在北京航空航天博物馆开展研学。

(a)　　　　　　　　　　　　(b)

附图 B-9　学生在北京航空航天博物馆开展研学

活动主题：筑梦航天科技　传承科学精神

活动目标（见附表B-6）

附表B-6　活动目标

知识目标	让学生们全面了解航空航天的历史与发展
能力目标	让学生们通过动手制作航空航天模型，提升观察能力，锻炼动手实践以及团结协作的能力
情感目标	课程着重培养学生的科学精神和科学态度，引导学生掌握基本的科学方法，提高综合运用所学知识解决实际问题的能力

活动实施

参观。专业老师讲解航空航天博物馆。

考察。馆内珍藏了30余架新中国成立前的美、苏等国的飞机和导弹，特别是"黑寡妇"战斗机世界仅存2架，多数为国内唯一，珍藏数量和等级在全国航空界首屈一指。

体验。学习火箭设计、制作与发射，利用所提供的材料进行火箭模型的组装。

探究。了解火箭的构造和原理。

探究式学习设计

（1）自主学习：搜集资料，了解中国航空的发展历史。

（2）提出问题：在专业老师及教授讲解过程中，提出自己的问题。

（3）实践研究：了解我国航空航天科技的发展过程。

（4）合作交流：你以后会选择北京航空航天大学吗？

（5）拓展延伸：探究航空航天技术对于一个国家有哪些重要性？

活动地点6：颐和园

颐和园，中国清朝时期皇家园林，前身为清漪园，坐落在北京西郊，距城区15千米，占地约2.9平方千米，与圆明园毗邻。它是以昆明湖、万寿山为基址，以杭州西湖为蓝本，汲取江南园林的设计手法而建成的一座大型山水园林，也是目前保存最完整的一座皇家行宫御苑，被誉为"皇家园林博物馆"。

附图B-10　益寿堂

益寿堂（见附图B-10）从2014年6月开始向社会开

放,院内先后举办了"纪念颐和园对公众开放一百周年书画展""纪念颐和园对公众开放一百周年艺术交流展"。为了纪念这段毛主席和中共中央"进京赶考"第一站的历史篇章,颐和园在益寿堂内常设了"古都春晓——寻访中国共产党'进京赶考'之路"主题展览,共展出园藏档案14件、书籍15部、图片110张,讲述益寿堂作为中国共产党进京赶考第一站的历史。2018年益寿堂被评为"北京市海淀区爱国主义教育基地"。

活动主题:研读皇家古建　畅游皇家园林

活动目标(见附表B-7)

附表B-7　活动目标

知识目标	研读皇家经典园林颐和园,了解其丰富的历史知识、园林景观建造艺术知识
能力目标	在研学旅行实践活动中,提升观察能力、探究能力、合作能力、表达能力等,同时学习运用观察法、比较法等研究方法
情感目标	培养学生探究历史的兴趣和欣赏自然、人文景观之美的情怀,提升学生的建筑艺术素养、人文素养、艺术修养

活动实施

参观。跟着辅导员老师参观颐和园政治区、帝后生活区、风景区及益寿堂。

考察。学习皇家园林的特点。

体验。了解长廊中的历史典故。

探究。思考长廊中的苏轼彩画如何被保护的几乎完好无损?

探究式学习设计

(1)自主学习:查找资料,了解颐和园建造历史及长廊中的历史典故。

(2)提出问题:在听讲解过程中主动提出自己的疑问。

(3)实践研究:通过参观体验,你发现长廊中有哪些历史典故?

(4)合作交流:这些历史典故你看过哪些?

(5)拓展延伸:探究皇家园林和南方私家园林有何不同之处?

活动地点7:金风科技

金风科技北京智慧园区(见附图B-11)位于亦庄经济开发区,园区以智慧能源理念作为先导,是中国绿色智慧能源园区的第一个标杆项目,在总占地面积91271.6平方米的园区内集成了可再生能源、智能微网、智慧水务、绿色农业、运动健康等园区功能板块,是国内首屈一指的绿色园区生态系统。在这里,学生们将围绕"绿色能源""节能环保"和"健康运动"开展丰富的研学旅行活动。

附图 B-11　金风科技北京智慧园区

活动主题：走进能源科学　放飞绿色梦想

活动目标（见附表 B-8）

附表 B-8　活动目标

知识目标	了解风能是清洁能源，并且了解风是怎样使发电机转动起来并发电的
能力目标	了解风使发电机转动起来并发电的过程，懂得交流与讨论，可以引发新的思考
情感目标	引导学生树立可持续发展的意识，知道珍惜和合理开发利用能源，畅想未来新能源；并且对学生进行爱国主义教育，为实现"中国制造 2025"而努力学习

活动实施

参观。参观风电博物馆，了解风电发展史和发展趋势。

考察。考察金风科技生产车间，了解风机的诞生。

体验。同学们感受一年四季温暖如春的智能温室，深入了解无土栽培、智能滴灌、自动控制等农业的高科技手段，近距离观察蔬菜的成长细节和成熟变化，让孩子们亲身体验现代农业的科学魅力。

探究。专业的工程师将带领学生们通过教学指导、小组作业、动画模型设计、风机模型组装等方式探索风力发电的奥秘。

探究式学习设计

（1）自主学习：查找新能源包含哪些能源领域。

（2）提出问题：在辅导员讲解过程中，学生可提出问题。

（3）实践研究：风力发电机在安装和工作中遇到的问题会有哪些？

（4）合作交流：你认为你的家乡是否适合发展风力发电呢，如果适合，你想如何宣传风力发电的好处？

（5）拓展延伸：你们认为风力发电有什么缺点吗？可以提供解决思路吗？

活动地点 8：中国国家博物馆

中国国家博物馆（National Museum of China）是代表国家征集、收藏、保管、展示、阐释能够充分反映中华优秀传统文化、革命文化和社会主义先进文化代表性物证的最高机构，是国家最高历史文化艺术殿堂和文化客厅。附图 B-12 所示为中国国家博物馆馆藏文物。

(a)　　　　　　　　　　(b)　　　　　　　　　　(c)

附图 B-12　中国国家博物馆馆藏文物

活动主题：探寻久远的尘封往事

活动目标（见附表 B-9）

附表 B-9　活动目标

知识目标	学习从远古时期到清朝，再到新中国复兴之路的历史
能力目标	锻炼同学们的自主学习的能力
情感目标	感受中国深厚的历史与文化，增加文化自信

活动实施

参观。自主参观两大基本展厅，古代中国和复兴之路。

考察。学习古代史和近代史。

体验。扫一扫二维码，听一听讲解。

探究。思考实现中华民族伟大复兴自己应尽的责任。

探究式学习设计

(1) 自主学习：查阅中国国家博物馆官网，了解这个博物馆都有哪些展厅。

(2) 提出问题：完成任务卡后，你最想去的是哪个展厅？

(3) 实践研究：通过参观学习努力掌握文化知识，提高自身素养，为祖国复兴贡献力量打好基础。

(4) 合作交流：古代中国展厅中哪件文物让你印象深刻？

(5) 拓展延伸：根据一件文物讲出一个中国故事。

线路二　了不起的中国造

一、课程导读

了不起的中国造

中国制造（Made in China、Made in PRC）是当今世界上高认知度的标签之一，中国制造代表着我国人民生活水平的富足与综合国力的强盛。以硬核的基础建设与国防科技、了不起的人工智能与生物医疗为代表，中国制造正在向"中国创造"转变。

上天入海，科研智造

上海集聚了汽车、造船、核电、航天、生物科研、人工智能等一大批装备和战略性新兴产业。改革开放至今，"上海制造"的工艺美感、科技含量，以及精益求精的匠人精神，凸显上海这座城市的工业梦想和情怀。无数个中国之最，乃至世界之最，都在为"魔都"智造代言。

中国少年让中国创造未来可期

青少年作为中国制造的生力军，是未来中国制造发展的根本。在这个"少年强，制造强，则国强"的时代，中国创造正在崛起，中国少年未来可期！

二、课程目标

（一）知识与技能——最好的课本在路上

（1）了解并体验上海最新科技成果的魅力，感受先进科技为生活带来的便利，提升科学素养，启迪智慧之光。

（2）通过了解上海的主要城区地理位置以及所处城市群的人文地貌情况，使用研学手册并结合课本知识，开启海派文化研学之旅，提升文化素养。

（3）了解近现代与当代建筑，如陆家嘴金融中心建筑群（东方明珠、金茂大厦、环球金融中心、上海中心大厦等）、上海万国建筑群，提升审美情趣与历史文化素养。

（4）了解海派民俗文化、饮食文化、商业文化，提升人文情怀。

（5）走进江南造船厂与中科院生物所，进行实地考察与自主学习研究，探索我国民族工业发展历程与我国生物科技研究成果，加强自主学习性与开放性学习思维。

（6）走进著名高校上海交通大学，探索高校文化与高校精神，聆听教授讲座，放飞心中大学梦。

(7) 了解老上海与新上海的发展变革,学习海派精神,增强对国际形势理解能力,培养独立思考、团队协作、合作探究、处理问题的能力。

(二) 过程与方法——成就更好的自我

(1) 通过研学旅行课程,了解海派文化的历史变迁、发展脉络、基本走向,清楚海派文化的兼蓄并存、多元博采、独立创新、价值理念与鲜明特色,增强文化自信和价值观自信。

(2) 通过发现问题、探究问题,寻找有效解决方法、总结反思的步骤,通过有效参观博物馆和地标性文化建筑,培养学生乐学善学、勤于反思、自我完善的意识。

(3) 掌握知识管理和团队协作的基本方法,培养学生优秀的团队意识、克服困难的毅力、勇于挑战的勇气和积极的人生态度,培养学生健全的人格。

(三) 态度与价值观——在思考中升华

(1) 通过对海派文化的去粗取精、去伪存真、由此及彼、由表及里地反复推敲与仔细斟酌,给学生提供发散性的创新思维与学习的空间。通过研学旅行的课程来促进学生对美好文化的探知与学习,认真汲取长三角的海派文化的思想精华。

(2) 引导学生学习并传承海派文化和精神。树立"海纳百川""兼容并蓄""君子和而不同"的文化观、历史观、人生观、价值观、世界观,拥有国际化的视野与情怀。

三、课程特色

1 体系化的科技研学课程,上天入海深度探究"中国制造"

(1) 登临东方绿舟航母,接受国防科技教育。

(2) 实地考察江南造船厂,深入了解民族工业代表性企业。

(3) 探访中科院实验室,解密生物 DNA 提取课程。

(4) 走进航空科普馆和微小卫星基地,探索申城科学智造。

2 深耕区域文化,传承文化精神

(1) 深耕上海当地区域文化——海派文化,让学生对当地历史人文、科技工业、文化思想等诸多文化维度进行学习与探究。

(2) 追本溯源,挖掘精神,传承海派文化精神,达到知行合一,立心践学的研学效果。

3 交通大学深度参访,交大教授授课,树立正确"高校"理念

(1) 深度参访上海交通大学,树立正确"高校"理念。

(2) 高校生活体验,放飞心中高校梦。

(3) 探寻交大文化,传承校友精神。

(4) 交大教授授课,辟书山之蹊径。

④ 链接课本知识,助力校内课程完善

(1) 研学旅行课程的设置连接学生校内教材知识,把课本教材与研学旅行课程进行有效结合。

(2) 在研学旅行课程中,强调学生的自主探究性学习,提炼实践知识,助力校内课程完善。

⑤ 加强研学前后课程设置,重视研学目标与研学成果

(1) 行前课导入,让学生清晰了解研学目标与研学意义。

(2) 在研学旅行课程中采取多种学习方式,激发学生的自主学习性与开放性思维。

(3) 以 PBL 思维导图进行研学成果汇报及分享,将研学旅行过程中的闻、见、学、行进行梳理和总结,让每位学生研有所学、学有所获。

四、行前准备

行前准备(见附表 B-10)

附表 B-10　行前准备

研学旅行前置课	• 研学旅行活动说明会 • 研学旅行课程前置导入 • 研学小组建立 • 研学课题规划	研学出行准备: 1. 知识准备 2. 物品准备

研学课程前置导入:

(1) 认真阅读研学手册,认识上海,走进上海,并了解海派文化的发展脉络,对本次研学旅行有基本的了解,形成自己的看法,并记录下来。

(2) 通过主动学习,资料收集,了解本次研学旅行目的地,将自己对目的地感兴趣的点或者产生的疑惑记录下来。

(3) 观看电影《江南》,了解江南造船厂的历史故事。观看央视航拍纪录片《航拍中国·上海》,学习上海地理、历史等相关知识。

(4) 阅读八年级历史(上册)第四课《洋务运动》,八年级历史(下册)第九课《对外开放》,八年级历史(下册)第十八课《科技文化成就》,高一历史(必修 2)第九课《近代中国经济结构的变动》,第十三课《对外开放格局的初步形成》,八年级物理(下册)《运动和力》《简单机械》,以及夏衍作品《上海屋檐下》等。

五、课程内容

课程安排(见附表 B-11)

附表 B-11　活动安排

了不起的"中国造"

研学旅行课程总时长:五天四晚

研学区域:上海

研学对象:7—16 岁

研究性学习方式:游览参访、主动学习、动手体验、展示分享、小组探究

时间	研学地点	研学旅行课程安排	涵盖学科
		第一天:身临航母,国防教育 绿舟湖畔,魅力开营	
上午	接站	—	—
车程		研学旅行注意事项、研学旅行课程概述、研学手册内容讲解、垃圾分类	
下午	东方绿舟	**课程 1:开营仪式** (1) 开营仪式准备:体验历奇活动,让营员快速破冰,提高团队凝聚力; (2) 特色的开营团队建设,通过自我展示与团队展示,来发现自我,认知自我。 **课程 2:东方绿舟国防教育课程** (1) 漫步智慧大道,身临绿舟湖畔,感知大自然的魅力,了解国内外历史伟人与伟人事迹; (2) 登临仿真航母,参观中国兵器博览馆,了解我国国防力量等知识,接受爱国主义教育	语文 体育 政治 历史
晚上		酒店内,消防演习课程	

续表

时间	研学地点	研学旅行课程安排	涵盖学科
		第二天：中国制造，国之重器 十里洋场今旧外滩，见证民族复兴	
上午	江南造船厂	**课程1：走进江南造船厂，了解造船相关知识** (1) 跟随厂内专业讲解员走进造船厂，探访4个大型造船船坞，观看造船实景，了解造船知识； (2) 观摩我国知名的大型船舶，了解船舶的分类及用途； (3) 观看江南造船厂历史视频，了解江南造船厂的历史故事。 **课程2：企业文化解读，探索江南船厂发展史，传承工匠精神** (1) 专业讲解员向营员解读江南造船厂自1865年创办至今的历史变迁，了解江南造船厂饱经历史沧桑的发展历程； (2) 小组探究：我们应如何传承江南造船厂的工匠精神？	语文 数学 物理 历史
车程		海派文化讲解，沪语小课堂	
下午	外滩 万国建筑群 陆家嘴国际 金融中心 金茂大厦	**课程1：走进陆家嘴国际金融中心，登顶金茂大厦** (1) 走进陆家嘴国际金融中心，在研学老师带领下，了解浦东从沧海桑田到金融中心的发展历程； (2) 登顶金茂大厦88层，俯瞰"魔都"。学习金茂大厦的设计思维与建筑文化。 **课程2：十里洋场，今旧外滩** (1) 在研学旅行导师的带领下，了解古今外滩的历史变迁与发展变化； (2) 运用美术写生的方法，刻画心中外滩； (3) 小组探究：古今外滩巨大的变化及浦东发展繁荣的背景及原因。 **课程3：鉴赏万国建筑群，寻找"外滩29号"** 在研学旅行导师的带领下，鉴赏外滩万国建筑群，学习其中十余栋风格迥异建筑的建筑文化及每栋建筑的历史故事与历史变迁	语文 历史 政治 地理 物理 美术
晚上		研学手册讨论学习与辅导	

续表

时间	研学地点	研学旅行课程安排	涵盖学科
		第三天：走进中科院生物所，解密生命力量 交大教授授课，辟书山之蹊径	
上午	中科院生物所	**课程1：走进中科院实验室，了解细胞克隆知识** (1) 走进中科院生物所实验室，在中科院科研人员带领下了解生物研究用的实验室与科学器材； (2) 观看"全球首个克隆猴——中中"诞生的相关资料，了解细胞克隆知识。 **课程2：观看小白鼠解剖实验** 科研人员作微生物报告，通过小白鼠实验为营员科普"实验动物的分组与标号"课程。 **课程3：动手体验DNA的提取** (1) 在科研人员带领下，亲自动手提取DNA； (2) 总结DNA提取实验的要点与难点； (3) 小组探究：思考生物的遗传特性除了通过DNA遗传，还能通过哪些物质进行遗传？是不是所有的生物都是通过DNA进行遗传	生物 化学 物理 数学
车程		垃圾分类小课堂	
下午	上海交通大学教授讲座	**课程1：百年交大，学府致敬** (1) 在上海交通大学学姐学长的带领下，参观交大校史馆、百年纪念碑等交大知名景点，向名校致敬； (2) 与学姐学长交流学习经验，听他们分享自己的求学经历和高校生活经历； (3) 了解交大知名校友的平生事迹及社会贡献，感受和传承其精神。 **课程2：融入高校生活，感受名校氛围** (1) 与交大学姐学长在校内食堂共进晚餐，体验高校生活； (2) 穿上学士服，在校内体验一场有特殊意义的毕业礼； **课程3：聆听教授讲座，辟书山之蹊径** (1) 在交大的教室内，聆听一场教授的讲课。 教授讲座课题：(参考优质课题) a. 舌尖上的微生物 b. 科学认识转基因 c. 生物科技与我们的生活 d. 职业生涯规划 e. 智能机器人 f. 为中华崛起而读书 (2) 与教授提问互动，解决日常生活中的学习问题。每场讲座结束，另有20分钟交流时间，交流主题是高考励志互动(高中)	语文 历史 政治 物理 生物 化学

续表

时间	研学地点	研学旅行课程安排	涵盖学科
		第四天:星空寻梦,探究航空航天的魅力	
上午	上海航空科普馆 3D航空科普电影	**课程1:走进飞行世界** (1) 外场展区占地10000平方米,陈列了歼—8E、DC—8等十余架不同类型的实物飞行器,畅想心中航空梦; (2) 走进DC—8大飞机机舱和伊尔14飞机机舱了解真实飞机的全貌。同时,听导师讲述"安全乘机"科普小课堂,坐进大飞机一起体验飞机逃生等趣味内容。 **课程2:探秘飞行奥秘** (1) 探索飞行奥秘科普馆全新亮相,从奇妙的空气动力到飞机的秘密,从飞天之旅到科普小讲堂,快来完成趣味探索任务; (2) 揭秘C919,在航空科普中心的3D影院内,观看3D电影《漫游C919》,并总结今日所学航空知识,根据研学手册内容完成研学手册课题	
下午	中国科学院 微小卫星创新 研究院航天 卫星科普基地	**课程1:走进中国科学院微小卫星创新研究院航天卫星科普基地,科普航空航天知识** (1) 参观航天卫星科普区:了解航天卫星科普教育基地,观看科学实验卫星和运载火箭模型、触摸式交互屏幕播放科学实验卫星在轨动画和火箭组成及发射动画; (2) 航天卫星科普体验区:航天卫星文创产品经营、VR嫦娥四号着陆月球体验。 **课程2:卫星科普,模拟操作** (1) 卫星创新院及碳卫星科普介绍:了解卫星创新院、参观碳卫星展示模型和多媒体视屏介绍; (2) 参观测运控中心:模拟发射直播、碳排放观测	生物 化学 物理 数学
晚上	闭营仪式 PBL思维 导图分享	**课程1:闭营仪式与课程总结** 课程总结,闭营仪式,回顾研学知识,完成研学手册内容与研学课程评价。 **课程2:PBL思维导图分享** (1) 小组探究:以"了不起的中国造"为主题,在研学旅行导师带领下完成PBL的思维导图绘制; (2) 展示分享:小组展示思维导图绘制的成果	—

续表

时间	研学地点	研学旅行课程安排	涵盖学科
		第五天：走进中共一大　学习红色历史 回顾世博，放眼未来 望中国少年可期	
上午	世博会博物馆	课程：回顾世博，为祖国喝彩 (1) 在研学旅行导师带领下，参访世博会博物馆，了解自1851年以来世博会的历史。参观馆内藏品，这些藏品记录着人类文明发展的进程； (2) 回顾2010年世博会在中国上海举办时的盛况，为祖国喝彩； (3) 小组探究：2010年世博会在中国上海举办的背景及原因	语文 英语 美术 地理 历史 政治
	中共一大会址	课程：走进中共一大会址，向伟人致敬 (1) 在研学旅行导师带领下，走进中国共产党诞生地，了解中共一大历史； (2) 向伟人致敬，激发学生爱国主义精神	语文 历史 政治
车程		研学手册讨论学习与辅导	
下午	返程	—	—

六、研学地点

上海东方绿舟

东方绿舟（见附图B-13）是上海市青少年校外活动营地，是市教委直属事业单位，位于上海市青浦区西南，淀山湖畔，建于2000年，总占地面积5600亩。东方绿舟是上海市落实科教兴国战略和大力推进素质教育的一项标志性工程，是上海最大的校外教育场所，拥有智慧大道区、国防教育区等八大园区，东方绿舟营地紧紧围绕校外素质教育和社会服务两大中心职能，形成了"国防教育、公共安全、国际修学、拓展培训、环保科普"五大教育品牌。

研学主题：走进东方绿舟　特色开营仪式

课程目标

1. 走进上海市青少年校外活动营地——东方绿舟，亲近自然，感受绿色营地的魅力。

(a)   (b)

附图 B-13   东方绿舟

2. 有趣活泼的历奇活动,让营员快速破冰,提高团队凝聚力。

3. 特色的开营仪式,通过自我展示与团队展示,来发现自我,认知自我。

4. 登临仿真航母,参观中国兵器博览馆,了解我国国防力量知识,接受爱国主义教育。

课程延伸

1. 航空母舰的结构是什么?你知道哪些关于航母的故事?

2. 走进伟人街道,你认识哪些伟人?列举 2 名分享。

3. 对于祖国科技的发展,对你有什么样的感触?

4. 参观退役的军用武器,你熟知的有哪些,分别有什么功能?列举 2 个。

上海江南造船厂(见附图 B-14)

江南造船(集团)有限责任公司,隶属于中国船舶工业集团有限公司,前身是 1865 年清朝创办的江南机器制造总局,是中华民族工业的发祥地,是中国打开国门、对外开放的先驱,同时也是国家特大型骨干企业和国家重点军工企业。江南造船创造了中国的第一炉钢、第一磅无烟火药、第一台万吨水压机、第一批水上飞机、第一条全焊接船、第一艘潜艇、第一艘护卫舰、第一艘自行研制的国产万吨轮、第一代航天测量船等无数个"中国第一"。其建造的各类先进海军舰艇和航天测量船,为我国海军走向深蓝和航天测量事业蓬勃发展做出了杰出贡献。

附图 B-14   上海江南造船厂

研学主题：江南制造　中华民族工业的发祥地

课程目标

1. 走进江南造船厂，了解其历史文化，探索"中国第一"。

2. 学习与了解江南造船厂的制作方式，认识与学习江南造船厂的高新产品以及伟人事迹。

3. 探究江南造船厂的秘密，走进"中国第一"，了解其发展历程：从历史深处走来，乘着中华崛起的风云之势，带着中国造船业百年的辉煌与荣耀，延续着不变的梦想。

课程延伸

1. 江南造船厂有哪些历史故事？

2. 分析从洋务运动——江南长兴的历史发展脉络，从中体会到了哪些？分享一下。

3. 列举 2 个江南造船厂的产品，其作用是什么？

外滩：（浦西万国建筑群、浦东陆家嘴国家金融中心）

外滩（见附图 B-15）位于上海市黄浦区的黄浦江畔，即外黄浦滩，为中国历史文化街区，矗立着 52 幢风格迥异的古典复兴大楼，素有外滩万国建筑博览群之称，是中国近现代重要史迹及代表性建筑，上海的地标之一。1844 年起，外滩一带被划为英国租界，成为上海十里洋场的真实写照，也是旧上海租界区以及整个上海近代城市开始的起点。外滩全长 1.5 千米，南起延安东路，北至苏州河上的外白渡桥，东面即黄浦江，西面是旧上海金融、外贸机构的集中地。上海辟为商埠以后，外国的银行、商行、总会、报社开始在此云集，外滩成为全国乃至远东的金融中心。

(a)

(b)

附图 B-15　外滩

研学主题：十里洋场　新旧上海

课程目标

1. 走进上海地标——外滩，在研学旅行导师的带领下，了解旧上海至今的历史变迁。

2. 观赏浦西万国建筑群，了解外滩 1—29 号的风格迥异的建筑，学习建筑和历史文化。

3. 观看外滩的黄浦江，了解浦东新区以陆家嘴金融中心为主的发展历史。

课程延伸

1. 上海在行政划分上有多少个区？如果将上海城区的地理位置进行简易划分，我们该依据什么标准，如何划分呢？

2. 外滩浦西的1—29号风格迥异的建筑素有万国建筑博览群的称呼，今天在研学旅行导师带领下，你对哪几栋建筑的建筑风格和历史文化最感兴趣呢？（至少列举两栋建筑）

3. 浦东有着我国著名的金融中心，它的名字叫什么？它的名字有着怎样有趣的来历呢？

金茂大厦（见附图B-16）

上海金茂大厦地处陆家嘴金融贸易区中心，上海金茂大厦占地面积2.4万平方米，总建筑面积29万平方米。上海金茂大厦，是当代建筑科技与历史的融合，成为上海乃至中国的跨世纪的标志，上海金茂大厦作为20世纪中国高层建筑的代表作，它的标志性地位不仅仅是由于它的物化高度，更重要的是它具有的设计思想、高科技含量和文化品位。楼高420.5米。距地面340.1米的第88层为国内第二高的观光层（仅次于环球金融中心），两部速度为9.1米/秒的高速电梯用45秒将观光宾客从地下室1层直接送达观光层，环顾四周，极目眺望，上海新貌尽收眼底。

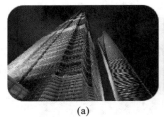
(a)

(b)

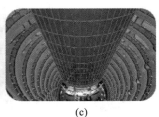
(c)

附图B-16 金茂大厦

研学主题：登顶云端　俯瞰国际"魔都"

课程目标

1. 登顶第88层俯瞰国际"魔都"的辉煌。
2. 探究金茂大厦的设计原理，欣赏金茂大厦豪华气派。
3. 追寻陆家嘴金融中心，寻觅"魔都三兄弟"。

课程延伸

1. 你是否了解金茂大厦的设计原理，其设计原理是什么？

2. 金茂大厦楼高_____米，第88层距离地面_____米，两部速度为_____米/秒的高速电梯用_____秒将观光宾客从地下室1层直接送达观光层，环顾四周，极目眺望，上海新貌尽收眼底。

3. "魔都三兄弟"都有哪些？你眼中的上海是什么样？

中科院生物所(见附图 B-17)

上海巴斯德所聚焦病原微生物基本生命活动规律、重大传染性疾病的致病机制等关键科学问题,推动病原学、免疫学和疫苗学知识创新与学科发展。以解决病原发现、生物治疗(抗体、疫苗等)、军民两用的共性瓶颈技术问题为着力点,重点为我国面临的公共卫生与生物安全提供科技支撑和解决方案。这里曾经诞生过举世瞩目的全球首个细胞克隆猴——"中中"。我们将观看"中中"和"华华"(第二个细胞克隆猴)诞生的相关资料,思考生命如何通过遗传物质进行传承,以及如何提取生物的遗传物质。

(a)　　　　　　　　　　　　　(b)

附图 B-17　中科院生物所

研学主题:走进中科院生物所,解密生命力量

课程目标

1. 走进中科院生物所实验室,在中科院科研人员带领下了解生物研究用的实验室与科学器材。

2. 观看"全球首个克隆猴——中中"诞生的相关资料,了解细胞克隆知识,和一线科研人员面对面探讨生命的奥秘,亲手操作实验仪器进行有趣的科学实验。

3. 科研人员为小伙伴讲解是如何用小白鼠进行实验的?如何进行标号?同学们还可以动手进行神秘的 DNA 提取实验。

课程延伸

1. DNA 提取主要是_____方法,其他的方法还有物理方式如玻璃珠法、_____、_____、冻融法。

2. 你今天认识与了解到的中科院的伟人有哪些?谈一谈最让你印象深刻的伟人。

3. 对于今天走进中科院你有什么样的感悟?

上海交通大学(见附图 B-18)

上海交通大学,简称"上海交大",位于中国直辖市上海,是中华人民共和国教育部直属并与上海市共建的全国重点大学,位列"985 工程""211 工程""双一流",入选"珠峰计划""111 计划""2011 计划"等已发展成为一所"综合性、研究型、国际化"的国内一流、国际知名大学。坐落在上海交通大学徐汇校区的钱学森图书馆,于 2011 年 12 月 11 日钱学森诞辰 100 周年之际建成对外开放。馆内基本展览分为中国航天事业奠基人、科学技术前沿的开拓者、人民科学家风范和战略科学家的成功之道四个部分。营员们向学府致敬，为自己在学习的道路上增加多彩的一笔。

附图 B-18　上海交通大学

研学主题：放飞梦想　为梦起航

课程目标

1. 走进上海交大的每个角落了解上海交大的历史故事，学习伟人精神。
2. 探访上海交大伟人名录，学习伟人精神，解读伟人故事。
3. 学士服留影上海交大，与学长学姐近距离交流学习方法，为自我梦想助力。
4. 聆听上海交大教授讲课，励志心中大学梦。

课程延伸

1. 上海交大的校训是什么？对你有什么样的启发和感悟。
2. 你今天认识与了解到上海交大的伟人都有哪些？谈一谈最让你印象深刻的伟人。
3. 上海交大学子的学习与生活方式对你有什么样的启迪？对于今后的梦想，你将如何实现，说说你的想法。

中共一大会址纪念馆（见附图 B-19）

中国共产党第一次全国代表大会会址，简称中共一大会址，是中国共产党的诞生地。是一幢沿街砖木结构一底一楼旧式石库门住宅建筑，坐北朝南。中国共产党第一次全国代表大会于 1921 年 7 月 23 日至 7 月 30 日在楼下客厅举行。中共一大会址在 1952 年后成为纪念馆，1959 年 5 月 26 日公布为上海市文物保护单位。1961 年被国务院列为第一批全国重点文物保护单位。1997 年 6 月成为全国爱国主义教育示范基地。

(a)

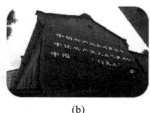
(b)

(c)

附图 B-19　中共一大会址纪念馆

研学主题:走进中国一大　向伟人致敬

课程目标

1. 走进中国共产党诞生地,激发学生的爱国主义精神。

2. 传承中共一大精神,向伟人致敬。

3. 了解中共一大历史,不忘先辈,珍惜当下和平。

课程延伸

1. 中共一大的精神是什么?

2. 中共一大的代表人物有谁?让你印象最深的是什么?

3. 中国共产党第一次全国代表大会于 1921 年 7 月 23 日至 7 月 30 日召开,宣告了中国共产党的正式成立。从此,党领导中国人民走向繁荣富强,我们应该如何从这段历史中汲取精神养分。

4. 中国共产党党纲的主要内容是什么?

中国科学院微小卫星创新研究院航天卫星科普基地(见附图 B-20)

中国科学院微小卫星创新研究院航天卫星科普教育基地旨在积极宣传和普及卫星教育。科普基地由卫星展馆、卫星指挥测控大厅、卫星总装厂房、EMC 暗室等内容构成。公众将在卫星展馆里通过图文展览、实物模型展示、VR 演示、航天文创等形式了解中国卫星发展历程及卫星创新院的科研成果;通过参观卫星指挥测控大厅(二氧化碳卫星监测中心),了解卫星测运控知识以及符合当前中国实情的二氧化碳排放情况;在卫星总装厂房和 EMC 暗室中,公众将进一步了解卫星总装的全过程以及 EMC 暗室在卫星兼容测试中的功能。

附图 B-20　中国科学院微小卫星创新研究院航天卫星科普基地

研学主题:走进中国科学院　解读航空秘密

课程目标

1. 参观航天卫星科普区:了解航天卫星科普教育基地,观看科学实验卫星和运载火箭模型,观看触摸式交互屏幕播放的科学实验卫星在轨动画和火箭组成及发射动画。

2. 航天卫星科普体验区:通过 VR 体验嫦娥四号着陆月球。

3. 卫星创新院及碳卫星科普介绍：了解卫星创新院，参观碳卫星展示模型和多媒体视屏介绍。

4. 参观测运控中心：模拟发射直播、碳排放观测。

课程延伸

1. 你了解哪些航天卫星，火箭的基本构造是什么？

2. 你知道哪些与航空和卫星有关的伟人，你从他们身上学习到了什么？

3. 地球具有引力，那么，卫星是依靠什么来抵消引力的影响的呢？

上海世博会博物馆（见附图 B-21）

上海世博会博物馆位于上海世博会浦西园区 D09 地块，面积约 4 万平方米，是一座综合性博物馆。博物馆将全面综合地反映中国 2010 年上海世博会盛况，同时介绍 1851 年以来世博会历史及 2010 年以后各届世博会的情况，并为与世博会相关的文化交流提供平台。

在上海世博会上，有一个很特殊的展馆。它是迄今世界范围内唯一一个关于世博会的博物馆。它向游客展示着世博历史的同时，也记录着人类文明发展的进程。"一切始于世博会"，世博会博物馆给出了最好的注解。

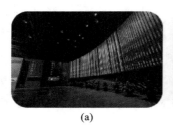
(a)

(b)
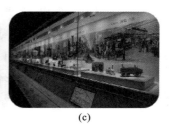
(c)

附图 B-21　世博会博物馆

研学主题：探访"东方之冠"　为祖国艺术喝彩

课程目标

1. 参观世博会，了解世界古代艺术作品，了解其历史故事并加强鉴赏能力。

2. 分析 2010 年世博会在上海举办的原因，了解我国经济逐渐强盛，增强民族自信心。

3. 学习世界建筑文化，感受中国建筑文化魅力。

课程延伸

1. 上海世博会同时有多少个国家参展？对此你有什么样的想法？

2. 《清明上河图》作为中华艺术宫的镇馆之宝，描绘了一幅什么样的画卷？

3. 探究 2010 年世博会在中国上海举办的背景及原因。

上海航空科普馆（见附图 B-22）

上海航空科普馆是全国、上海市和闵行区科普教育基地、中国大型客机项目宣传基地、上海市教委二期课改定点科普教育基地，专门从事航空航天科技知识的宣传普及工作。"上海航空科普馆"是上海市专题性科普场馆，其主题分别是"走近中国大飞机""追溯百年

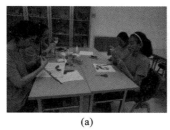 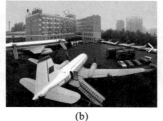 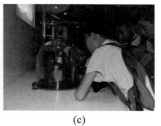

(a)　　　　　　　　　　(b)　　　　　　　　　　(c)

附图 B-22　上海航空科普馆

航空史""探索飞行的奥秘"和"创新人才工作室"。

研学主题:航空科普体验　探索航宇魅力

课程目标

1. 科普航空航天知识,感受科技发展魅力以及为社会带来的便捷。

2. 通过观察、体验飞机模型构造,学习科学理论知识。

3. 了解我国目前航空航天事业发展状况及前景,增强民族自信心。

课程延伸

1. 我国第一颗人造卫星的名称是什么?

2. 为什么飞机的窗户被设计为圆形状?

3. 飞机以功能进行区分可以分为几类?每类的具体用途是什么?

4. 大多数飞机由五个主要部分组成,它们分别是什么?

参 考 文 献

[1] 陈启跃.旅游线路设计[M].上海:上海交通大学出版社,2015.

[2] 张华.课程与教学论[M].上海:上海教育出版社,2000.

[3] 柯政,等.从整齐划一到多样选择[M].上海:华东师范大学出版社,2018.

[4] 卢梭.爱弥儿[M].北京:商务印书馆,2014.

[5] 施良方.课程理论:课程的基础、原理问题[M].北京:教育科学出版社,1996.

[6] 江山野一.课程[M].北京:教育科学出版社,1991.

[7] 靳玉乐.现代课程论[M].重庆:西南师范大学出版社,1995.

[8] 黄忠敬.课程政策[M].上海:上海教育出版社,2010.

[9] 张耀武.旅游概论[M].北京:中国旅游出版社,2018.

[10] 高野桂一.课程经营的理论与实践[M].东京:教育开发研究所,1991.

[11] [美]拉尔夫·泰勒.课程与教学的基本原理[M].罗康,张阅,译.北京:中国轻工业出版社,2016.

[12] [美]泰勒.课程与教学的基本原理[M].施良方,译.北京:人民教育出版社,1994.

[13] 卡尔·马克思,弗里德里希·恩格斯.马克思恩格斯文集(第1卷)[M].北京:人民出版社,2009.

[14] 许芳杰.中小学研学旅行:现实困境与实践超越[J].教育理论与实践,2019,39(11):6-8.

[15] 吴开婉.文化与旅行:基于概念的探讨[J].云南民族大学学报(哲学社会科学版),2007,24(05):11-16.

[16] 丁运超.研学旅行:一门新的综合实践活动课程[J].中国德育,2014(09)12-14.

[17] 李军.近五年来国内研学旅行研究述评[J].北京教育学院学报,2017,31(06):13-19.

[18] 于书娟,毋慧君,王媛.卢梭教育旅行思想及其当代价值[J].贵州大学学报(社会科学版),2017,35(06):129-133.

[19] 陶军.18世纪英国"大陆游学"初探[J].郧阳师范高等专科学校学报,2005(01)119-121.

[20] 张义民.日本小学修学旅行的目的、特点及其启示[J].教学与管理,2018(17)57-58.

[21] 李冬梅.日本的修学旅行:举社会之力打造安全行走中的"必修课"[J].人民教育,2017(23)32-35.

[22] 魏华龄.新安旅行团教育实践的启示[J].桂林市教育学院学报(综合版),2001(01)1-6.

[23] 陈林,卢德生.我国研学旅行历史演变及启示[J].江西广播电视大学学报,2019,21(01):26-31.

[24] 郝杰.基于建构主义视角的研学旅行研究[J].中国现代教育装备,2018(20)1-3.

[25] 邢改萍.基础教育理论研究成果荟萃 下卷(一)[C].北京:中央民族大学出版社,2006(8)835-836.

[26] 李凤堂,李岑虎.研学旅行课程的性质、实施原则及策略初探[J].济南:齐鲁师范学院学报,2019(2)51-58.

[27] 黎加厚.人工智能时代的教育四大支柱[J].人民教育,2018(1)25-28.

[28] 顾明远.在社会和大自然的课堂里学习[J].中国教师,2017(05)7.

[29] 刘璐,曾素林.国外中小学研学旅行课程实施的模式、特点及启示[J].课程·教材·教法,2018(04)12.

[30] 段玉山,袁书琪,郭锋涛,等.研学旅行课程标准(一)——前言、课程性质与定位、课程基本理念、课程目标[J].地理教学,2019,(5):4-7.

[31] 郭锋涛,段玉山,周维国,等.研学旅行课程标准(二)——课程结构、课程内容[J].地理教学,2019,(6):4-7.

[32] 袁书琪,李文,陈俊英,等.研学旅行课程标准(三)——课程建设[J].地理教学,2019,(7):4-6.

[33] 周维国,段玉山,郭锋涛,等.研学旅行课程标准(四)——课程实施、课程评价[J].地理教学,2019,(8):4-7.

[34] 冯新瑞.研学旅行与综合实践活动课程[J].基础教育课程,2019(10)7-12.

[35] 吴支奎,杨洁.研学旅行:培育学生核心素养的重要路径[J].课程·教材·教法,2018(4)128-132.

[36] 胡航舟.研学旅行课程设计研究——基于T市的案例[D].上海:华东师范大学,2019(5)32-33.

[37] 李锋,柳瑞雪,任友群.确立核心素养、培养关键能力——高中信息技术学科课程标准修订的再思考[J].全球教育展望,2018(1)46-55.

[38] 李艳,陈虹宇,陈新亚.核心素养融入的中国研学旅行课程标准探讨[J].教学研究,2020(5)76-85.

[39] 朱太红.高中地理研学旅行课程开发流程及案例展示——以重庆市为例[D].重庆:重庆师范大学,2019(5)7.

[40] 黑岚.小学综合实践活动课程的设计、实施与评价[M].北京:清华大学出版社,2020.

[41] 杨保健.中小学研学旅行课程化的问题与对策[J].现代教育,2019(11)28-30.

[42] 殷世东,汤碧枝.研学旅行与学生发展核心素养的提升[J].东北师大学报(哲学社会科学版),2019(2)155-161.

[43] 宋世云,刘晓宇,范文.系统构建中小学研学旅行课程内容[J].中小学信息技术教育,2019(9)84-87.

[44] 王晓燕.研学旅行:课程开发是关键[J].中小学信息技术教育,2018,(10):9-11.

[45] 朱洪秋."三阶段四环节"研学旅行课程模型[J].北京:中国德育,2017(000),012.

[46] 彭其斌.研学旅行课程概论[J].济南:山东教育出版社,2019.2.

[47] 殷慧.在小学综合实践活动中培养创意物化能力的策略探究[J].考试周刊,2019,(93):33-34.

[48] 王清风.论新课程实施过程中课堂教学评价的原则[J].青海师范大学学报(哲学社会科学版),2003,(02):111-114.

[49] 易红,陈闻晋,施国弘.研学旅行实践教学设计与创新尝试[J].教育家,2018,151(43)36-37.

[50] 雷艳.中学地理研学旅行线路设计研究[D].重庆师范大学,2019.

[51] 哈斯朝勒,郝志军.我国基础教育课程管理政策分析及改进建议[J].当代教育与文化,2019.

[52] 王明宇,吕立杰.我国基础教育课程管理发展70年的回顾与反思[J].教育理论与实践,2019.

[53] 郑玉飞.改革开放40年三级课程管理概念的演化及发展[J].教育科学研究,2019.05.

[54] 高野桂一.课程经营的理论与实践[M].东京:教育开发研究所,1991.

[55] 夕浪.地方课程管理:地位、作用与策略[J].课程·教材·教法,2001(11).

[56] 苏芮.研学旅行中的课程管理思维[J].湖北教育(教育).2018.10.

[57] 钟启泉.从课程管理到课程领导[J].全球教育展望.2002.12.

[58] 柯月嫦,张震方,杨梅,等.景观基因链理论下的研学旅行线路设计研究——以大理喜洲古镇为例[J].地理教学,2020,(22):53-57.

[59] 彭小娟.地理研学旅行课程资源开发与应用研究——以九江市为例[D].江西师范大学,2020.

[60] 王梓僮,谢维光.佳木斯市中小学研学旅行线路主题化设计[J].北方经贸,2019,(4):155-157.

[61] 教育部等十一部委.关于推进中小学生研学旅行的意见[EB/OL].https://baike.

baidu. coM/iteM.

[62] Michael F. D. Young. Bringing Knowledge Back in: From social constructivism to social realism in the sociology of education[M]. New York: Taylor&Francis Inc,2008.

[63] Wheelahan L. Why Knowledge Matters in Curriculum[J]. Journal of Critical Realism,2012,12(2).

教学支持说明

为了改善教学效果,提高教材的使用效率,满足高校授课教师的教学需求,本套教材备有与纸质教材配套的教学课件和拓展资源(案例库、习题库等)。

为保证本教学课件及相关教学资料仅为教材使用者所得,我们将向使用本套教材的高校授课教师赠送教学课件或者相关教学资料,烦请授课教师通过加入旅游专家俱乐部 QQ 群或公众号等方式与我们联系,获取"电子资源申请表"文档并认真准确填写后发给我们,我们的联系方式如下:

地址:湖北省武汉市东湖新技术开发区华工科技园华工园六路

邮编:430223

旅游专家俱乐部 QQ 群号:758712998

旅游专家俱乐部 QQ 群二维码:

群名称:旅游专家俱乐部 5 群
群　号:758712998

扫码关注
柚书公众号

电子资源申请表

填表时间：_____年___月___日

1. 以下内容请教师按实际情况写，★为必填项。
2. 根据个人情况如实填写，相关内容可以酌情调整提交。

★姓名		★性别	□男 □女	出生年月		★职务	
						★职称	□教授 □副教授 □讲师 □助教

★学校		★院/系	
★教研室		★专业	
★办公电话		家庭电话		★移动电话	
★E-mail（请填写清晰）				★QQ号/微信号	
★联系地址				★邮编	

★现在主授课程情况	学生人数	教材所属出版社	教材满意度
课程一			□满意 □一般 □不满意
课程二			□满意 □一般 □不满意
课程三			□满意 □一般 □不满意
其 他			□满意 □一般 □不满意

教 材 出 版 信 息		
方向一		□准备写 □写作中 □已成稿 □已出版待修订 □有讲义
方向二		□准备写 □写作中 □已成稿 □已出版待修订 □有讲义
方向三		□准备写 □写作中 □已成稿 □已出版待修订 □有讲义

请教师认真填写表格下列内容，提供索取课件配套教材的相关信息，我社根据每位教师填表信息的完整性、授课情况与索取课件的相关性，以及教材使用的情况赠送教材的配套课件及相关教学资源。

ISBN（书号）	书名	作者	索取课件简要说明	学生人数（如选作教材）
			□教学 □参考	
			□教学 □参考	

★您对与课件配套的纸质教材的意见和建议，希望提供哪些配套教学资源：